B2B
数字营销策略

[英]西蒙·霍尔（Simon Hall） 著
常 宁 译

中国科学技术出版社
·北 京·

original English title: B2B Digital Marketing Strategy by Simon Hall

Copyright © Simon Hall 2020

This translation of B2B Digital Marketing Strategy is published by arrangement with Kogan Page. The Simplified Chinese translation rights arranged through Rightol Media

（本书中文简体版权经由锐拓传媒取得 Email: copyright@rightol.com）

北京市版权局著作权合同登记 图字：01-2021-5427。

图书在版编目（CIP）数据

B2B 数字营销策略 /（英）西蒙·霍尔著；常宁译 . —北京：中国科学技术出版社，2021.12

书名原文：B2B Digital Marketing Strategy

ISBN 978-7-5046-9283-2

Ⅰ. ① B… Ⅱ. ①西… ②常… Ⅲ. ①电子商务—市场营销学 Ⅳ. ① F713.36

中国版本图书馆 CIP 数据核字（2021）第 225979 号

策划编辑	申永刚　陆存月
责任编辑	杜凡如
封面设计	马筱琨
版式设计	锋尚设计
责任校对	邓雪梅
责任印制	李晓霖

出　　版	中国科学技术出版社
发　　行	中国科学技术出版社有限公司发行部
地　　址	北京市海淀区中关村南大街 16 号
邮　　编	100081
发行电话	010-62173865
传　　真	010-62173081
网　　址	http://www.cspbooks.com.cn

开　　本	710mm×1000mm　1/16
字　　数	350 千字
印　　张	19.75
版　　次	2021 年 12 月第 1 版
印　　次	2021 年 12 月第 1 次印刷
印　　刷	北京盛通印刷股份有限公司
书　　号	ISBN 978-7-5046-9283-2/F·958
定　　价	79.00 元

（凡购买本社图书，如有缺页、倒页、脱页者，本社发行部负责调换）

致敬劳拉：

是你给了我源源不断的写作动力，
你的乐观、坚韧和充沛的精力赋予我创作
此书的灵感。

前　言

本书对B2B[1]领域的公司、相关营销部门和市场营销从业者来说，是一份难得的数字营销实操指南，可以清晰明确地指导B2B营销领域的相关公司和从业者应对数字营销领域最棘手的挑战。

B2B领域的客户购买行为在不断变化，而B2B营销行业也瞬息万变，跟随着这些变化，如何将数字营销应用于B2B领域，也不断发生着阶段性和实质性的变化。

因此，本书将在B2B市场不断变化的背景下，重点诠释和推广新的B2B数字营销模型和营销实践方法。

书中涉及不同行业、不同规模公司的研究案例。你会从中发现，最好的营销实践方案可能来自大型企业，也可能来自中小型企业。这些实操案例中的营销方法可以直接运用于公司业务。对于希望在B2B数字营销领域有所突破或者对该领域感兴趣的市场营销人员来说，本书足以成为你的最佳选择。

同时，对中小型企业主、销售人员、营销专业人士和营销从业人员来说，本书也可以成为你的首选。我真心希望，你能利用书中提到的各种营销模型来解决问题，并从中受益。B2B营销人员将会从书中学到新的营销方法、营销模型、营销流程、营销解决方案和营销技术模板，这些都可以帮助他们从容应对当前B2B数字营销市场的变化。

---

[1] B2B是Business-to-Business的缩写，指企业与企业之间通过网络进行数据信息的交换、传递，开展交易活动的商业模式。——译者注

目 录

第 1 章　商业环境概览
- 01　商业环境瞬息万变 / 2

第 2 章　发展 B2B 数字化策略
- 02　B2B 数字化营销策略 / 16
- 03　B2B 客户旅程和客户体验 / 30
- 04　B2B 个性化营销和客户角色 / 46
- 05　B2B 客户洞察和数据管理 / 63

第 3 章　客户旅程早期阶段
- 06　产生认知 / 78
- 07　B2B 搜索引擎优化与搜索策略 / 99
- 08　B2B 网站与网站策略 / 114

第 4 章　潜在客户开发和潜在客户培育的数字化方法
- 09　B2B 数字营销潜在客户开发 / 132
- 10　B2B 数字化和潜在客户培育 / 149

第 5 章　数字活动管理与整合
- 11　B2B 内容营销 / 168
- 12　B2B 数字营销活动计划 / 185
- 13　B2B 中的数字整合营销 / 198
- 14　数字营销与销售 / 212
- 15　如何衡量数字营销 / 230

第 6 章　留存客户的数字化方法
- 16　留存营销的数字化方法类型 / 248
- 17　留存营销数字化渠道 / 265

第 7 章　B2B 社交媒体和数字营销平台
- 18　B2B 社交媒体营销策略 / 280
- 19　B2B 数字营销技术与平台 / 297

第 1 章
商业环境概览

B2B数字营销赋予了市场营销新的内涵。B2B数字营销是数字化应用时代企业的主要营销方式和发展趋势。

本章主要为大家介绍创建及评估B2B数字化营销策略的关键要素。内容主要集中在开拓客户资源、客户洞察方法等。

01 商业环境瞬息万变

你将从本节了解以下几个方面的内容：
- 我们身处怎样的商业环境。
- 营销规律有哪些新变化。
- 销售有哪些新变化。
- B2B布局有哪些变化。

简 介

商业环境变化万千

在不到100年里，社会历经了工业化、商业化等多重时代，从原来的制造业时代到后来的营销时代。近年来，又从全球化时代发展至数字化应用时代。

我们也亲眼见证了B2B营销领域的迭代。据相关调查显示，76%的B2B营销人员认为过去两年[1]营销领域的变化远远超过之前50年的变化[2]。

客户的行为也在这一洪流中不断变化着。比如，如何参与商业活动；如何顺应当下的商业环境；如何评估产品及服务；如何根据营销及销售工作的状况做出实时反馈。

---

[1] 本书原版书出版于2020年。——译者注
[2] 泰勒（2017），《思考不同类型B2B营销的5个步骤、问题和方法》，来自B2B营销网，访问时间2020年1月16日。

B2B 洞察

市场调查机构Demand Gen Report[1]2019年发布的《B2B客户行为调查报告》显示：目前，B2B营销市场变得越发错综复杂，客户也变得愈发复杂。在该调查报告中表明了以下内容。

• 公司在制定采购决策时，半数以上（56%）的公司有至少4人参与决策制定；与此同时，其中有超过五分之一（21%）的公司至少7人参与决策制定。

• 75%的受访者表示，他们会花费更多的时间去研究如何采购。在2018年，该比例为72%。

• 79%的受访者表示，商家的服务对他们最终做出购买决策有很大影响。

该市场调查机构还发现，客户受其他客户影响的程度越来越大。61%的受访者表示，他们做购买决策时，会更多地受其他客户推荐及评论网站的影响[2]。

上文所列举的全部数据都表明：营销人员需要制定不同的营销策略，甚至需要给不同的客户提供他们所需要的不同信息和内容。目前，营销人员对客户产生的影响比以往任何时候都大。在客户在决定购买前，已经慎重对比过不同商家的产品和服务了。

时刻迭代的B2B格局有六大方面的变化，即销售、技术、客户、营销、社会化组织及社交媒体、道德和法律。如图1-1所示。

图 1-1　B2B 格局不断变化

---

[1] Demand Gen Report是一家全球性的市场调查机构，经常发布有关B2B领域的研究报告。——译者注
[2] 安德森（2019），《B2B买家调查报告》，来自Demand Gen的数据，访问时间2020年1月16日。

营销新变化

当前，客户的需求越来越多。而客户在购买过程中，多数情况下不会与潜在商家互动。因此，市场营销部门需要更多地发挥创造性，思考如何影响消费者的购买过程。消费者目前的购买过程具有间接性和非互动性的特点，因此，B2B营销人员需要提供制作精良的广告和精准的营销策略，不断改进内容营销的方法和SEO（搜索引擎优化）策略，更好地利用营销合作伙伴或第三方平台。这种利用第三方平台和营销合作伙伴的方法可以被称为"营销合作伙伴开发管理"。

目前，我们也许会发现，一定比例的B2B营销人员正在采用不同的方式，通过合作伙伴来进行客户开发、客户培养并改善客户的购物体验。

当前，市场上出现了很多营销理论，甚至由"4P营销"理论发展至"7P营销"理论，"7P营销"理论的7个要素包括产品、价格、渠道、促销、人员、有形展示和服务过程。现在，又逐步发展至"8P营销"理论，其中第8个要素是"合作伙伴"。

大数据及数据分析对市场营销的作用越发重要。如果营销人员想要更好地制定营销策略，需要具备对数据进行筛选、分析及解读的能力以及敏锐的数据洞察力。然而，营销领域从业人员及有进入营销领域意愿的人士往往会忽略数据分析和数据管理的作用。目前，如何最大限度地吸引掌握数据分析技能及数据管理技能的人才，是营销领域亟须考虑的问题。

当前，大量的在线应用程序增加了数据分析的功能，搭建了数据分析平台。比如，全球最大的社交媒体平台之一推特（Twitter）或谷歌分析（Google Analytics）这类的应用程序，就可以免费提供数据分析服务。随着数据及数据分析需求量的爆炸式增长，B2B数字营销人员已经不再关注于"我在哪儿可以获得数据"，而更多关注"我如何正确地使用数据，如何以更有意义的方式使用数据"。

B2B 营销助力企业

毋庸置疑，在过去10年，B2B营销所发挥的作用已经转变。目前，大部分的B2B营销人员在业务支撑和实现价值增长方面发挥着重要作用。正如前文提到的，主要实现价值增长的领域是：通过合作伙伴为营销业务增添助力。另一个实现价值增长的领域是：B2B营销人员可以提供关于客户的更详细更丰富的理解和洞察。

我们发现，B2B营销领域正在趋向内容营销化。大部分的营销部门似乎将过半数的营销预算用于营销内容的创作。

我们也发现，B2B营销领域引入了收益管理❶（Lead-To-Revenue Management，简称L2RM），即我们通常所说的"营销拓展"。收益管理已经在营销行业内运用了一段时间，营销行业似乎越发重视拓展更高质量的潜在客户。

收益管理为客户的购物流程提供了营销支持，收益管理的准则是：营销人员需要更多地证明他们的价值，并展示他们如何做出最大业绩，以及保障完成利润增长的最低要求。

跨界合作技能

营销人员需要具备很好的跨界合作的技能，以便与营销部门外的其他部门进行合作，因为营销人员需要通过合作来推进营销活动，并提高营销活动的影响力。因此，营销人员需要探索职能范围之外的工作，了解在工作中如何进行跨职能协作以及如何与公司以外的人合作。

销售新变化

销售变动

近些年，市场营销及销售动态已然变动。鉴于客户购买流程的改变，营销部门愈加重视以不同的方式支持营销业务。比如，持续给客户提供内容营销的服务，以此来吸引潜在客户，并实现销售目标。另外，营销部门还会采取其他形式的营销活动来培养潜在客户，有些营销活动并不需要直接与客户互动。

从图1-2可以看出，销售和营销角色是如何改变的。现在，商家只要按一下按钮，就可以轻松地通过他们自己掌握的信息渠道来找到潜在供应商。潜在客户的需求越来越多，企业需要通过不同的渠道以不同的方式来生产营销内容和营销信息。同时，保持多渠道营销内容和营销信息的一致性。

---

❶ 收益管理，寻求收益最大化的新经营管理技术。——译者注

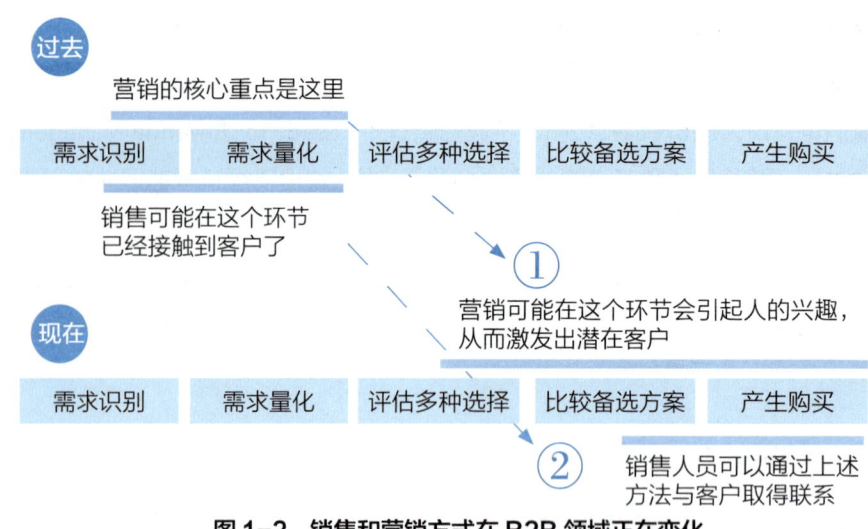

图1-2 销售和营销方式在B2B领域正在变化

注：① 市场营销过去会在早期购买阶段发挥作用，现在，市场营销会在购买过程的中、后段发挥作用；
② 销售与客户的接触发生变化。

销售人员 2.0 时代

营销需要更新迭代，销售也一样需要更新迭代。当前，销售部门需要在不同的时间段执行不同类别的工作职能。高效的销售人员会用更多的时间去辨别、理解客户所面临的问题，并帮助客户探究和解决问题。他们关注的焦点是深层次理解客户所处的环境及面临的挑战。

销售人员还需要研究不同社交媒体的用法，以此来留存原有客户并吸引潜在客户。

改变销售模式

如果企业不对自身的销售方式和销售业务进行优化，那么之后面临的问题将越来越多。2010年，每个销售人员平均只需要拨打3~4个销售电话就能有1个电话被人接听；而在目前，每个销售人员平均需要拨打10个销售电话才能有1个电话被人接听，而该电话的接听人未必会进行实际的购买交易。这表明：销售人员目前获取潜在客户的难度更高了。部分企业一直以来凭借传统的销售外包服务来获取客户资源，虽然在多数情况下销售外包服务都是极其低效的。

销售周期延长

销售周期的延长对营销和销售的两个关键阶段产生了重大影响。第一，客户需要花费更多的时间来评估企业（商家），也需要花费更多时间来决定是否购买。第二，在客户从最开始接触销售到最终购买产品及服务的这个过程中，他们会比以往花费更多的时间来做决策。

上述两种情况会影响销售和市场营销模式。在第一种情况下，营销的重要工作是如何精准找到潜在客户，并且了解这些潜在客户的多样化需求。如果要满足客户的多样化需求，就需要用具有教育目的的信息内容来进行客户教育，同时在这个过程中还要引导客户完成购买行为。

而对于第二种情况，营销需要让客户在他们的决策过程中保持热情，确保他们对企业的产品和服务一直保持极大的兴趣。尽管这个过程属于销售环节之一，但同样需要不断解答客户的问题。这时，销售要与整个营销流程统一起来，以达到下述目的：

- 分享客户情况，获得下一步跟进客户的一些方法；
- 获取营销内容；
- 确保网络研讨会、活动、电子邮件内容和标准模板等营销活动到位，以支持客户。

随着销售周期的不断延长，重点应该放在销售和营销更好地合作上，并寻找加快客户购买决策的方法。

新的 B2B 客户

采购过程中利益相关者不断增多

一个不可忽略的趋势是，在客户采购过程中，利益相关者和利益相关部门不断增多，这对市场营销来说是个挑战。因为，营销人员需要考虑会影响客户购买的多个利益相关部门。这意味着，哪怕只针对1个目标客户，B2B营销人员也需要考虑多个因素，需要定制出不同的营销工具和营销内容。

类似ABM（基于客户的营销）的营销技术已经可以让上述过程变得更容易一点。B2B营销人员现在面临的问题是，在哪个环节跟B2B客户的多个采购人员建立起联系以及在营销工作中的哪些环节应该更加努力。

那么，一个有意思的问题就来了：在采购过程中，利益相关者和部门不断增多的背后原因是什么呢？是因为客户手里有太多的信息和数据，所以需要更多人参与进来进行筛选吗？还是客户不仅是为了找产品来购买，而是更加注重这个产品能否在实际意义上解决问题，因此客户更注重寻找真正的解决方案？

此外，由于解决方案本身就比较复杂，所以他们需要更多专业人士参与到购买决策的过程中来。因此，这个原因可能就会导致客户购买流程的延长。

劳动力不断演化

另一个变化趋势是人们的工作方式。对许多企业来说，办公方式从办公室办公转变成了远程办公，就算是一些大型公司也是如此。根据研究机构PGi的一份全球调查研究报告显示，79%的知识型员工表示，他们在家办公❶。

因此，B2B客户的工作不再是朝九晚五，工作时间更加分散，因为他们整天都在处理公司业务和私人紧急事项。这意味着，B2B营销人员需要重新思考他们该如何精准地找到潜在客户，如何比以往更详细地了解客户，如何更好地接触到客户。

此外，B2B营销人员也不能再想当然地把时间仅仅分配在发送电子邮件和推送广告上面，尽管按照传统的工作计划来说，电话销售等事项也应该安排在其中。

随着远程办公方式的增加，B2B客户在地理位置上也更加分散，他们之间的办公地点也不再相连。当然，因为智能手机的普及，大家总是手机不离身，所以移动营销就可以发挥作用了。除此之外，像Zoom、Slack和WhatsApp这些办公协作软件和虚拟会议也会被使用得越来越频繁。通过这些技术手段，我们就可以考虑更多元化的市场营销方式，也可以利用这些技术手段找到信息共享的新方法。

劳动力结构改变

在过去的10年里，我们也看到了劳动力结构的巨大转变，"千禧一代"开始占据劳动力结构的很大比例。什么是"千禧一代"呢？他们通常是指在1985年至20世纪末

---

❶ 托马斯-阿吉拉尔（2015），《PGi全球远程办公调查揭示了令人惊讶的远程办公趋势和员工需求》，来自公关新闻线，访问时间2020年1月24日。

出生的人。

千禧一代对B2B营销活动和战略具有重大影响。有人可能会说，这就是数字营销发展如此之快的原因。要想在同辈人中找到购买决策者，数字营销在营销组合中的确扮演着越来越重要的角色，但不得否认，千禧一代劳动力因素在其中的推动作用。不过，千禧一代客户可能会以不同的方式影响着营销方式，比如，他们使用和接触的数字媒介渠道和数字内容。

到2020年，千禧一代将占劳动力的50%。我们可以从两个角度考虑这个问题：一是如何确保千禧一代在构建B2B数字营销模式的过程中发挥更大的作用；二是另外50%的劳动力，他们的需求和反应可能跟千禧一代截然不同。行业的不同、角色的不同，会让这一代人的劳动力组合方式不同。从最近我们与公司的互动来看，有些公司仍然把决策权交给了婴儿潮一代。

如何购买

以前，那些知名度较低且处于早期阶段的企业可能更倾向于接触他们熟悉的潜在供应商，所以从营销方式上来说，可以从这一点出发引导他们产生购买行为。

但如今，这种情况已经发生了巨大的变化，大多数潜在客户在与商家实际互动或联系之前，就已经完成了60%～75%的购买流程，换句话说，潜在客户可以通过其他方式获取更多商家信息，这些信息推动他们做了大部分购买决策。因此，接下来的营销工作重点就该放在多个营销部门合作方面，在买家初次购买前、后提供更好的客户体验。

客户体验发生了变化

对数字营销人员来说，客户体验也变得越来越重要。客户体验是指：客户与品牌的互动以及客户与品牌产生接触点这一过程中的感受。

这些接触点可能是在营销中产生的，可能会受营销影响，或者可能是在市场营销和其他部门的工作中一起产生的。

法律与道德

立法、隐私和数据

随着用户和用户行为数据的与日俱增，大家越来越在意个人隐私问题以及如何保护个人利益不受伤害。一方面数据越来越多，另一方面要考虑隐私保护，这两种趋势迫使企业要多角度思考如何对待这些数据以及数据管理问题。

欧盟通用数据保护条例（GDPR）以及英国于2018年5月25日通过的《数据保护法》（Data Protection Act）都对企业在数据使用方面做了明确规定，这会促使企业在使用数据时要更加谨慎。

除了欧盟通用数据保护条例，还有许多法律都在规范隐私保护，比如欧盟电子隐私条例。因此企业需要考虑如何从客户那里获取数据确保营销进展，并且还要了解如何管理和使用客户数据。隐私方面的规定会影响"直接营销"（通过邮寄或电话直接向客户销售产品或推销服务），并且会影响专门针对个体的数字营销。因为B2B营销针对的是组织内的多个个体，因此这之间都有明显的相关性。

好在有一些公司正努力思考和解决，如何让企业在数据收集、管理和使用方面更严谨。这些公司本身也在利用客户洞察和数据优化自己的数字营销，他们受益颇丰。

道德—透明度，影响沟通

B2B品牌对客户的透明度越来越高：他们的品牌行为可以被公开讨论，甚至也可以被客户仔细审查。我们作为客户，有81%的人会关心我们购买产品的这些公司情况怎么样[1]，但买家全部都是客户，因此B2B公司需要同时考虑公司目标、利润目标以及如何管理好营销、信息和客户，并且要在这之间找到平衡。

因此，企业的行为方式变得越来越重要。公司运营不仅要依靠营销手段来维护，任何与道德和公司自身长期行为有关系的公司信息都应该是公司运营过程中要考虑的。如果一家公司对外宣称的和他们实际的做法不一致，就会通过社交媒体和在线应用程序迅速被曝光，这极有可能影响公众对他们的看法，最终影响销售。

---

[1] 快速消费品和零售（2018），《全球消费者都在寻觅那些关心环境问题的公司》，来自尼尔森，访问时间2019年8月3日。

技术和影响力

市场营销中的人工智能（AI）从21世纪初就已经出现，程序化的应用程序可以让媒介购买和投放流程完全自动化，这可能是市场营销中最早的人工智能应用程序。此后，人工智能被广泛应用于其他领域，如营销自动化、电子邮件管理、个性化营销和预测前景分析。

人工智能的有趣之处在于，它能够很好地模拟人类的销售或营销行为，它可以处理企业所面临的资源缺口或挑战。

个性化

在20世纪90年代至21世纪初，消费者营销领域发展出了个性化特征。色彩可能是产品设计中最主要的个性化元素之一。今天，个性化意味着许多不同的东西，在B2B营销领域以不同的形式出现。

有了人工智能，企业就具备了批量处理与用户交流互动的能力。不过，市面上也有一些有趣的应用程序，可以让企业设置个性化的网络问候语、客户访问活动日志、电子邮件、社交媒体等。

智能手机技术不断进步

在过去的10年里，智能手机和无线技术已经发展到了新阶段。这些技术可以让我们在移动设备上自由地接收和查看信息，可以在接收查看信息、观看视频和应用程序之间自由切换，这些体验比台式机更好。如今，智能手机和平板电脑极大普及，用户可以在任何地方访问信息。

我们可以访问更多信息，可以浏览更多信息，那么新的挑战来了：B2B营销人员需要使用更多的移动渠道和移动技术来作为营销渠道，这样才能接触和吸引更多的B2B客户。

B2B 领域应具备高级分析能力

随着企业收集的用户数据越来越庞大，在细分领域就会出现很多的商机。一些数字技术可以让企业轻松地将不同平台的数据整合在一起，也可以提供技术手段让企业对客户有更全面的认识。

数据量越来越大，萌生出新的需求：企业需要更多先进的数据分析。简单地在电子表格中查看和处理数据已经不能满足企业的需要了。今天，以客户为中心的公司可以通过数字技术更好地管理数据，这些数字技术可以让企业实现数据抓取、数据合并、数据去重、数据解析与洞察。

社会化组织

营销人员现在还需要了解社交媒体的方方面面，比如，如何在客户生活轨迹的各个地方运用社交媒体进行营销以及如何更好地与销售相关部门协作把社交媒体利用好。

思想较为超前的公司不仅鼓励销售人员积极主动地使用社交媒体，而且会给销售人员提供高效使用社交媒体的培训和一些工具。这种方式被称为"社会化营销"，允许销售人员联系客户和潜在客户，积极参与到与客户的互动中，维护客户和潜在客户。社会化营销与传统的销售方式不同，因为它更注重与客户建立起持久关系。

许多销售专家正在寻求更多地了解社会化营销的办法。53%的销售人员表示，他们希望更好地了解和学习社会化营销，并且希望在这方面获得帮助。80%的销售人员认为，如果他们能够利用社交媒体，他们的销售团队将会更加有效和高效[1]。

社交购买

最近值得关注的现象是社交购买，即采购经理和采购部门利用社交媒体渠道来进行采购。社区平台Procurious在这方面做得比较领先，它是第一个推出在线社区采购平台的公司，目前有5000多名会员。

---

[1] 孔斯曼，托德（2018），《对销售团队非常有用的25组社交媒体营销数据》，来自人人营销网，访问时间2019年10月17日。

社交媒体在金融业大显身手

有些金融机构已经意识到社交媒体可以对营销和业务产生重要影响，于是这些机构也能抓住机遇利用好社交媒体。比如，美国银行在推特上开设了社交账户，并且坐拥金融领域大量的粉丝，它开设了多个社交账户，比如，金融小知识、金融新闻、金融互助和金融职业规划，而且美国银行成立了一个专门维护推特社交账户的客户服务团队。

另一个案例是美国运通公司（Amex），它在2007年推出了"开放论坛"平台，至今仍为小型企业提供在线社交媒体平台，以便它们在这里讨论金融相关问题。

社交媒体成熟期

10多年前，社交媒体还处于起步阶段。领英（LinkedIn）成立于2002年，脸书（Facebook）成立于2004年，推特成立于2006年。越来越多的人开始使用这些平台和功能，领英平均每秒会增加两名用户，脸书活跃用户从2008年的1亿增长到2020年的22亿。这些社交媒体有足够的能力提供不同的营销方式，也可以为企业和个人用户提供服务，这些社交媒体提供了更好的营销平台和更多的潜在客户。

第 2 章
发展 B2B 数字化策略

近年来，数字营销和数字营销技术的发展为企业提供了更高的附加价值，可以让企业更好地实现自己的目标。第2章主要为大家介绍确立、创建和评估B2B数字化营销策略的一些关键要素。内容主要集中在如何通过开拓客户资源获得B2B客户、客户轨迹路线图、客户洞察方法。

个性化，就是针对客户定制营销方法。个性化就意味着要更好地为特定阶段的客户或所有客户定制信息和营销。在这一章我们会介绍B2B个性化营销。

02　B2B数字化营销策略

读完这一节你会收获什么？

读完本节，你将会了解以下几个方面内容：

- 如何评估市场环境。
- 如何辨别战略选择。
- 如何实现战略一致性。
- 如何评估战略选择。

简　介

数字营销策略

营销策略通常指的是一个可以实现企业长期营销成功的营销行动计划。把握住这一点我们就可以明白，一个营销策略应该制定长期的营销活动，同时也为整个营销指明方向。

制定营销策略的第一步是要了解谁是营销策略的主导者。如果主导者分散在不同的部门或是不同的人，那我们就要明确，谁是营销策略以及后续营销计划的执行者。许多公司目前会按照不同的领域来设置营销主导权，比如，数字营销团队、公关团队、客户部门和产品营销方面都可以制定营销策略，那结果就会导致公司很难建立一个整体一致性的营销策略。

营销策略主导者

不同的行业和公司，营销策略的主导者是不同的。无论谁是主导者，营销策略和营销计划都应该只有一个主导者。所有的营销工作都应该更好地为客户服务。

在B2B营销中，线下营销活动和线上活动通常是搭配起来的，因此，了解这些活动之间该如何相互作用是全渠道营销体验的关键。

如果我们更多考虑到企业可能的商业战略，那么就会明白数字化营销为何越来越重要。我们要考虑如何为现有的市场开发产品，如何渗透到这些市场。当然，我们还有机会进入新的细分市场或新的地域，或者为新市场开发新产品或服务。

图2-1改编自安索夫（Ansof）矩阵的新矩阵对此有较为清楚的总结。

在每个细分市场，数字营销活动和营销技术的搭配都会有所不同，数字营销和数字技术如今为企业的商业方向提供了新机会，打开了新局面，接下来我会详细讲到这一点。

数字营销策略矩阵

审视数字营销策略是否合理的一个方法是，看它是否考虑到公司的战略方向，是否考虑到公司发展业务的多种路径。我们可以使用图2-1中的安索夫矩阵将其分为4个核心区域。

	现有市场	新市场
现有客户	在留存客户中挖掘和增加客户份额	当客户分散在不同的地域市场时，在新地域市场进行渗透
新客户	在同一市场以现有产品为基础开拓业务以开发新客户	用新产品寻找新的目标客户

图 2-1 据安索夫矩阵改编的新矩阵

引自：巴辛（Bhasin），2019[1]

---

[1] 巴辛（2019），《聚焦未来增长商业战略的安索夫矩阵理论》，来自91营销网，访问时间2019年8月1日。

现有市场，现有客户

这是指增加现有客户份额。也就是说我们要挖掘客户，增加客户对企业产品的购买量。客户份额是一种市场营销指标，用于计算客户在某类产品或服务上的支出百分比，该类产品或服务是属于特定公司的。客户份额可以通过不同的方式获得提升，包括扩大客户的产品购买量或刺激客户购买企业提供的更大的产品组合。

为了增加客户份额，公司首先应该更详细地了解客户。买方企业内部的动态是什么？他们是如何开展购买流程的？他们与你的公司通过哪些接触点来实现购买流程？

针对这些疑问，我们可以从数字营销和数字技术中找到答案，这样的话，我们就可以从现有的客户中增加客户份额。数字营销和数字技术可以识别到客户与企业的接触点，可以分析客户在这些接触点上的体验，利用洞察到的数据就可以为客户在购买过程中提供更多个性化体验。

数字技术可以提供关于客户如何与渠道互动的见解，并使用数据分析来更好地解释客户行为。利用基于客户的营销使公司能够将客户视为组织，并跟踪整个客户的邮件内容参与情况。

现有市场，新客户

在审视现有市场和新客户时，我们谈论的是通过更大的市场渗透和不断增长的份额来扩大现有市场的存在。在市场渗透方面，数字营销使我们能够创造更好的广告，并通过正确和最合适的前景进行更有针对性的广告设计。

通过数字技术，我们还可以了解客户如何搜索和使用什么关键字，通过了解这些我们就可以确定最合适的潜在客户。数字技术和整合数字营销可以让我们从早期潜在客户一直跟踪，然后慢慢培育潜在客户。有一些数字技术可以提升我们培育潜在客户的能力，例如，内容管理和跟踪技术以及一些可以让我们按特定客户或账号进行营销监控的技术。

新市场，现有客户

新的地理位置和市场对我们来说也是有价值的，新地理位置有可能是一个国家的某个地方，也可能就是面对某个国家进行市场开拓。这里的现有客户是指，那些在多个国家或地区开展业务的企业，他们的战略目标是将业务继续扩展到现有客户所在地区。

为此，基于账户的营销和数据分析等技术可能就非常重要了，当然数据分析是否有效，也取决于B2B客户公司的规模、网络痕迹和发展潜力。

我们可以使用多种数字营销方法来进行客户数据分析。其中一种方法是使用CRM（客户关系管理系统）技术或客户洞察技术，来识别客户在多个地理位置上留下的痕迹。另一种方法是通过社交媒体或其他数字营销手段提高客户的认知。

采用更有针对性的广告或使用有影响力的营销方法，可以为企业战略目标定位带来好处，甚至可以将业务铺设到现有业务范围之外。

新市场，新客户

接触到新市场和新客户是一件好事，却也是获取客户风险最大的方法。但是，我们为什么要采用这种方法呢？原因可能包括：希望将产品组合拓展到一个新的领域或者需要寻找全新的客户。因此，如果我们掌握了数字营销的方方面面，那么识别、吸引、培育和获得客户就很轻松了，如何掌握这些方法也是很重要的，我们将在本书中进行详细探讨。

正如上文所述，市场营销策略可以解决很多实际问题，比如，筛选和识别最合适的潜在客户、了解和调查客户需求、落地实施营销或者可以更高效地触达客户以及更好地吸引客户和培育客户。由于数字营销和技术的发展，我们今天所做的这一切，在效果上来讲，都比10年前做得更好。

这本书可以帮助你找到哪种营销活动最适合你，如何使用不同的营销策略方法。将数字战略矩阵和数字战略SWOT（态势分析：优势、劣势、机会、威胁）分析结合起来应用，可以帮助你认真思考在营销过程中该考虑哪些问题。

数字营销策略本身就是一个过程，它使企业能够专注于现有资源，并以最佳方式利用这些资源，以促进销售以及获得更多的竞争优势。数字B2B营销人员需要考虑在何处以及如何定义和使用与其他部门的协同效应，以支持组织的整体价值链以及生态系统中的价值。

确定数字化战略的首要步骤

首先明确为什么要制定数字营销策略

从本质上讲，数字营销策略是一张蓝图或路线图，它可以为营销团队和数字营销团队指引方向。如今市场营销部门与以前有很大不同，所以这些数字营销策略才变得尤为重要。数字营销策略应该给团队提供方向，提高团队的凝聚力。不过，数字营销策略也面临着挑战——如何让战略适应不断变化的市场环境。

战略发展和关键阶段：3A 要素

战略发展可分为以下3个重点方面。

• 审查：在这个步骤环节中，有两个要素要审查，即公司层面的审查，包括对公司微观环境的审查和对宏观环境的审查。

• 分解：在这个环节，上一个步骤要审查的一些要点将被分解为一些可行的机会或路径，分解和概述在战略执行的道路上可能遇到的威胁或存在的弱点，如何去化解威胁或改善弱点。

• 明确目标和战略：战略制定的第三步是确定目标并提供战略大纲。

微观环境审查

公司层面的审查主要是指识别和审视企业在市场营销方面的优势和劣势分别是什么，用什么方法可以支持或重塑公司的战略。公司还可以通过这个阶段审视一下自己的资源组合有哪些，以了解是否存在某些不足，是否足以支撑过去或当前的战略，并且考虑自身有哪些数字营销资产可利用。

微观环境的审查可能包括：审查公司如何使用广告，如何进行潜在客户开发，如何衡量营销内容和用户参与度等方面的情况。在此阶段，你可能会需要重点审查以下问题：

• 企业在数字化应用方面的表现如何？
• 是否存在薄弱或易受威胁的方面？
• 企业的优势是什么，这些优势能否用于数字营销策略？
• 公司目前使用哪些数字技术？
• 不同数字渠道的效果如何？

- 内容表现和效果如何？
- 哪些是营销或数字营销最强的方面，哪些是最弱的方面？

宏观环境审查

审查完微观环境，接下来就要审查一下公司的外部环境了。为此，我们可以使用PEST（政治、经济、社会、技术）分析工具，该工具涵盖了对政治、法律、经济、社会、文化以及技术方面的评估。

不过，关键的问题不在于要审视企业外部环境的方方面面，更重要的是要根据企业对客户带来的影响来评估这些外部环境。我们可以看看可能影响数字营销策略的几个方面的趋势。

政治和法律

这个因素只考虑要了解跟行业有关的各种立法和政策，比如，产品变更方面、定价方面。其他需要考虑的法律层面包括：影响营销和客户互动方面的立法有哪些，如数据使用和数据隐私方面。

政治方面可能涉及数字技术的使用或发展推广。例如，政府可能更加推广确立的主要搜索引擎工具。

经济

经济方面主要指，商业信心、国家的国内生产总值增长或一个特定地区的经济稳定性等方面。这些因素可能会影响某个地区内的信息传递，或者影响某个地区使用哪些重点产品或服务。例如，在经济低迷时期，最好的办法不是向客户推销高价值的产品和服务，而是提供更经济的选择方案。

其他的经济影响可能与行业的季节性有关，因为一些行业的购买模式可能会随着季节而发生剧烈变化。一般情况下，教育行业的大量购买发生在一年的第二季度中，因此B2B营销团队需要考虑是否将潜在客户类别根据季节情况进行对应。

社会和文化

社会和文化不仅影响消费者，也会影响企业。比如，会影响社会或文化动态以及影响人们如何使用社交媒体。而在数字营销中，图像在内容营销中该怎么使用就要考虑到社会和文化因素。比如，内容中一些标识、图标、图像的使用跟当地文化相适应，而另一些则可能不适合，甚至可能引起冒犯。另外，工作中可能存在不同年龄和代际的员工，所以企业还要考虑到不同年龄层的文化情况，要让公司文化能适用于这些人群。

技术

如果某项技术已被某个行业的大多数竞争对手所采用，那么应将该技术视为对公司战略和数字化战略的威胁。

技术包括人工智能或5G之类的，这些技术可能会对客户产生影响，也会对接下来的数字营销策略产生影响。

PEST分析可以帮助你按照不同类别和方面来评估哪些因素对企业产生最大影响。还要分析这些因素到底可以带来多大的影响程度，如果某个因素可能会影响客户或者某个立法会100%影响到公司发展，那么后者将被评为对企业带来更大影响的因素。

一旦进行了评级，那么高影响因素将接受审查，此时就要了解公司可以利用哪些机会向客户营销与新趋势相关的产品、服务和解决方案或者缓解市场潜在风险。

竞争审查

除了上文刚分析的审查因素，接下来我们要讲到竞争审查，竞争审查也可以纳入宏观审查范畴，但也可以进行更加全面的分析。在这里，竞争审查重点是审查竞争对手的营销活动，而不是竞争对手的战略。

竞争性营销活动可能与竞争对手的运营方式、竞争对手在市场中的定位、受众数量、他们的目标、他们如何传播信息以及他们未来重点开展的领域等方面有关。竞争审查还可能包括，审查竞争对手投标的条款，审查他们使用的任何关键词，因为这些都跟数字营销信息、营销内容和目标客户群有关系。

如果想要深入研究竞争，有很多方法可以运用，比如，通过竞争对手的社交媒体活动跟踪竞争情况，或者查看他们的在线内容库，这些内容通常在他们网站上的公关或投资者关系部分呈现。

此外，还有一些技术，如竞品网站分析工具Similarweb（相似网站）就可以用来查找竞争对手网站的流量、推荐来源（包括关键字分析）和网站黏性等信息。

第 2 章
发展 B2B 数字化策略

通过做上述一些工作，我们就可以用定制化的方式和视角来观察竞争对手，从而在分析中发现不同的营销视角，比如，市场细分、活动、信息和定位线索等。如图2-2所示。

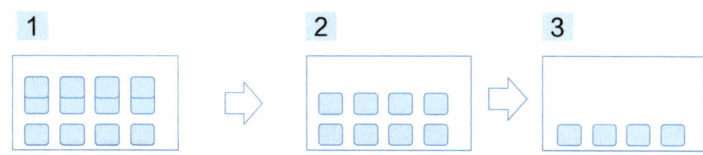

识别出的影响因素会不断地被评估和过滤出来

PEST	1. 关键影响因素	2. 影响程度	3. 可用的机会
政治方面			
经济方面			
社会方面			
技术方面			

图 2-2　PEST 分析

分解

在微观和宏观层面的审查进行完之后，下一阶段就是将审查结果整合到一个地方。你可以把这些结果都列出来，但还有一个更好的方法，就是动态SWOT分析工具，见表2-1。

表 2-1　动态 SWOT 分析

	机会	威胁
优势	S-O战略：我们如何利用企业的优势来最大化利用已经明确的机会	S-T战略：我们如何利用公司优势将已知威胁降到最低
劣势	W-O战略：我们如何利用已经确定的机会最大限度减小弱势	W-T战略：我们如何通过将弱势降到最低来避免已知的威胁

Adapted from Agarwal, Grassland and Pahl, 2012
注：改编自阿加瓦尔、格拉斯兰和帕尔，2012[1]

---

[1] Agarwal, R, Grassl, W and Pahl, J (2012) Meta-SWOT: introducing a new strategic planning tool, Journal of Business Strategy, 33 (2), pp 12–21

动态SWOT工具不仅会列出优势、劣势、机会和威胁4个方面，它还进一步要求我们思考如何利用这4个方面的组合，并将SWOT的各个方面转化为可操作的战略。优势和劣势通常是指企业内部方面的考量，威胁和机会是指外部方面的。优势和劣势往往都是通过内部对公司进行审查而评估出来的，外部方面的威胁和机会则是来自PEST分析。

S-O战略旨在利用优势寻找机会。比如，一家公司利用自己在品牌方面的优势来接近新客户。这种方法有时被称为"攻击策略"。根据优势，可以制定许多不同的攻击策略。

W-O战略旨在利用已知的机会。这些机会可以是合作伙伴关系，你可以用类似这样的机会来减小品牌认知方面的弱点，或者开辟新的渠道进入市场，以提高覆盖率并吸引特定的客户群体。

S-T战略包括利用公司的优势来减少威胁。例如，公司拥有庞大的客户群，这就是优势。应对营销策略可能存在的潜在威胁，其中一种方法便是使用客户忠诚度策略和客户推荐来吸引新客户。

最后，W-T战略是为了减少因企业本身的弱势和外部威胁而带来的风险和影响，通过更好地利用优势和劣势，企业就可以将上述一些优势和机会结合起来使用。

目的和目标

根据对上面各个层面的审查和各种因素的分解，我们现在可以根据已确定的关键战略或战略组合来决定什么才是我们的关键目标。从本质上讲，数字营销策略的目标可能会沿着渗透客户、开发市场和开拓新市场的路线，按照数字营销策略会采取的方向来确定。

在确定目标时，可以使用SMART原则来改进目标，让目标变得更具体。SMART是几个单词首字母的缩写，代表具体的、可测量的、可接受的、现实的和有时限的。

协调：实现战略一致性

为什么需要协调一致

你的数字化战略如果和公司利益相关者的观点不一致的话也会有麻烦，比如，会减弱你前期的努力或者会让你的战略大打折扣，甚至战略叫停。让公司里那些关键的利益相关者参与进来也是数字化战略成功的关键。本书将展示数字化如何超越公司内部和外部的功能界限和其他界限。如果在数字化战略这个新领域能够取得各方一致意见，将会对战略实施进展产生更大的影响作用。

第 1 阶段：将协调看作一种营销职能

在审视外部营销之前，了解营销内部发生的事情是很重要的。对于今天的许多公司来说，产品解决方案、定价、促销、优惠、公关和其他事情的整体营销组合并不是一个人或一个部门拥有的。因此，了解谁会受到数字化战略的影响，以及谁能在分散的领域支持数字化战略才是关键。

我们从哪里开始说这个问题呢？本质上，这个问题就是关于如何分享战略目标和数字化战略的问题。为确保职能部门内的一致性，应该有一个负责人将营销组合整合在一起。这个人可以是部门负责人，也可以某个有领导力的人。

第 2 阶段：营销之外的协调

为此，我们可以使用门德罗网格矩阵来解决这个问题[1]。这个网格可以帮助我们了解哪些利益相关者对数字战略既有权力，又有兴趣或影响，无论这个影响是积极的还是消极的。也可以了解哪些人在这一数字战略中有利害关系。

比如，数字化战略希望通过专业的数字营销服务渗透到金融领域。那么内部利益相关者可能包括销售、业务开发经理和市场总监，外部利益相关者可能包括公关机构、金融市场博客作者、行业协会等。

然后我们将它们绘制在网格上，如图2-3所示。正如你看到的，在这个网格中有4个主要区域：网格中每个区域的涉众需要以不同的方式进行管理。通过这个网格的绘

---

[1] Bourne, L and Walker, D (2005) Visualising and mapping stakeholder influence. Management Decision, 43 (5)

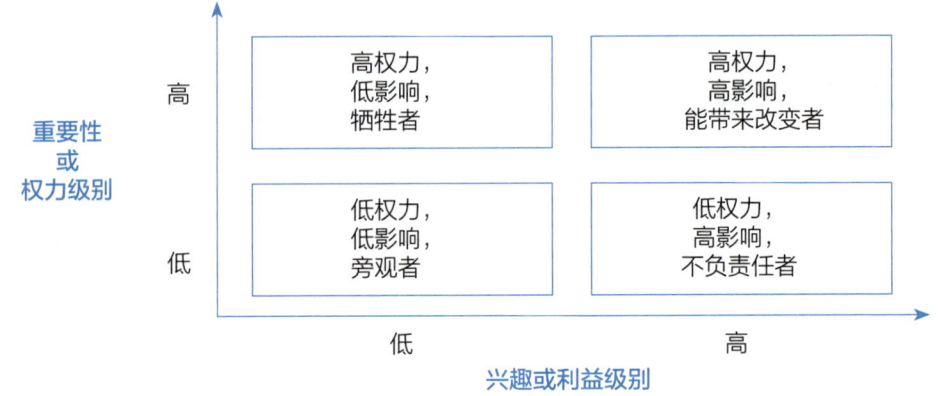

图 2-3　门德罗网格

制就可以看出，我们应该多接触和吸纳那些拥有高权力和高兴趣或高利益的人，他们对该战略的认可和认同至关重要。

一旦这个网格完成，你可以看到哪些涉众参与最多或最少。本书后面章节将会多少介绍一些主要内容。

评估和选择战略

通常情况下，只要我们好好探索战略发展的不同阶段，就会发现有一系列可能的战略可供选择。面对这种情况，就该我们评估和选择到底哪个战略最好了。

SAF模型[1]是一个很好的工具，该模型着眼于策略的适用性、可接受性和可行性：

• 适用性是指，战略是否能利用优势实现最佳目标或最大目的，并能克服潜在困难。

• 可接受性是指，该战略对任何财务投入或资源投资能带来哪些价值，它会带来最佳回报还是什么其他回报？当然评估这个指标时还包括企业其他部门采用该战略的容易程度如何。

---

[1] Johnson, G, Scholes, K and Whittington, R (2010) Exploring Corporate Strategy (10th edn), Pearson Education

- 可行性是指，现有资源比如财务、技术和营销是否可用于支持这个战略，企业能否切实实施基于现有资源的战略，或者现有资源是否能够及时到位？

利用SAF模型，对战略选择进行评估、排序或如表2-2的评级[1]。在表中我们可以看到，根据里面的标准，观点1和4是最好的。

表 2-2 评估战略

	问题	观点 1	观点 2	观点 3	观点 4	观点 5	观点 6
适用性	该战略利用到优势了吗	8	8	9	9	8	5
	该战略解决了目标和目的方面的问题了吗	9	9	8	9	7	4
	该战略克服了已知困难了吗	9	8	8	8	7	4
总计		26	25	25	26	22	13
可行性	该战略能得到资金支持吗	7	6	6	7	5	9
	有什么资源可以支持该战略吗	6	7	6	7	6	8
	实施和支持战略的能力具备吗	8	6	7	7	6	6
总计		21	19	19	21	17	23

[1] Johnson, G, Scholes, K and Whittington, R (2005) Exploring Corporate Strategy (4th edn), Financial Times / Prentice Hall

续表

	问题	观点1	观点2	观点3	观点4	观点5	观点6
可接受性	因风险所耗费的资金可接受吗	9	7	6	9	6	8
	战略可被其他部门接受吗	9	9	7	9	7	7
	回报或收益可否说明战略实施的效果	8	9	7	9	7	5
总计		26	25	20	27	20	20
总分		73	69	64	74	59	56

数字营销策略

在过去的几年里，许多关于数字营销策略的主题在不断演变和发展，如图2-4所示，这些主题可以细分为几个营销的关键策略领域。本书也会讲到不同类型的策略细分，你可以从中找到自己感兴趣的关键领域。

客户洞察体验主要包括如何利用数据、洞察力来改善客户的体验。这部分内容主要是关于如何了解客户旅程以及相对应的营销方法，通过不同类型的个性化营销方式可以大大提高该环节的效果。

早期购买阶段中的策略主要围绕着如何使用渠道，也涉及如何最大限度提高客户认知。潜在客户开发和培育的数字化战略更适用于中后期客户旅程以及如何捕获潜在客户，并通过培育潜在客户最终产生转化。

活动管理和整合策略主要是为了更好地管理活动、改进规划以及整合数字市场营销和技术，这个过程不仅在市场营销中要做，而且在企业内部也会进行。这个策略中还包括要更好地衡量数字营销活动，并在需要时创建响应和反应措施。

第 2 章
发展 B2B 数字化策略

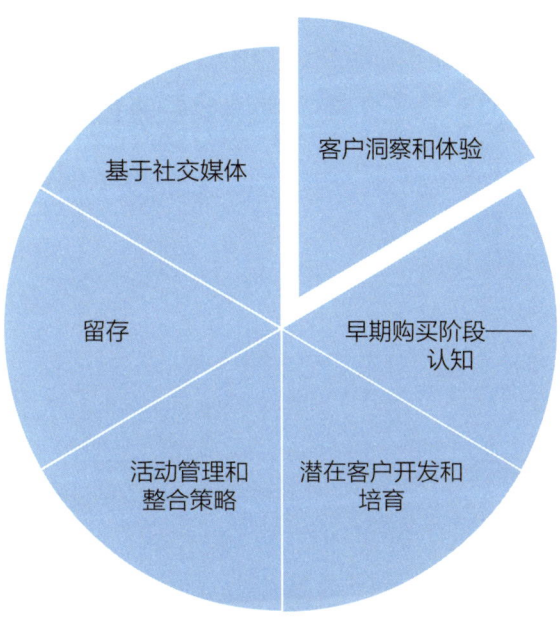

图 2-4 数字营销策略框架

练 习
---

1. 梳理你公司当前的营销或企业目标，并根据安索夫矩阵调整版来规划企业的关键目标。
2. 根据目标，与同事讨论数字营销和技术可以增加哪些价值。
3. 创建一个权力（利益）网格，并为你的数字营销策略规划关键利益相关者。

03 B2B客户旅程和客户体验

你将从本节中获得什么？

阅读完本节后，你将了解到以下内容：

• 客户旅程。

• 客户接触点。

• 客户旅程图。

• 识别和评估接触点。

简 介

战略和客户旅程

在上一节中，我们讨论了不同类型的战略如何使用相应矩阵。正如我们从每个战略选项中看到的，从更好地理解客户开始，就是开展一个战略的重要起点。可以跟客户建立密切联系，更好地与客户打交道的一个方法就是客户旅程。

那么，什么是客户旅程？客户旅程是客户为实现一个特定目标而经历的一系列步骤，客户在跟供应商互动过程中，可能会有各种各样的旅程。在客户购买前和购买后的阶段，客户旅程对应的是不同的客户需求或行为。

一个客户旅程就是购买之旅，这取决于你如何洞察到客户购买旅程，客户旅程主要发生在客户前期购买阶段和后期购买阶段。客户旅程中最重的部分要属购买旅程，购买旅程包括多个子旅程，有时也称为"微旅程"。

第 2 章
发展 B2B 数字化策略

宏观旅程和微旅程

宏观旅程通常指的是更大的客户旅程，或者说是客户的整个购买过程。宏观旅程包括所有的旅程，通常会跨越多个阶段。微旅程就是包含在宏观旅程中的小一点的旅程。例如，在客户旅程的后期购买阶段，微旅程可能包括搜索已购产品或服务的相关信息、正准备扩大购买范围、需要解决某个问题或者正在尝试了解如何使用已购买完的产品或服务（用户使用体验方面）。

那么，在这个过程中，数字营销或数字应用程序应如何使用呢？事实是，越来越多的工作可以通过数字化来实现，而且它们也可以通过数字技术进行跟踪和监控。

客户旅程和地图

销售力公司（Salesforce）是一家在全球备受青睐的客户关系管理解决方案提供商，根据该公司的数据显示，80%的高级营销人员表示，一个紧密连接的客户旅程对于营销是否会取得成功至关重要[1]。

B2B营销人员应该考虑的首要任务之一是，创建一个客户旅程地图，这份地图主要是客户旅程的框架，在某个阶段或系列阶段标注出与客户的接触点。客户旅程地图可以让我们更明白一系列接触点的顺序发展，或者让我们明白客户做一件事的步骤以及客户都会接触哪些数字渠道和使用哪些相关的信息内容。

通过了解客户做事步骤的顺序，优化流程或接触点的方法就可以确定出来了。如果将搜索或SEO作为第一步的话，那么接下来的流程就是潜在客户会导流到供应商的网站上，然后访问供应商的社交媒体页面，这时候企业需要确保在SEO搜索结果中，这些站点都要包含在内，而且社交媒体的网络链接要在合适的网站页面。

客户旅程地图已经被证明，在公司营销管理中是非常有效的。根据Gartner（高德纳咨询公司）的数据预测，60%的大型企业都有内部客户旅程地图制定的能力[2]。

购买旅程

购买旅程是描述客户购买之前和购买之后的过程。我们可以通过6个主要阶段来

---

[1] 阳（2014），《83%的高级营销人员认为创建一个具有凝聚力的客户旅程十分重要》，来自Salesforce网，访问时间2019年8月1日。

[2] 数字营销研究所（2018），《如何创建客户旅程地图》，来自数字营销研究所，访问时间2019年8月1日。

确定购买旅程的全过程。

（1）需求识别：企业确定自己的潜在需求。确定需求这个工作可以是企业里某个人来做，也可以是公司中专门的团队来做。当然，确定需求可能来自某个研究结果，或者来自外部供应商和合作伙伴的刺激。通常情况下，需求可以通过购买产品、服务或某些产品组合得以满足。

（2）需求量化和研究：一旦确定了需求，下一步就是获得多方支持来满足需求。在大型企业中，这个过程可能是一个部门来承担，比如，这个部门去劝说利益相关者能批准资金来购买产品或服务。

（3）评价：在此阶段，参与购买过程的人员会搜索相关信息，会搜寻那些可以满足他们需求的潜在供应商们。大多数客户开始在网上搜索后，紧接着就会参加研讨会、贸易展或者进一步搜索信息。无论大公司还是小公司，都会用一些联系人作为信息来源。

（4）备选方案比较：进行完上一步后，接下来对潜在供应商进行评估和比较。通常情况，客户会基于一套采购标准来比较几家供应商。每个企业将根据自己的目标和客户要购买的产品来评估和解读一个备选方案的各个方面。价格因素可能是一些公司最重要的考量因素，不过其他公司可能更加注重服务和供应商承诺的服务水平。大型企业客户会通过征询意见等更加结构化的程序来进行投标，以此方式选出合适的供应商。

（5）采购：根据评估阶段对供应商的考察情况，客户接下来就会选择一个或多个供应商，然后进行订购。产品或服务订购在大企业的公营部门可能已经固定在长期协议流程里面了，不过对某些企业来说，也可能是一个简单的交易。

（6）购买后：在购买之后，客户接下来可能会以一种不同的方式从供应商那里再次购买，也可能会到新供应商那里购买，还可能后面又到从前的供应商那里购买甚至可能会增加采购。

第1~5阶段可分为早期购买旅程（第1阶段和第2阶段）、中期购买旅程（第3阶段和第4阶段）和后期购买旅程（第5阶段）。图2-5展示了一个客户的购买旅程全过程。

客户旅程地图的优点

尽管制作客户旅程地图可能是一项冗长而事无巨细的任务，但它提供了许多好处。通过对客户进行细分和对客户角色的全面了解，客户旅程地图可以帮助我们提高

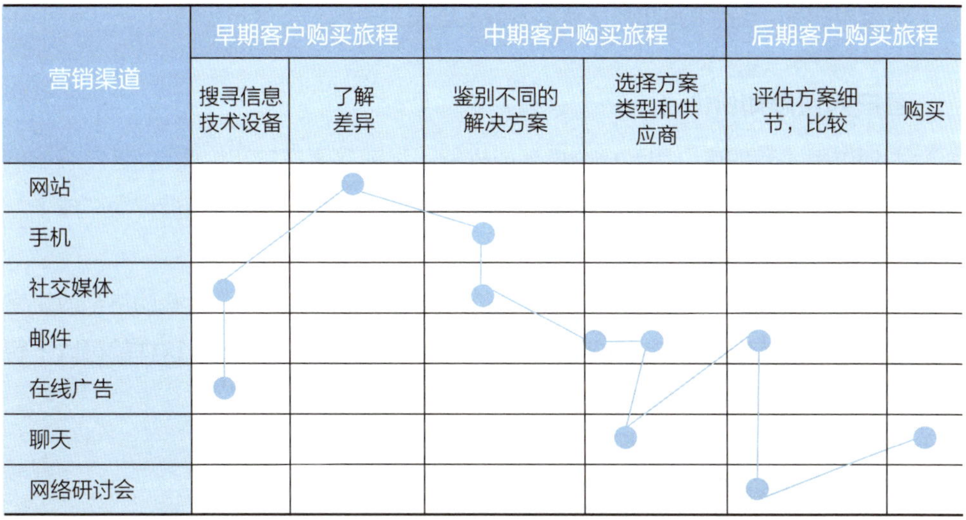

营销渠道	早期客户购买旅程		中期客户购买旅程		后期客户购买旅程	
	搜寻信息技术设备	了解差异	鉴别不同的解决方案	选择方案类型和供应商	评估方案细节，比较	购买
网站						
手机						
社交媒体						
邮件						
在线广告						
聊天						
网络研讨会						

图 2-5　客户购买旅程地图

营销效率，更好地生产信息内容，或者进行内容营销，而且也可以更清楚到底如何根据客户的接触渠道来投放广告内容。

对客户旅程地图了解得越详细，越能让我们更好地了解客户，因为我们可以更好地了解他们每项事务所经历的过程，以及了解他们所有子旅程的过程和相关活动。

通过了解客户旅程，我们就可以知道自己应该在哪些方面进行优化和改善客户体验，反过来讲，也就意味着了解客户跟我们的黏性。最后，客户旅程还可以弥补销售、营销和运营之间的缝隙，因为所有参与者都是从确切掌握客户旅程真实情况开始的。客户旅程也有助于让我们提前将客户接触点和客户获得掌握于心，而且还能让我们提前根据购买旅程进行不同阶段的营销时间安排。

客户体验

如上所述，客户旅程地图对改善客户体验有很大帮助。客户体验是企业和客户在一段时间内相互作用的产物或结果。它也是不同部门之间的互动集合，比如，客户服务、运营、销售、营销等。

有意思的是，当今的B2B数字营销者最能够看到大部分的客户接触点。

客户如何感知价值

讲到这里，我们可以用到一个模型或框架，那就是客户感知价值[1]，客户感知价值更注重与客户购买产品相关的整体体验。这里面，消极的感知价值被称为"成本"，而积极的感知价值则被称为"利益"。

在购买产品或服务的过程中，成本会给客户带来痛苦，而利益会帮助甚至取悦客户。客户感知价值模型可以对比消极的感知价值和积极的感知价值，这样就可以了解是"成本"大于"利益"，还是"利益"大于"成本"。

客户经历的成本

• 货币成本：货币成本不仅是购买产品或服务的价格，而且是与产品使用有关的任何额外成本，比如保险；

• 时间成本：主要是指查找信息、阅读信息、理解信息以及沟通咨询所花费的时间；

• 能源成本：这些成本可能是购买产品的过程中产生的，可能是与电耗相关的成本，还可能是网络连接产生的相关费用；

• 心理成本：心理成本是购买过程中的情感体验，包括在搜寻信息时遇到的困难和挫折。

"利益"划分

• 产品利益：产品或服务提供的具体利益；
• 服务利益：客户服务和客户服务质量等附加服务给客户带来的利益；
• 人员利益：包括员工的素养和服务质量，或公司方的代表人员提供的建议的价值；
• 品牌利益：客户使用品牌而带来的情感利益。

客户感知价值是指在成本大于利益的情况下，整个购买体验和品牌体验是负面的话，可能会影响初次购买是否会达成。即使客户进行了购买，如果有进一步的业务需

---

[1] 海特什（2018），《顾客感知价值》，来自市场营销91，访问时间2020年3月6日。

要的话，负面体验可能会在后续过程中产生。

客户感知价值模型是了解客户和客户体验的起点之一，它可以帮助我们了解客户接触点地图以及让我们明白为什么要关注客户接触点的体验，关于这一点我们可以在图2-6中看到。

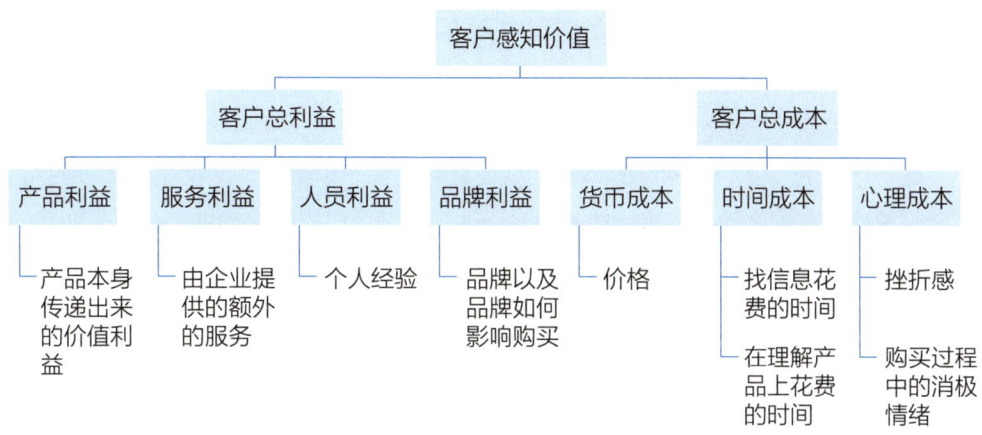

图 2-6　好的和不好的接触点

在品牌术语中，ZMOTS（零真相时刻）是客户旅程中的要点，当一个关键事件在客户旅程中发生并且当客户对品牌的看法形成时，零真相时刻就十分关键了。这些时刻不仅仅是接触点，因为它们代表着重要的"事件"节点。

客户接触点

接下来，让我们仔细看看接触点。接触点就是客户与你的产品、品牌、业务或服务所产生的任何互动。在市场营销方面，我们对营销信息和营销内容比较感兴趣，但是可能会忽略掉任何形式的互动，不管这些互动是来自客户服务，还是来自销售，或者是来自其他部门，这些都是接触点。

有些接触点直接受到B2B营销的影响，有些我们还可以比较好地控制，但有些接触点我们需要看看如何通过第三方营销合作伙伴或其他组织部门（如销售、客户服务和运营）来间接接触到。

客户会以不同的方式体验这些接触点。当接触点的体验不理想或不符合客户预期时，它们就变成了负面接触点。这就与我们前面提到的成本有关，比如可能与时间、心理成本密切相关。例如，客户在接触点找不到信息，或者在错误的时间收到信息。反馈时间的长短，或者缺乏反馈，也是影响因素。

在某些情况下，客户在咨询的过程中无法寻求到答案，或者当他们找到答案时，就会被他们不需要的电子邮件淹没。消极接触点的其他方面包括：前面体验的不断恶化，同时积极体验不断淡化。

在一个接触点上产生的好的体验，往往是超出客户预期的，这就是积极接触点。清楚了解接触点的体验在哪里，或者接触点体验在哪里可以超出预期，可以帮助我们制定策略，以确保这些策略继续持续下去或进一步优化。

这也告诉我们，不要轻易清除掉接触点的痕迹。因为，如果你知道了大多数客户是在社交媒体网页上搜索有关企业的信息，然后跳转到一个特定的网页去阅读更多信息的话，那么你就要确保跳转到这些内容上的网页链接需要镶嵌在文章中，那么这样就可以让客户有一个积极正向的体验。

另一个可用的方式，可能是提供聊天沟通的服务，对客户咨询的问题能够快速做出回应，就可以节省客户的时间，让他不需要再苦苦搜索整个网站。

最后，符合预期的体验可以称为中性接触点。因为体验既不好也不坏，所以中性接触点说明我们需要进一步深入了解在这一板块中什么才是良好的体验。

接触点越来越数字化

成功触达接触点的方法是，在接触点之间提供无缝连接，同时确保各接触点之间信息的一致性。在过去的10~15年中，接触点逐渐转向数字化或通过数字技术来实现。如果追溯这个转变从何时开始，我们可以追溯到21世纪初，那时印刷广告开始转向数字化，但过去10年，尽管数字化形式多样化发展，但最终还是转向了移动设备和社交媒体。

此后，内容创作和发行逐渐转向数字化，而在购买阶段的潜在客户培养和技术也变得越来越数字化。潜在客户培养和重定位技术正延展到社交媒体上，数字聊天技术和动态网站也已经可以解决实时解答客户咨询的问题。

在市场营销中，如果客户在社交媒体上看到一条有关企业的信息，但客户通过SEO得到的是完全不一致的信息，那这就与企业最初希望达到更好营销目标背道而驰了。除此之外，产品的外观和色调应该也是一致的，这样才能被客户更好地识别。在当前的数字时代，客户在短时间内会消费多个品牌的产品，短时间内会卷入多个品牌的众多接触点中。

企业需要设身处地为客户着想，思考一下，客户在不同渠道接收到不同内容和消息时的感觉怎样，客户的体验是好的还是差的，还是不好不坏？

接触点地图

接触点地图为客户旅程补充了更多的细节。正如前文所说，绘制接触点的过程取决于你绘制接触点的目标以及你希望绘制的接触点范围到底有多大。

在创建接触点地图时，有许多不连续的步骤。不过，我们往往是从人群细分开始的，而且我们需要提前假设一个目标客户群。

我们将在下一章讨论人群细分和客户角色，但为了先练习一下，我们先假设已经有了一个目标客户群和客户角色。

图2-7详细说明了接触点地图的执行步骤。

图 2-7　接触点地图的执行步骤

第1步　定义目标和范围

接触点地图练习的目的是什么呢？目的是提高职业道德，还是潜在客户培养和转化？还是其他什么更广泛的目标？如了解客户整个购买前的旅程。

目标定义得越明确，接触点地图的练习就越容易，尤其是在定义接触点范围时会感到更轻松。例如，如果接触点地图的目的是在捕捉到客户线索后提高潜在客户的转化率，那么，我们就可以明确，接触点地图的范围就是要包含抓住潜在客户的所有环节。

第 2 步　识别接触点并收集信息

基于前面已经确定好的市场细分、客户角色、接触点地图范围或目标，你现在就可以确定出从客户旅程的起点到终点或者说到最后的接触点之间所能够产生的任何互动过程是什么。

接触点可能包括市场营销、销售、客户服务、运营，而营销中可能还涉及数字营销和非数字营销。

通过这个例子，你可能会发现，在旅程的一个阶段中，客户会用到社交媒体、网络研讨会、电子邮件和营销活动以及聊天和各种网站页面。在锁定目标客户群的这一阶段，这些都是需要重点关注的接触点。

第 3 步　绘制接触点

锁定接触点之后，我们有必要了解客户所经历的各个接触点发生的顺序。接触点顺序，包括接触点发生之前或发生之后的系列步骤，以及潜在客户在做事情时所遵循的顺序，这有助于我们进行后续的数字频道投放设置。

该如何识别出接触点的顺序呢？我们可以通过使用不同的方法来完成，比如，分析来自网页的流量、通过查看某些数字渠道或通过调查潜在客户来确定接触点顺序。

在客户犹豫期、购买阶段或中期和后期客户购买旅程中掌握到客户的接触点顺序是比较容易的，通常要比早期阶段更容易些，因为这些阶段我们可以跟潜在客户有更直接的互动。但对于早期客户购买旅程阶段，我们得依赖市场调查和民意调查以及第三方的信息。

第 4 步　评估接触点

现在你知道了客户旅程的不同阶段和接触点以及这些接触点的顺序。但我们需要了解的远远不止这些。为了全面了解客户旅程，我们非常有必要对接触点进行评估，以了解这些接触点的客户体验是积极的、消极的还是中立的。

为了让你更清晰地理解这一点，让我们看看一些潜在的接触点是什么以及什么是积极、消极、中立的体验。

如果要定义积极接触点的话，这里有一些关键点：简单易用、有价值（这些接触点能切实帮助客户）、能达到或超出预期（不会让人失望）、与上下文内容相关的（渠道和内容与客户旅程某个阶段的需求相关）。

那怎么去了解客户在接触点上得到的是好的或差的体验呢？方法就是，看客户是否进入了购买过程的下一个步骤。

如果那些我们要找的客户已经被锁定了，但是其中的一部分在客户旅程中途流失了，这可能表明在某个特定的接触点上客户的体验不佳，因此我们就可以将注意力重新集中到该阶段。广告跟踪工具可以告诉你哪些活动、媒体和广告收到的电话或点击次数最多，哪些最能引起客户的共鸣。

潜在的接触点可能是你的网站、社交媒体渠道、电子邮件和网络研讨会，接触的内容可能是视频、横幅广告、文章、网站上的可下载内容或网络研讨会内容。从客户体验的角度来看的话，我们可以有两种或三种方式来考虑这一点：看客户反馈的真实评论，或通过某种测试反映出客户有某种体验的背后原因是什么。

图2-8是一个可以直接拿来用的模板，你可以在其中看到与接触点相关的阶段和情绪，以及目标是否实现。例如，如果客户正在搜索有关产品或服务的更详细的信

图 2-8　评估接触点

息，但只找到简短的内容或没有内容，则这将被评为负面接触点。

网站

客户在网站上的体验如果比较差，我们可能会看到，在某些页面上的跳出率比较高，或者可能会看到某些热图的点击率较低。这些指标可以说明，客户没有找到他们要找的东西，或者他们点击错了地方。

还有一种可以得到更多细节信息的方式，比如，我们可以让客户用文字的形式反馈一下他们在线体验的具体情况如何。

社交媒体

如果通过社交媒体来跟踪客户体验的话，最好的方式就是通过客户提供的评论反馈。一定要记住，确定选择哪个社交媒体渠道或渠道组合是非常重要的。社交媒体上可以给我们提供客户体验监测的指标可能是一些跟客户的直接互动，比如点赞、转发和分享。

这些指标都可以说明，我们提供的信息内容之间是否有关联性、是否有说服力。其他指标可能包括，一条推文或领英上一条广告的流量或曝光度。

电子邮件

打开率可以帮我们判断，我们是否以最合适的方式和合适的用户交流。低打开率可能意味着，我们传递的是错误消息，或者将消息发送给了错误的受众。低点击率意味着，电子邮件内容没有引起他们的兴趣。退订率可能表明，受众对内容不感兴趣，或者没有给到他们合适的信息。

基准线对标结果

上面我们描述了一些测试指标，但并没有给这些指标进行基准线对标。在评估阶段，你应该提前预设"什么是好的，什么是还可以，什么是坏的体验"，这才会有基准，是很重要的。因此，在开始评估之前，你应该了解如何解读KPI指标（关键绩效指标）。

我们可以用不同的方法来制定基准线或解读KPI指标，比如，可以通过基准线和调查结果的比较来实现。在最初的分析中，电子邮件的打开率、点击率或其他指标分别是什么，自从根据对客户旅程调整电子邮件后，这些指标是否发生了变化？另一种方法是，获取与行业相关的行业基准，比如，一些媒体或公司可以帮助我们提供这些基准指标。

或者，也可以通过调查研究或民意测验，对检测指标进行更定性的研究。例如，与网站体验相关的问题我们可以设计成：
- 你对我们网站的体验如何？
- 你在上面找到需要的东西了吗？
- 如果没有，你是否希望通过短信或电话与我们的工作人员交流？

上下文和意图

不管是什么样的细分市场、什么样的模式和什么样的客户类型，我们的目标是了解客户所处的环境，并利用这些背景来制订数字营销工作方案。在大多数情况下，信息技术部门希望了解所需信息和内容的类型，看这些信息内容是直接还是间接地传递信息，以及应该使用哪些信息和语句才能与客户真正地接触和联系，这样才能帮助客户在整个旅程中不断地往前进行。

想要了解客户在旅程或在接触点不同阶段的意图，其中一种方法是，识别关键字和关键句子。尽管我们经常会在买家旅程和PPC搜索（点击付费广告）的早期阶段提到关键字和关键句子，但我们应该明白，对关键词和关键句子的掌握和了解在客户旅程的所有阶段都非常重要，因为它们可以帮助我们制定正确的信息内容。

第5步 优化接触点

制定接触点地图的最后一个阶段就是优化客户旅程。我们如何将接触点的负面或中性体验转变为积极体验呢？这就涉及我们要了解理想的客户旅程和实际客户旅程之间的差异，因为客户旅程是实际体验，它要连接和制定出多个接触点以便客户互动，这样才能指引或影响客户在其中端到端的体验。

根据上述评估，接下来还有许多方法可以继续进行：
- 在接触点内优化：比如，在网站或社交媒体上可以优化接触点、可以优化结构、可以优化个性化程度、可以优化信息内容。
- 在接触点之间进行优化：如果发现客户在某些阶段流失，那么就要好好关注一下如何促进客户在渠道之间的流动。在社交媒体渠道上嵌入链接、增强接触点体验、增设让客户"易于分享"的按钮或付费购买功能，都属于让接触点之间流动性更好的技术。
- 移除接触点：有些接触点可能是多余的，可能一直没有利用上，最好将其全部移除。在客户旅程的一个阶段中可能会有太多的接触点，例如，太多重复定位的电子邮件或者会把客户送到其他渠道。

• 提供快速通道：如果客户在客户旅程中希望更快地往下进行，这时就要为客户提供参与、聊天、打电话或留下他们详细信息的机会。客户想要这些快速通道可能有很多原因：比如，他们可能已经做了详细调查，现在只是想针对某些具体的问题聊聊，或者他们针对某个问题或购买有疑问，希望快速获取答复。如图2-9所示。

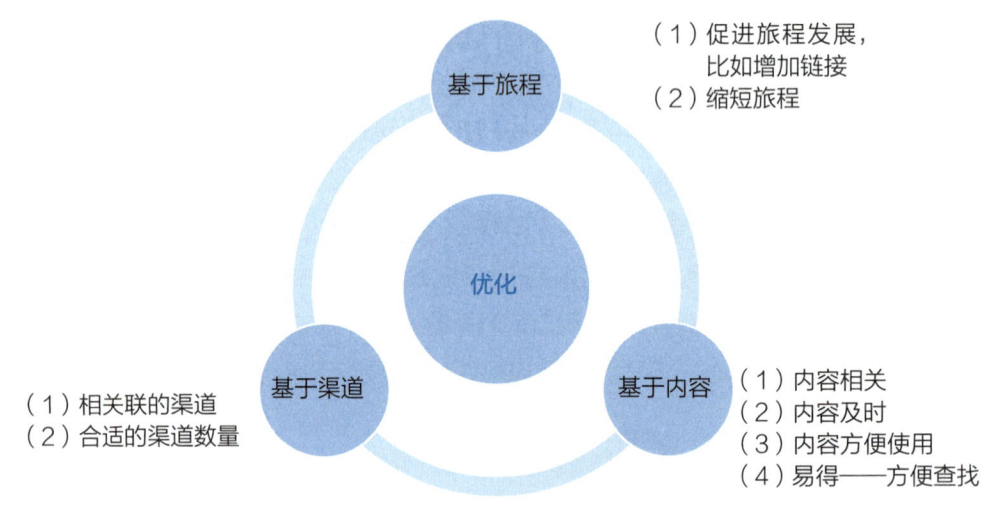

图 2-9 优化客户旅程

绘制接触点的好处

那么，绘制接触点地图的好处到底是什么呢，真的有必要吗？第一个好处是，品牌可以了解多少接触点或互动可以塑造一次客户体验。第二个好处是，通过了解接触点的顺序，营销人员可以更好地制订计划和整合营销，以促进接触点旅程。最后，在接触点上建立理想的客户体验场景可以让B2B营销人员准确地了解，每个细分市场和客户需要接触多少信息内容和什么类型的信息内容，这反过来也可以让资源更合理利用，让内容生产更高效。

那么，接触点到底有没有用呢？为了回答这个问题，我们只需要看看B2B营销人员面临着多少问题就可以了。比如，我们应该使用哪些数字渠道，我们应该生产哪些内容，以及我们应该如何构建渠道和内容。绘制接触点地图使我们更清楚地了解，如何进行营销，如何投身于数字营销。

最后需考虑的事项

技术助力和客户体验

当我们开始挖掘接触点都在哪里的时候，当我们不断挖掘那些可以直观反映客户体验的接触点时，我们其实可以使用许多技术。例如，使用CRM、搜索引擎分析、人群数据或旅程地图分析。当我们认为与客户的互动有难度时，可以通过情绪分析、社交媒体客户服务分析、NPS（净推荐值）、聊天分析等方法来跟踪客户在接触点上的体验。

这些就是数字营销和数字技术可以帮我们做到的，它们可以真正地帮助我们找到问题的根源并解决问题。我们会在本书后面章节更详细地讨论这些内容。

客户旅程是非线性的

好的客户旅程和接触点地图，可以很清楚地呈现出接触点和渠道之间出现的一定程度的交互和重叠。在过去的10年里，客户旅程也在发生着复杂的变化，原本它可能是一个比较线性化的过程，客户购买商品和服务的旅程也相对比较简单，但如今客户旅程却变成了像迷宫一般的复杂流程。

这些变化对B2B营销人员来说是一个明显的挑战，但通过了解买家情况和制作详细的客户旅程地图，我们就可以揭开客户旅程的神秘面纱。

用入站和出站视角看待客户旅程

另一种围绕客户旅程进行的结构化思考就是，从入站和出站营销以及渠道的角度来进行思考。那么，你认为接触点是以入站营销一部分为基础，还是说它跟着出站营销而进行？

那什么是入站营销呢？入站营销就是通过吸引人的内容、较好的SEO策略和时机把控来吸引客户[1]。出站渠道或出站营销活动就是，发起跟客户之间的连接，但可能会在客户做其他事情时打断他们[2]。当然，这两种方法都有好处，也有挑战。有人说，入站营销效果更好，因为传统的出站营销可能会被客户认为是一种打扰或麻烦。

对于某些特定类型的客户来说，营销思路和营销应用方式带来的结果就会大不相同。入站营销活动可能对小企业主非常有效，但对于大型企业集团的首席执行官，这种方式的威慑力还不够，我们可能还需要进一步激发他们的兴趣、吸引并拦截他们的注意力。

B2B环境通常是出站营销和入站营销的混合体，到底该用哪种营销方式，取决于细分市场和客户旅程所处阶段，因为每种活动都有不同的目的。

全渠道传播

另一种研究客户体验的方法是，通过核查确认多个渠道上面的内容和信息是否一致，如果不一致，就需要进行优化。如果一个客户在与一个品牌互动时，在不同的渠道上遇到了不同的，甚至是相互冲突的信息，这可能会让他们感到困惑甚至沮丧。

如果想要改善客户对文本内容和视觉的体验的话，那就要兼顾视觉呈现和内容之间的连贯性，比如问问自己：它们是否相互关联？同时也要考虑，它们之间是否具有一致性？（比如，视觉呈现和文本内容是在说同一件事吗？）但是，这并不意味着我们要在视觉呈现和文本内容里面使用完全相同的文案或语言，而是说，我们要使用相互支撑或互补的词语、句子、信息和视觉内容。当然，理想情况下我们应该使用一个宣传主题或信息。

IBM的"智能地球"活动就是一个很好的案例，这个活动持续了大约4年的时间。IBM不仅在某些特定的宣传时间里向客户传递一致的信息，而且在这4年的时间里，他们宣传中传达的信息几乎都是一致的。

---

[1] 此概念类似内容营销，在用户接触内容的过程中，自然而然地插入广告，不会打扰客户。——译者注
[2] 比如电视广告、弹窗广告、横幅广告等传统广告方式就属于出站营销。——译者注

练 习
---

1. 从客户旅程中选择一个步骤或一个阶段,并且采访一些客户(将他们当作真实的客户),以了解这些客户平时都使用哪些媒体渠道、都看哪些内容。在你做完客户访谈之后,你就可以根据他们的反馈来规划接触点了。

2. 仔细梳理一下最近的客户购买体验。你认为哪些方面是消极的、哪些是积极的?总结消极和积极的接触点,看客户的总体经验是积极的还是消极的。

04　B2B个性化营销和客户角色

你将从本节中获得什么？

阅读完本节后，你将了解到以下内容：

- B2B个性化营销。
- 个性化营销的类型。
- 买家（潜在客户）角色及其创建方法。
- 渐进式资料汇集。

简　介

什么是个性化

随着客户旅程和绘制客户旅程的不断变化和发展，个性化营销在B2B营销中变得越来越重要。个性化，通常被称为"定制化"，主要是指向特定的个人、群体或细分市场定制服务或产品。其实在消费领域，产品个性化已经有悠久的历史，比如，通过使用色彩搭配让汽车、手机和电脑变得个性化。当然，个性化设计在服装领域早已开始了。

个性化营销是指，在营销领域使用特定的、个性化的信息来创造出定制化的体验，或改进定制体验。个性化营销包括，通过收集和分析数据为目标客户提供个性化的内容或部分内容。随着数字化营销比重不断增多，同时客户在短时间内使用的营销渠道也不断增多，在这样一个时代，客户对个性化的要求其实也是越来越高的。

为什么要个性化

那么为什么也要在B2B领域实现个性化呢？原因就在于，人是从其他人那里购买东西，人与人之间的接触仍然是很重要的。我们不要忘记，B2B营销有时也被称为B2B关系营销，因为B2B营销的关键点就是，在建立客户关系的同时向客户进行营销。

根据麦肯锡公司的研究显示，个性化可以降低50%的客户获取成本，可以将收入提高5%～15%，可以将营销支出的收效提高10%～30%[1]。

图2-10的数据显示的是，个性化营销对2016年和2017年营销转化率的影响，这说明个性化营销确实有助于提高几乎所有营销渠道的营销效果。个性化可以让搜索引擎营销的效果提升达40%，电子邮件和社交媒体营销效果的升幅约为30%。

个性化可以提升B2B营销人员的响应速度，也可以提高营销渠道的转化率，从而可以加快开发潜在客户到培育潜在客户的过程。

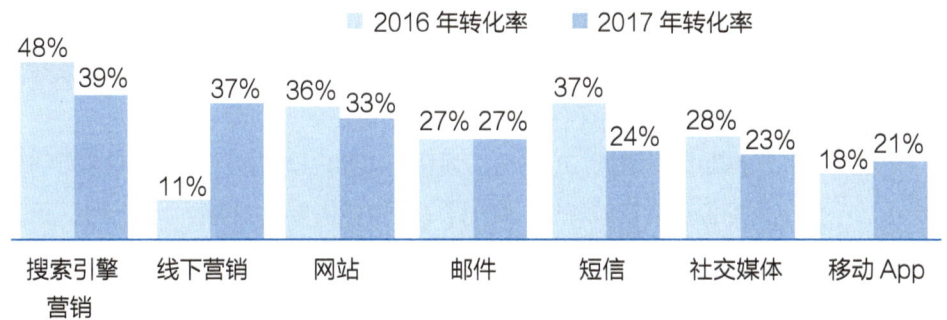

图 2-10 个性化营销对转化率的影响

个性化营销与客户旅程

个性化营销可以在客户旅程的不同阶段发挥不同的作用。

- 先有意识：在这里，个性化营销并非针对特定个人的个性化，因为此时我们还不了解这些人，而更多的是针对行业、细分市场甚至买家。

此外，在早期购买阶段定制化营销可以更好地满足买家需求，也是个性化营销的一种形式。

---

[1] 格雷格等人（2016），《营销的圣杯：当数字个性化普及》，来自麦肯锡。

• 创造和培育潜在客户：随着我们从客户旅程的早期阶段进入客户旅程的中后期阶段，我们可以通过相关渠道、通过内容来进行个性化营销，也可以在客户旅程的不同阶段与客户建立良好的、更定向的互动沟通关系，来进行个性化营销。对客户旅程和阶段的梳理和了解，可以让我们找到更好的个性化内容、渠道和信息等。

• 购买后阶段：如果希望提高参与度、提高满意度，从而提高客户忠诚度的话，这是一种可持续使用的营销策略。在购买后阶段，我们可以更具体地了解客户的需求，并且可以通过个性化营销建立更好的关系。

个性化营销有什么好处

如前所述，我们通过调整内容、调整信息和调整互动等个性化方式，就可以跟潜在客户或现有客户建立良好的沟通关系。

在提高投资回报率、降低采购成本和增加收入方面，个性化营销的优势已经非常明显了，因此我们应该多考虑如何将个性化元素整合到B2B营销工作中来[1]。如果你在市场营销中不使用个性化方式，反而会成为一个劣势，因为你的竞争对手都在使用个性化营销方式，他们正通过定制个性化信息来接近客户。

个性化有助于推动销售增长，有助于增强我们对客户群体的了解，也可以促进业务增长。个性化营销仍包含在B2B的发展进程中，但你需要针对自己所属行业、产品或服务类型、所在国家来定义个性化，所以个性化营销需要根据情况提前测试。

B2B 个性化营销的类型

B2B营销中的个性化可以有多种形式。从本质上讲，个性化就是根据客户的个人喜好、需求和特点来定制内容。在这里，通过稳定的买家角色去了解个体情况是非常关键的。

B2B营销中的个性化因素包括：①电子邮件、社交媒体或网站等营销渠道；②如何实现个性化，比如，通过客户使用信息内容的频率等买家行为信息来挖掘；

---

[1] 斯蒂尔斯（2019），《B2B个性化：客户真正想要什么? 阶跃式变化到来》，访问时间2019年8月1日。

③在客户营销中所使用的技术。

B2B 个性化程度

在B2B营销中也有不同程度的个性化体现：首先我们要明白，个性化是分程度的，并不是所有的个性化营销都是针对一个人量身定制或全面细化的。具体可参见图2-11，图中描述了B2B营销中的个性化方式。

• 基于行业的个性化：这与行业或在其中工作的人员有关，例如石油、天然气、金融或保险行业。个性化可以是内容的形式个性化，也可以是该领域中的企业或从事该领域的个人提出的个性化要求。面对不同行业，个性化营销的方式也不一样。

• 基于细分领域或账户的个性化：这些主要指，基于细分市场做个性化营销，也可以基于不同地域或其他细分标准下的账户进行个性化营销。向特定的企业或某个区域内的企业进行营销，比如，制定定制化的信息，我们会从这种方式的个性化营销中受益。

• 基于角色的个性化：这里主要指，营销是根据特定的客户角色而定制的，因此内容和信息也会专门针对这部分人进行相应调整。

• 基于阶段的个性化：这里主要指，我们不仅要根据客户角色来选择制定什么样的内容、信息和技术，而且要根据客户在购买旅程中所处的特定阶段来制定个性化营销方式。

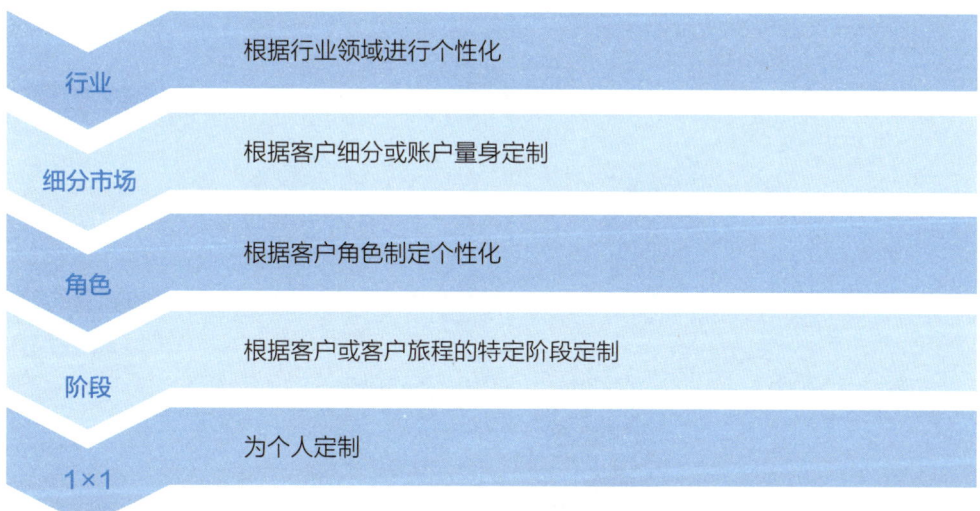

图 2-11　B2B 个性化方式

- 一对一个性化：当然，我们的终极目标，是针对特定个人进行定制化营销。

数字化在个性化营销中的应用

数字技术可以让个性化实施变得更简单一点。怎么做呢？比如，我们可以在后台自动调整一些任务来完成，例如，通过动态或自适应网站来实现。这种技术可以让我们识别出客户的兴趣，并相应地提供定制化的消息和内容。如果没有数字化的技术手段，这个过程将无法轻松地完成。因此，数字技术和数字营销与多种形式的个性化密切相关。

当然，我们还可以利用电子邮件偏好中心这一技术来实现个性化，比如，让收件人登记他们的兴趣和偏好信息；比如，他们会在什么时候收到邮件以及收到邮件的频率是怎样的。

为谁个性化

在B2B营销中，我们十分有必要弄明白，要为谁进行个性化营销。如果个性化营销的目标对象是企业，那可能个性化营销的接触点会发生在决策单元（DMU）的决策环节。如图2-12所示，决策单元可能由许多人组成。研究表明，企业中平均会有4~5个部门通过B2B渠道购买产品，有6~7个人会参与其中，因此，选择哪些人进行个性化

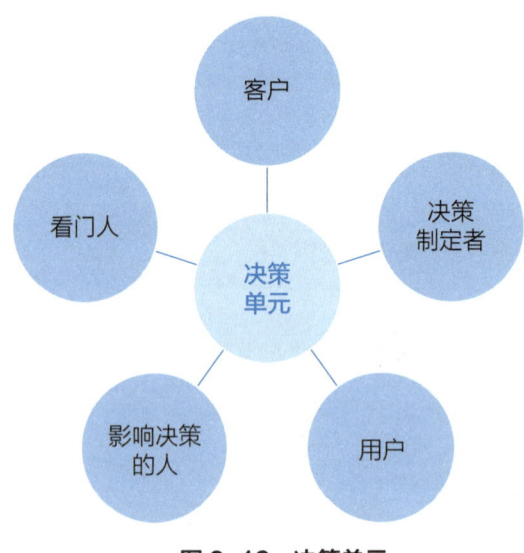

图 2-12　决策单元

营销是一个具有挑战性的问题❶。

能提前连接到决策部门和利益相关者的选择就是在做细分。细分可以让B2B营销人员创建特定的客户数字营销渠道，比如，网站和社交媒体账户，细分还可以帮助营销人员生产针对细分市场的内容和信息。客户不断地花费时间访问网站的话，我们就可以利用这些方法来改进监测指标。

B2B 个性化渠道

让我们来看看一些基于营销渠道的个性化方法都有哪些。

网站个性化

通过网站也可以打造个性化。网站是吸引客户的重要渠道，因此，网站上应该包含更多的能和用户接触的元素。据统计，66%的买家表示，在自己做购买决定时，供应商的网站非常重要❷。然而，你首先需要了解你的网站针对的是哪些人和角色，这是一件具有挑战的事情。

那么，我们所说的网站个性化是什么意思呢？该如何开始着手呢？你的个性化又是什么呢？

下面的一些方法可以帮助你着手考虑这些问题：

个性化的网址（PURL）可以是充满个性化的网页或者整个网站都可以设计得很个性化，同时要提供独特的定制化内容，这样就可以吸引目标客户。内容的创作要基于前面提到的客户偏好、数据库信息或前期调查来进行。个性化网址可以基于客户角色和客户资料来创建，并且可以作为标准化的东西，或者可以根据某个营销活动来创建。

我们可以拿航空里程公司Avios的一次营销活动作为案例解读，Avios的目标客户是高级决策者。客户或潜在客户会收到一个透明的有机玻璃盒子直邮包裹，盒子里有一个泡罩包装，包装里面有一个个性化网址，当客户打开网址时，就会看到一个专门

---

❶ 领英（2016），《重新思考B2B买家之旅》，来自SlideShare网站，访问时间2019年8月1日。
❷ 蒂里科（2018），《2018年 B2B买家调查报告》，来自DemandGen的研究报告数据，访问时间2019年11月9日。

问候他们的视频❶。

自适应或动态网页内容

自适应或动态网页内容也被称为智能内容，主要是指网页会根据网站访客的兴趣和过去的到访行为来更改内容。动态内容的形式包括网站表单、登录页面和电子邮件，不同的浏览者看到的形式也是不一样的。

智能内容也可以以CTA，即call to action（行动召唤）的形式出现，它主要取决于访客在网站上的行为或访客过去在网站上的浏览痕迹。

基于推荐的个性化设置

在技术层面，还有一个比较有趣的进步，那就是关于推荐的个性化设置。我们可以根据访客访问网站的方式不同，而给访客推荐不同的内容，比如，可以根据访客使用的媒介渠道不同而推荐不同的内容。

假设他们通过某个渠道到了你的网站，那可能说明，访客的意图更加明显：比如，通过浏览社交媒体页面而访问你网站的访客，他们对你的兴趣要比那些通过第三方网站查看搜索引擎广告才访问你网站的人更强烈。

由于消费者的消费意图和所处的购买旅程的阶段不同，所以我们需要更加谨慎地根据客户需要来定制内容。例如，对那些仍处于查找资料和研究产品信息初期阶段的人来说，他们可能对讨论趋势发展和面临挑战的一些文章内容更感兴趣，此时他们对具体的产品解决方案可能并不感冒。

B2B 电子邮件个性化

电子邮件个性化主要是指，通过利用与客户有关的数据或信息资料，而将特定的满足用户需求的信息通过电子邮件的形式发送给他们。正如我们前面谈论过的B2B个性化级别，电子邮件个性化也可以有不同的形式。

• 电子邮件个性化基础层面：基础层面的电子邮件个性化可以非常简单，比如，利用与用户个人兴趣或关心的内容，进行个性化标题创作。在B2B营销中，这其实是

---

❶ 格雷格（2018），《为什么Avios在直邮营销中使用了一点技巧就能让回复率达到58%?》，来自B2B营销网，访问时间2019年8月1日。

一个很不错的策略。

- 电子邮件个性化中间层面：基础层面的下一个层级，就是针对目标细分市场、行业或公司来进行的，我们可以对内容进行个性化设置，比如，根据客户具体的部门（财务或技术）来制定特定的主题或内容。
- 电子邮件个性化高级层面：高级层面可以分为根据上下文进行个性化和根据客户行为进行个性化。上下文是指，根据客户个人的职业和业务兴趣而在电子邮件中使用合适的措辞和关键句子。那么基于行为的个性化是指，我们可以根据潜在客户与网站上某个特定页面互动的情况，来生成专门的邮件发送给客户。

> **实用技巧**
>
> **如何根据电子邮件行为进行人群细分**
>
> 一定要把客户数据库进行细分处理，因为这直接关系到我们该如何制定专门的电子邮件信息细分策略。要识别不同类型客户之间的相似性，这样就可以给他们提供不同的定制化电子邮件。这个时候，你可能会注意到，有些客户通常会定期购买，但最近六个月内却没有购买，那么你就要注意到这些变化，并且要了解造成这种变化的原因是什么。

电子邮件销售推广

个性化电子邮件还可以通过销售渠道来实现。销售代表可以帮助客户拥有个性化的体验，当然，个性化不仅仅是在发送电子邮件方面体现，而且也应该根据目标客户的不同，而适当地添加销售内容。

优化电子邮件销售推广

以下方法可能有助于你提高电子邮件销售推广和个性化：

·根据账户类型的不同，提供不同的模块化内容；

·根据决策者类型的不同，提供不同的模块化内容；

·提供容易填写的电子邮件模板；

·提供策划好的内容，根据客户角色进行量身定制，比如一些案例研究就可以当作典型营销案例来使用；

·培训销售人员如何运用邮件内容和模板。

移动个性化

随着越来越多的人使用移动设备，个性化移动营销的呼声也越来越高。移动营销有不同的形式，如短信、二维码、移动广告、移动电子邮件和网络平台，所以个性化营销方式都可以应用在这些地方。

可以让移动营销个性化的技术包括：

·推送通知：主要指移动设备中的应用程序弹出的提醒或消息。移动设备是人们一天中持续相伴的伙伴，所以这对企业来说可能是好事，因为企业可以随时随地将个性化的信息推送到目标受众那里。在B2B中，推送信息往往跟提醒、更新、促销和产品信息衔接起来，以此跟客户建立联系，吸引或留住客户。

·适应本地搜索：与基于桌面的搜索相比，移动搜索在客户旅程中可能会发挥更大的作用。所以，我们要考虑对移动设备上的本地搜索进行优化。人们在移动设备上进行搜索的方式和他们在电脑桌面上搜索的方式有很大的不同，那些愿意在移动设备上进行搜索的潜在客户可能需求更直接，他们希望更快地访问到所需信息内容。所以，我们的解决方案一定是便于快速搜索的，并且可以让客户更快地获得解决方案。

·针对移动设备的地理定位：有时，我们的营销信息或营销内容对地理位置有较高的要求，那么我们就需要考虑如何将这些信息精准地发送给定位范围内的目标群体。这就是广告或营销消息移动地理定位可以真正发挥作用的地方。地理定位可能是针对特定感兴趣的潜在客户进行的促销活动。Datto（数据备份公司）是全球数据备份、恢复和业务连续性解决方案的领先提供商，它可以锁定广告位置160千米范围以内的网站访客，因此网站的点击率曾高达12%，广告的增量注册用户超过500人[1]。

---

[1] 斯威特（2017），《4家顶尖需求代理营销公司的个性化B2B营销案例分析》，来自Evergage网站，2019年11月9日。

社交媒体个性化营销

利用客户相关资料来定制信息和社交媒体传播，也是B2B个性化营销的有效手段。在各种平台上针对特定人群发布有针对性的消息和广告，也可以实现社交媒体个性化营销。

首先，你可以在社交媒体平台通过创建列表的方法建立一个目标数据库，然后对这些列表进行细分，就可以很方便地进行个性化的社交媒体营销了。比如，可以在社交媒体上重新定位目标群体，或者给某个人单独发私信。

根据人群进行精准广告投放意味着，你要选择合适的社交媒体平台，而且这些平台应具有广告和定位功能。对于B2B营销人员来说，这已经不是什么大问题了，因为现在大多数社交媒体平台都会提供这些服务，而且还可以确保按照用户个人和特定人群来进行定位，比如领英就允许你按行业、级别、头衔和地区对人群进行分类。

基于客户数字行为的个性化

在某些情况下，我们还可以考虑多个渠道上面客户都有什么样的行为来进行个性化设置，而不是仅通过一个渠道进行个性化设置。

如表2-3所示，客户的数字行为包括：点击网站的行为或浏览网页的时间，或者打开和点击电子邮件的行为。所以根据客户点击的内容或电子邮件点开行为就可以进行个性化营销设置，客户的数字化程度越高，我们能做的个性化程度就越高。

表 2-3 个性化与 B2B 行为

营销渠道低参与度	营销渠道高参与度	购买行为
低打开率	高打开率	购买多种产品
低点击率	高点击率	经常购买
高跳转率	访问多个网站	短时间内没有购买
单独网页	多个网页	更换购买类型

按账户进行个性化设置

按账户进行个性化设置通常来说是非常多样化的。如果你希望影响目标客户，而目标客户的购买决策又受到多人影响，那么你就要考虑根据营销渠道、内容和信息等进行个性化设置。一些目标客户中的利益相关者可能更喜欢使用博客，而其他人可能更青睐电子邮件。如前所述，研究和了解客户中关键联系人的偏好，非常重要。

针对客户进行个性化设置，就会带来客户更高的响应率，也会降低获客成本。根据麦肯锡公司的数据显示，个性化营销可以降低高达50%的获客成本，收入增长率高达15%❶。

所以说，你不用担心通过内容和信息的个性化处理会额外增加什么成本和工作负担，换个角度看，它反而能让你获得更多客户，并且也会从这些大量客户中获得长期的收益。

B2B 个性化营销金字塔

怎么才能让B2B个性化营销在执行的时候能够达到效果呢？我们可以使用图2-13中的B2B个性化金字塔来说明这一点。这个金字塔模型主要搭建出了B2B个性化的基础环节，从图中可以看出，我们该怎样构建一套越来越复杂的个性化营销方法。

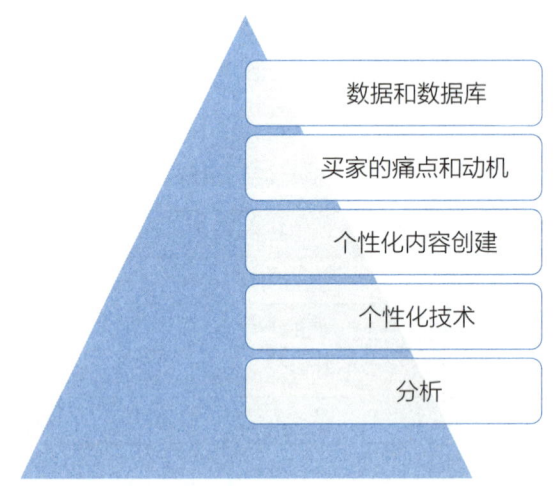

图 2-13　B2B 个性化金字塔

---

❶ 格雷格等人（2016），《营销的圣杯：当数字个性化普及》，来自麦肯锡。

个性化金字塔首先从第一层开始，逐步建立个性化营销方法。

- 数据和数据库：拥有好的数据和高质量的数据库是关键基础，这样才能更好地实现个性化。该数据库可以存储客户或客户群体的信息数据。关于这一步的练习，不仅仅是收集和管理你掌握的数据，更主要的目的是，通过这样的练习可以弄明白关键数据之间的差异。下一章我们将更深入地研究和洞察数据。
- 客户的痛点和动机：在金字塔的第二层，我们开始了解客户的行为、痛点和动机等方面。动机一般是指对特定类型的内容或信息的需求，或者是客户有快速访问某些信息的需求。
- 个性化内容创建：金字塔的第三层，创建和定制特定形式的内容。不过，内容的创建暂时不要考虑渠道因素，我们首先要关注内容本身，然后根据需要再选择合适的营销渠道并实时调整，比如，移动渠道、电子邮件或社交媒体渠道等。
- 个性化技术：技术包括重定目标的技术、电子邮件自动化技术、动态网页内容技术和社交媒体上的动态内容功能。
- 分析：金字塔最后一层是分析。无论是使用特定技术还是使用平台自带的技术，只要能利用到数据分析和客户洞察，就可以快速地甚至实时地实现个性化布局。

潜在客户角色

潜在客户角色是B2B数字营销工具箱中非常关键的数字工具之一，在实施个性化营销时十分有效。潜在客户角色是理想目标客户的半虚构描述，潜在客户角色的画像也是根据目标客户群来制定的。我们可以通过对潜在客户角色的全面了解，来解决许多与个性化营销和数字营销相关的问题。

潜在客户角色包括哪些内容？

通常来讲，B2B潜在客户角色应该包括利益相关者、态度、痛点、动机、影响因素和他们使用的主要媒介。更详细全面一点的B2B潜在客户角色包括：媒介、关键词、内容偏好以及客户旅程不同阶段使用的关键短语。有了以上信息后就可以创建一个潜在客户角色"生命中的一天"都在做哪些事，通过对潜在客户角色的了解，可以判断潜在客户为什么会购买不同的产品和服务以及为什么不购买。

 实用技巧

使用潜在客户的语言

在创建潜在客户角色时，最好不要用你在业务中会使用的一些专业术语，相反，应该根据客户实际使用的术语和短语创建内容和消息。否则，在做内容营销活动时，这些信息内容因为太过专业，不贴近客户，就不会像预期那样引起受众的共鸣。

创建潜在客户角色

在开始创建潜在客户角色之前，我们需要明确潜在客户角色所对应的是哪一类细分客户。如果没有定义和把握好，那么我们制定的潜在客户角色是不准确的。

定义好了客户群之后，寻找潜在客户之间的相似之处就会更容易了，这样我们就可以创建更具代表性的潜在客户角色。虽然这里面并不涉及什么数学规律，但一般来说，创建潜在客户角色时使用的大部分信息应该与目标研究问题尽可能地对应起来（有人说需要超过70%）。如果潜在客户信息的匹配程度不高，那可能会说明潜在客户角色定义不准确，这就会导致后续在创建营销活动、消息和内容时出现问题。

一旦你有了一个定义好的客户细分市场，那么接下来就可以根据该细分市场搜索客户，这时可以使用匹配技术来识别出那些符合细分标准的企业以及现有客户记录中那些能匹配上的客户。一旦确定了这些匹配的客户，就开始从CRM数据库、客户经理和其他领域中收集信息，最终构建出潜在客户角色。

通常来讲，一旦B2B潜在客户角色被创建出来，接下来较长一段时间不需要再重复做这项工作。理想情况下，B2B营销人员应该持续监控细分市场的样本客户和潜在客户，随时掌握潜在客户角色是否有任何变化。通过这种方式，就可以定期调整和修改潜在客户角色，以确保后期做个性化营销时效果最好。对于任何B2B营销人员来说，潜在客户角色应该成为一个"活"的文档，它应该成为B2B营销工具箱里重要的组成部分。潜在客户角色可以为营销提供良好的基础和参考，它可以为B2B营销人员的任何营销活动做支撑，可以为企业主和销售人员提供营销背景。

B2B 潜在客户角色示例

表2-4是潜在客户角色的模板。理想情况下，潜在客户角色的画像应该呈现在一个单独的页面上，然后附加一个更详细的文档，对潜在客户角色进行更深入和细致的描述。

表 2-4 潜在客户角色模板

项目	问题（解释）
角色背景	他们是谁 他们的经历是什么 他们关注的领域是什么 他们的角色是什么 他们中的某个人生命中的一天都经历了什么
目标	商业目标是什么 个人目标是什么 能影响买家行为的企业目标是什么
新方案	当前的项目是什么 下一年度的项目是什么
影响者、利益相关者	谁是关键利益相关者 谁参与营销决策 谁是内部影响者 谁是外部影响者 谁参与审批流程
购买流程	他们的购买流程是什么 采购环节在其中发挥怎样的作用
购买时机	季节性买家
内容渠道	客户旅程中不同阶段所使用的营销渠道不同，那么在不同阶段的内容消费情况也是不同的
买家需求	是什么驱动着买家需求 买家的痛点是什么

续表

项目	问题（解释）
客户买什么	买家如何做出购买决策 影响买家购买选择的因素有哪些
客户不买什么	影响他们交易的背后因素是什么 你的企业有什么负面评论吗 他们听说过你的品牌吗
关键词、关键句子	买家使用过的关键词有哪些

 实用技巧

应用和使用潜在客户角色

　　创建潜在客户角色是有目的的，作为一个B2B营销人员，要时刻牢记：你需要什么样的信息来进行真正有效的营销？例如，如果你正打算为搜索引擎优化内容而做一些关键词和句子的设定，那么你就要好好参考和了解潜在客户角色人员经常使用哪些关键词、关键短语，使用他们通常用的词。

渐进式资料收集

　　渐进式资料收集是一种侵略性较小的方法，比那些生硬要求客户完成的资料收集调查要柔和得多。渐进式资料收集是一种营销技术，它可以在较长的时间内逐步地收集客户的基本信息和偏好数据，并且可以涵盖各种各样的客户接触点，这样的方法可以加大开发潜在客户的力量和推进目标客户的确认工作。

　　渐进式资料收集方法主要使用简短的表单来捕获数据，客户需要填写的内容更少，比调查或投票测验的方法更有效。在渐进式资料收集过程中，可以通过不断的问题，连续记录下来客户的答案，随着时间的推移，这些资料和数据再叠加起来整理。图2-14是渐进式资料收集法的一个例子，这个方法也可以通过发送电子邮件的方式来获取信息。

随着时间的推移，品牌可以通过个性化信息逐渐对客户进行调查，客户和营销人员之间就可以通过这些收集回来的资料搭建起沟通对话的桥梁。

渐进式资料收集方法的原理

渐进式资料收集法基于动态的Web表单完成，有专门的营销自动化平台提供这些表单，比如HubSpot。当一个客户重新进入信息收集页面时，后台系统会自动查找该客户信息是否已经收集过，如果之前已经填写过信息，那么就不会再重复发送信息收集的请求了。同时，这些表单会将信息添加到客户的个人资料中，那么随着时间的推移，就会逐渐建立一个更完整的客户画像。从图2-14中可以看出渐进式资料收集的不同阶段。

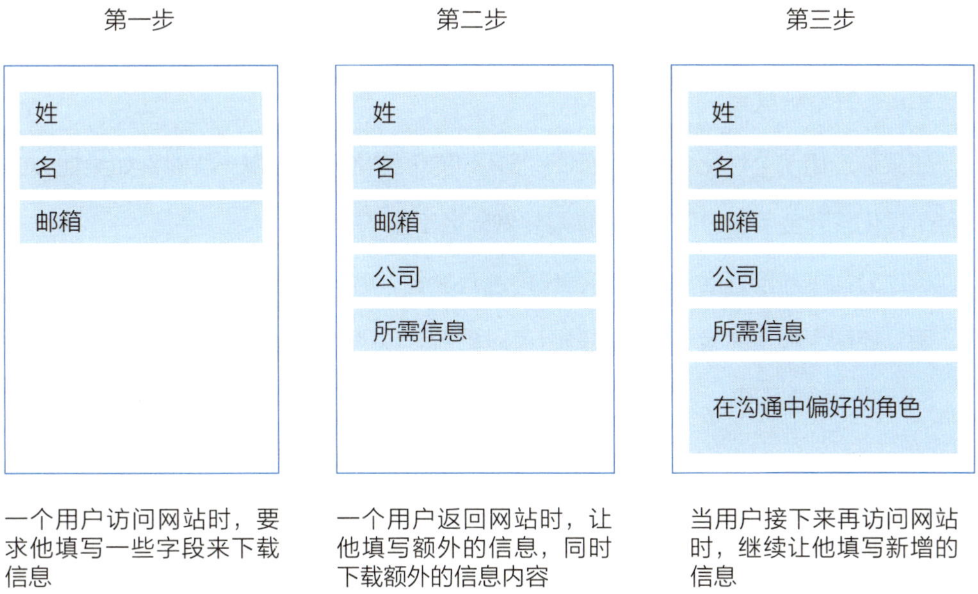

第一步	第二步	第三步
姓 名 邮箱	姓 名 邮箱 公司 所需信息	姓 名 邮箱 公司 所需信息 在沟通中偏好的角色
一个用户访问网站时，要求他填写一些字段来下载信息	一个用户返回网站时，让他填写额外的信息，同时下载额外的信息内容	当用户接下来再访问网站时，继续让他填写新增的信息

图2-14 渐进式资料收集法

CSC（计算机科学公司）案例分析

CSC是一家提供基础设施、咨询和定制解决方案的信息技术服务公司。他们面临的主要挑战是，如何更好地吸引和瞄准客户。为了应对这一挑战，他们在广告宣传中主要的卖点就是"IP反向查找技术"。

IP反向查找，可以识别指定的账号，然后利用多个营销渠道中的个性化内容进行重新定位。这种方法帮助CSC锁定了245家公司，并成功吸引其中大约一半的公司与他们合作。通过不断地多方位改进，公司页面浏览量增加了58%。

CSC还使用诸如Adobe Analytics（一个数据分析工具）等技术来创建客户资料，这些资料反过来又会用于广告牌和个性化横幅广告的内容更新，这样就可以确保访问者根据其兴趣来查看相关信息和文章[1][2]。

练 习
---

1. 从关键客户群中，梳理出决策单元中的前三位利益相关者。

2. 梳理一下你目前正在使用哪些营销渠道让营销个性化。比如，电子邮件、网站、手机、社交媒体等。

3. 如果你运用了个性化金字塔法则，那么你的个性化级别在哪一层呢？如果把你的个性化移到金字塔的下一层，你需要做什么工作？

4. 梳理公司中与营销活动有关的客户角色有哪些，哪些关键因素对你的营销计划有用，还缺少哪些元素，缺少项是否可以更新，以消除创建营销计划和营销活动时的一些不确定因素。

---

[1] 彼得森（2015），《个性化B2B营销的3个撒手锏》，来自技术广告网站。

[2] Adobe（2015），《全球领先信息科技服务商CSC以1∶1的比例吸纳B2B客户》，来自Adobe公司网站，访问时间2020年1月16日。

05 B2B客户洞察和数据管理

你可以从这一节中了解到什么呢?

阅读本节后,你将了解以下内容:

- B2B中的客户洞察方法。
- B2B中的数据管理。
- B2B营销涉及的数据类型。
- 数据分析的类型。

简 介

客户洞察和数据管理

在工作中,我们常常要规划和制定客户旅程,而且还要制定个性化营销策略。那么,这些工作要做什么呢?首先我们要牢牢地把握客户洞察、客户管理、数据分析与解读等方法。

实际上,对于任何营销活动,我们都需要回到客户洞察和数据分析上来。

我会在本章探讨如何对客户进行360度全方位的洞察,如何在市场营销环境中捕捉客户洞察的信息、客户数据以及如何进行数据管理。

什么是客户洞察,为什么需要这些洞察

客户洞察分析可以说是市场营销的一个关键起点,只有扎实的客户洞察,才能帮助我们更了解客户,从而有助于我们制定更好的战略。

客户洞察是一种信息集合，对这些信息集合的分析往往有助于我们识别与客户有关的行为模式，这些行为和模式可帮助我们改进业务运营和市场营销。

研究的不同，洞察效果也不同。因为研究人员进行的各种研究可能在规模和形式上都差别很大。我们可以从研究中获得好的洞察数据，但也可能获得的洞察数据并不好，甚至有时可能无法从洞察数据的过程中得出什么有意义的结论。

那我们该从何处开始了解客户呢？这里就涉及3A流程了。

收集客户洞察数据的3A流程如下：

（1）收集：假设有一个重点领域需要我们研究，那我们就应该通过研究来收集信息，比如，可以围绕一个主题利用各种信息来源收集数据。用一股脑打包项目的方法来研究在这里可能行不通。

（2）分析和解读：收集数据后，我们应对数据进行分析，此时就要借助一些分析平台和技术。这个阶段就像是变魔术一样，因为数据在此时一点点水落石出，我们可以将繁杂的数据进行解读，让背后的信息显现出来。不过，并非每个营销人员都具备数据解读的能力，所以，此时找到合适的数据分析人员来做这个事是非常关键的，重要性不亚于我们寻找分析工具。

（3）应用：最后，我们应该把数据洞察的结果运用到实践中。我们可以通过数据洞察的结果，来改进后续的营销活动。比如，通过数据洞察，我们可以重点强化在营销中使用的信息内容，然后这些信息内容可以帮助客户在中期客户旅程中有更好的体验，接下来也会帮我们在潜在客户营销活动中优化信息内容的组合应用。

客户洞察框架

为了建立一套与客户相关的洞察指标，营销人员需要指定一个框架。图2-15描述了客户洞察的主要领域，不过一切都从细分市场特征洞察开始。与客户细分市场相关的洞察指标包括：维护客户与获客、行业部门以及其他形式的客户特征的指标。

细分市场的信息确定之后，下面就该进行客户级别信息的洞察了，比如，洞察企

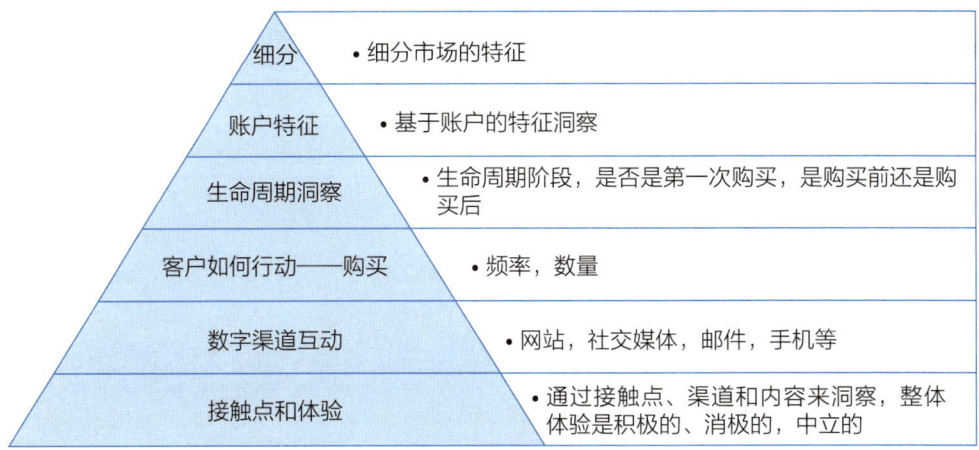

图 2-15 客户洞察框架

业发展和规模情况。

接下来,如果想要全面的洞察和了解客户,那么这些指标是比较相关的:购买行为、数字渠道互动和接触点洞察以及整体体验如何,如可能是积极的、消极的或中立的。

B2B 中收集客户见解的方法

我们可以通过多种途径来收集客户洞察数据。我们可以把这些方法分为定量和定性的调查技术。

定量研究和分析

定量研究是指,通过创建数字数据来计算和研究的方法,或者可以转换为可统计的数据来进行研究的方法。

定量分析方法的优点是,样本量越大,结果就越具有代表性。定量分析也比较便宜,因为某些定量研究的技术可以自动捕捉和分析数据,甚至可以剖析数据和观点见解，而不是依赖于熟练的研究人员。当然，定量研究也有缺点，因为数据有时是割裂的，缺少上下和前后的背景联系。

B2B 营销中的定量分析

以下是B2B定量分析的主要领域。
- 行为分析：分析客户行为。
- 人口细分分析：了解细分市场或个人特征。
- 态度见解：更好地了解客户情绪的工具。
- 网站分析：使用分析工具分析网站相关数据。
- 社交媒体分析：分析社交媒体渠道或渠道之间的活动。
- 账户分析：与公司分析相关，包括购买力、业务增长和购买倾向等方面。

定性研究和分析

我们可以通过定性研究，研究客户的心理想法，如他们的心理是怎样的？他们为什么会有这样的心理想法？定性研究通常是非结构化的研究，不像定量研究那样有具体的数字数据，但定性研究有助于受访者更自由地思考和反馈信息。

定性研究的优势在于，它可以深度探索受访者的详细信息。在定性研究中，往往会鼓励受访者讨论某个话题，让受访者不断地扩展他们对问题的答案，允许受访者更自由地回答。

定性研究也有缺点，由于定性研究更加深入，所以它的样本量通常较小。而且，受访者自由的回答会使得最终的资料比较难分类或概括观点，而且这种分析方法的确要依赖更熟练的研究人员。

B2B 营销中的定性分析

通过定性研究进行客户洞察的方法包括：深入访谈、焦点小组访谈、客户咨询委员会或小组讨论，也包括其他任何形式的小组讨论。

表2-5和表2-6总结了定量和定性分析方法的利弊。

表 2-5 定量研究方法的利弊

优势	劣势
耗时少 可信 易于执行 方便结果分析	数据整体性不高 潜在的问题并不能解释 样本量需求大

表 2-6 定性研究方法的利弊

优势	劣势
数据更丰富 更个性化	成本更高 数据解释起来困难 耗时更久 数据结果难对比分析

客户洞察定量方法

正如前文提到的,我们有不同类型的定量分析方法。我们也可以根据数字营销渠道细分的不同,来给定量分析方法进行划分,例如,是通过网站来定量分析,还是通过社交媒体来分析,抑或是通过电子邮件来进行分析。

客户态度洞察

作为B2B营销人员,客户态度是我们特别感兴趣的,因为客户态度见解包括客户满意度和客户体验。

想要了解客户态度,我们可以使用诸如情绪分析的工具来进行,情绪分析工具可以搜索在线网站和社交媒体平台上面的信息，从中获取到与我们设定的关键字或企业有关的情绪。另外，衡量态度和兴趣的量化技术有Hootsuite（一个社交媒体管理平台）和Sprout Social（一个社交媒体管理平台）等工具。

你也可以使用NPS来进行客户态度分析，虽然NPS可能被认为是定性的方法，但它主要还是以定量的方式捕捉客户态度的。NPS方法可以从客户对产品和服务是否满意、是否会向朋友推荐供应商的商品以及与客户满意度相关的指标，来捕捉客户对企业的关键态度。

行为分析

行为分析方法，指观察客户不同的行为，包括购买、数字渠道互动和设备使用行为以及在客户旅程中的其他方面行为。我们通常可以用客户或账户数据来识别某客户的购买行为。

如今，CRM也可以成为行为分析的工具之一，它使企业能够轻松地管理数据并提取相关的数据洞察，无论是历史分析、预测分析还是常规分析都可以实现。我们后面会在网站和社交媒体章节部分讨论数字互动行为。

行为分析还包括对客户设备使用行为的分析，比如，客户都是如何使用桌面、移动设备和平板设备来消费信息内容的，客户都是如何使用数字渠道的。

人口统计和细分市场分析

对人口统计特征或细分市场进行分析在B2B营销中特别有用。尽管B2B营销是面向企业的营销，但我们需要记住，是人影响着公司的决策，所以识别和分析与客户角色和客户群体相关的数据是非常宝贵的。

如果想收集人口统计或细分市场信息，我们可以使用社交媒体分析方法（见下文），该分析方法可以给我们提供客户细分信息、个人在企业的角色信息、位置信息和其他特征信息。当然，我们也可以使用其他现成的工具，例如尼尔森的工具——我最好的细分（MyBestSegments），我们可以通过这些工具了解到能够接触到特定受众的最适合方式，从而将目标范围缩小到潜在客户。

除了这些工具，我们还可以通过诸如全球数据分析领先者SAS公司、销售力公司或微软动态（Microsoft Dynamics）等客户关系管理服务商的技术来捕获到关键部门或人口统计信息。

网站分析

网站分析主要是指，分析网站流量以及客户如何与网站上的内容进行互动。通过这些分析，就可以帮助我们了解，我们的流量来源是哪里，是从一个营销活动里导流过来的还是从社交媒体渠道导流过来的呢？我们还可以了解到客户的访问时间、访问来源、客户在网站上的位置、停留时间以及其他一些可用于数字营销的重要数据洞察。

最常用的网站分析工具是谷歌分析。谷歌分析工具是免费的，你可以通过这个工具在网站上获得很多信息。不过，谷歌分析也有一些局限性，比如它对移动网站的参与度方面的分析有欠缺，不过这些局限可以通过插件和其他软件来修正。

另外还有一些网站分析技术，比如行为分析和用户反馈服务工具热罐（Hotjar），还有数据统计工具堆分析（Heap analytics），以及免费和开源的网站分析软件皮维克罗（Piwikpro）等。

社交媒体分析

如今，社交媒体分析方法有很多种。有些社交媒体分析工具是跨平台的，比如Sprout Social和Klipfolio，而像推特、领英和脸书在内的社交媒体平台则有自己的分析技术。

领英分析

领英有自己的分析功能。你可以在公司的领英档案中找到领英分析功能，就在个人视图的下拉菜单下面。

不过，领英分析可以提供一部分免费的数据，如访客流量和工作职能。最近领英分析改进了服务，提供的免费数据多了一些，如可以提供基于公司、行业、兴趣和职位的内容创作建议。当你通过领英进行营销活动时，你可以使用领英分析来衡量广告的影响效果以及转化率情况。

客户分析

客户分析可以通过CRM或营销自动化平台来进行，选择什么工具要取决于你分析的数据类型，当然，我们也可以从艾可菲（Equifax）、D&B或海外企业信用监控公司益博睿（Experian）上购买类似的技术分析服务。

那么，我们从客户分析中可以获得哪些有价值的信息呢？这些信息包括企业规模、购买能力或购买力、行业和增长趋势等，以此我们可以了解哪些企业的增长更快，更有潜力。

情感分析

情感分析是一种研究文本的分析方法，主要指从文本中提取信息，来分析社会情绪、观点和情绪反应的一些指标。情感分析主要用于社交媒体网络分析。情感分析是基于自然语言处理（NLP）技术的，该技术分析在线社交会话，以确定话题、语气和品牌等方面的上下文信息。

在B2B环境下，情绪分析可以了解客户态度，比如，客户或潜在客户如何看待与各种话题和主题相关的品牌，有了这些数据，就可以为将来制定客户群体的接触策略提供参考数据。我们可以用下面的方式进行情绪分析：

- 分析社交媒体网络上的帖子，了解特定受众的情绪；
- 分析与你品牌相关的社交媒体报道；
- 深入了解与特定话题或主题相关的品牌情绪。

客户洞察定性方法

定性市场研究是指，通过观察或非结构化提问的方式而进行的研究。随着数字技术的日益成熟，许多定性研究其实可以在非面对面的环境下进行，有时甚至也可以在客户不在场的情况下进行。比如，定性研究包括个人访谈、在线焦点小组访谈、客户咨询委员会和意见领袖研究等。

个人访谈

除了面对面和电话采访等传统的形式外,我们也可以利用会议软件和Skype等视频应用程序来轻松地进行远程访谈。有些工具甚至还提供白板和问答软件等功能。

由于访谈的目的是询问与个人相关的问题,所以个人访谈这种形式对于研究客户旅程可能特别有趣,也可以增进我们对客户角色的理解。

在线焦点小组访谈

虽然形式相似,但在线焦点小组比面对面小组更容易建立,成本也更低,因为不需要房间和场地。这种形式,客户自己也更容易参与其中,因为他们不需要出差,可以在办公桌上参加。当然,今天我们使用协作式的会议软件仍然可以创造小组的感觉。

客户咨询委员会

客户咨询委员会方法通常是面对面进行的,不过有些公司可能也会在网上设立客户咨询小组或委员会,邀请客户评论某个业务领域或讨论某个业务主题。这些类型的洞察方法可以在很多方面发挥强大的作用,为客户提供一种不经修饰的方式,让他们参与其中、反馈信息、提供意见,通过这种形式可以让企业获取到跟研究主题有关的直接意见。

另一个有趣的方法是面对面和在线方式混合,比如,咨询委员会同意自己的参与过程可以被记录下来,或者同意将这些参与过程中产生的意见放到网上,这样就可以供其他客户查看和潜在参与。

意见领袖研究

意见领袖研究主要是研究和识别哪些人在特定的专业话题上可以形成想法或观点,从而研究和判断谁在影响客户的意见。这种方法可以帮助我们了解公司的战略方向,也可以帮助我们解读客户行为为何会转变,所以意见领袖研究还是非常有价值的。

线上论坛

在线论坛是进行定性市场洞察的好方法，我们可以通过在线论坛查看当前的互动和评论，或者自己设定自己的研究。在线论坛方法有的是付费的，有的是免费的，而且这种方法可以同时覆盖多个话题研究。参与者可以就论坛组织方选择的话题分享自己的见解，当然也可以根据其他参与者发表的意见进一步发表自己的看法。我们可以根据角色、专业或行业等标签，找到一些业务在线论坛访谈，当然也可以根据话题找到。

调查和民调

调查方法是非常多样化的，我们可以在各种渠道上使用这种方法，而且形式也很多。比如移动调查、基于访谈的深入调查、基于电子邮件的调查、民调和渐进式民意调查等。调查的原则是，创建一系列我们需要了解的问题，然后选择最好、最合适的渠道进行调查。可以使用的工具包括Key Survey（关键勘测）和SoGoSurvey（一个在线调查工具）。

客户数据管理

高质量客户洞察的背后是高质量的数据和客户数据管理。你的数据是干净的吗？它是完整的和最新的吗？请记住客户数据管理的3C原则。

• 干净：摒弃任何可能扭曲分析结果的信息。在B2B营销中，我们可能会把不符合要求的公司错误划分到某个类别中，或者数据中有很多重复记录，如果需要的话，我们可以对数据进行清洗，以更清晰地分类。

• 完整：客户记录信息中，是否包括所有关键信息，如电子邮件地址和电话号码？主题信息是否详细？对于营销工作来说，我们需要的关键信息包括：社交媒体地址和客户使用的特定媒体形式。是否有哪些关键信息是缺少的？

• 最新：数据有多新？过去一年或前几年的信息占多大比例？更新是否有益？

营销数据

如前所述，挖掘洞察数据的关键前提是我们要有高质量的数据。随着数字技术和互联网的发展，我们在网络上看到了太多的信息和潜在的大量数据，我们需要捕捉和使用这些数据。数据"捕获"固然重要，但数据"分析"才是更关键的。我们可以相对轻松地捕获大量数据，但如何对这些数据进行排序是问题所在。

在市场营销中，我们感兴趣的数据有很多种：内部数据、外部数据、个人数据、客户级别数据、行业数据等。根据数据洞察方法，我们可以将其分为：基于意见的数据、行为数据和账户数据等。

市场营销中的数据类型

如图2-16所示，市场营销中涵盖多种类型的数据，包括个人数据、交易数据、行为数据、描述性数据、定性数据和交互数据。

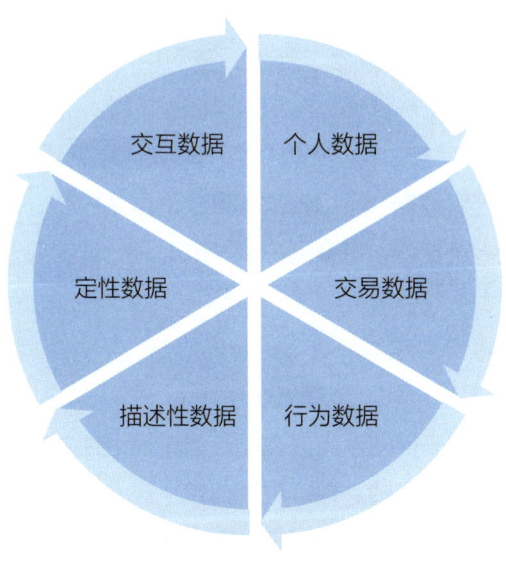

图2-16　数据类型

个人数据（内部）

在收集内部数据时，我们往往会收集一个或多个客户的完整画像信息。你可能还希望收集不同决策者的信息，然后把信息集合起来放进目标客户群里一起来分析，这样就可以了解客户购买决策部门的意见情况。

什么是个人数据呢？我们指的是姓名、邮政编码、电话、电子邮件地址、社交网络地址等，另外工作信息以及任何可以在后续营销活动中使用的相关信息，同样都属于个人数据。

交易数据（公司）

交易数据主要包括：客户购买产品或服务的数量、购买频率、购买趋势和购买周期等。如果拿软件领域打比方，你可以通过了解客户的订阅类型、订阅频率和订阅范围而获取到许多与软件使用相关的信息。这些数据可以在公司的记录中找到，当然，从销售力公司或微软动态之类的CRM应用程序中也可以捕获这些信息，也更易于分析。

行为数据

这里主要指，针对账户或个人的在线活动行为数据。比如，网站访问、产品浏览、在线注册或社交网络活动等数据。通过Cookie ID或IP地址就可以识别到客户，然后就可以捕获他们的在线行为数据。当然，我们也可以选择创建一个单独的客户网站，让客户注册ID和设置密码，通过监控这个网站的数据，就可以更容易地跟踪和管理客户行为活动。

收集和分析这些行为数据，可以帮助我们改进网站内容，比如，我们可以了解网站上哪些区域或页面被浏览过，以及用户浏览的时间，或者只是了解客户是否使用过某个网站区域也可以。

描述性数据

描述性数据主要是用来描述个人的数据，通过描述性数据，我们可以更全面地了解客户。描述性数据包括：年龄、地理位置信息、收入、产品偏好、产品类别等。有了这样的数据，我们就可以创建一个客户角色，而且可以用不同的方式锁定他们，同时这些数据对细分策略的制定也非常有帮助。

定性数据

定性数据可以通过问题调查的方式来了解客户的潜在行为。我们还可以通过定性数据了解客户的意见、情绪、动机等。实际上，之所以了解这些数据，主要是为了了解和抓住客户的痛点，以及客户与企业之间的接触点、什么时候积极接触。

交互数据

交互数据有时也被称为参与度数据，包括：网站点击、下载和浏览行为，这些数据可以帮助企业了解其内容营销是否有效、是否吸引潜在客户。低参与度意味着内容投放渠道有偏差或者内容质量太差。

在网页中，参与度数据可以帮助组织了解哪些关键字或关键短语起作用，并帮助它们进一步优化内容。

数据分析

数据分析也有不同的形式，从描述性分析，逐步发展到如图2-17所示的规范性分析。描述性分析正如它的名字一样，它描述了已经发生的事情。诊断性分析则更注重探究细节，更深入地探讨为什么会发生某些事情。

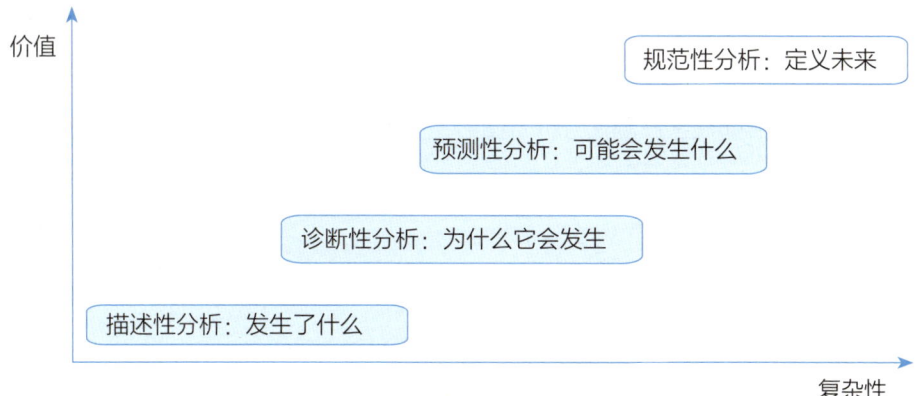

图 2-17　数据分析的类型

我们再看看什么是预测性分析，预测性分析是通过当前的分析基础来预测未来的事情。规范性分析是指，通过分析可能的情况、历史情况和当前的表现，来规定出最佳的前进道路。

 案例研究

数据驱动的市场营销

　　Tinuiti是一家数据分析公司，也是北美最大的以数据驱动为基础的数字营销公司。该公司通过与Tableau（帮助人快速分析，可视化并分享信息）公司合作，来改进自身的数据管理、数据分析和数据报告等功能。

　　通过Tableau及其产品，Tinuiti可以轻松获取渠道上面的很多数据，这会大大减少员工工作量和分析数据的时间（减少约60%）。

　　Tinuiti利用Tableau从不同的数字渠道获取数据，为客户创建定制的仪表板视图，客户就可以看到他们品牌的各项工作。

练 习

1. 回顾定性和定量客户洞察方法的形式，想一想你目前正在使用什么方法。
2. 记录一下你目前在客户洞察分析方面的主要差距有哪些，并从前面讲过的数据洞察方法中找到那些适合你的方法以弥补现有的差距。

第3章
客户旅程早期阶段

有了数字营销方法和技术的帮忙，B2B营销人员的能力得到了很大的提升，他们如今可以用这些技术和方法来识别、瞄准和吸引早期购买阶段的客户。接下来我会详细讲解，客户旅程早期阶段中的市场营销和营销渠道，这一章节概述了B2B营销人员可利用的关键框架、方法和技术。

在这一章内容中，我们也将梳理B2B数字广告的不同形式以及广告目标和重定目标。我们还将讨论公关和影响力营销的各个方面以及内容联动话题。我们还将研究，如何将搜索引擎营销应用于客户旅程早期阶段、B2B营销人员该如何应用搜索引擎优化。

最后，我们会梳理一下网站的作用、网站设计以及不同的B2B网站战略。

06 产生认知

你可以从这一节中了解到什么呢？

阅读本节后，你将了解以下内容：

- 在客户旅程早期阶段，如何使用正确的渠道。
- 主要的B2B数字广告形式有哪些。
- 不同类型的B2B数字广告定位。
- 如何利用社交媒体进行广告宣传。
- 如何利用公共关系达到"提高认知"的目标。

简 介

我们从上一节了解到，如何从企业和决策者的角度来更详细地了解客户，这一点是非常重要的。通过良好的数据管理和客户数据洞察，我们就可以更全面地了解客户。

过去10年中，我们洞察到与客户购买行为相关的一个关键点：客户在购买旅程的大多数阶段，都是自己去研究购买信息，这个过程中他们在进行自我教育，他们并没有与供应商直接产生互动。基于这样的发现，我们有必要考虑在客户旅程早期阶段引入所有的间接沟通方式，在这一阶段间接地影响和帮助客户。

在这个阶段，我们可以使用图3-1来了解间接渠道所处的位置。间接渠道通常是潜在客户参与和使用的媒介渠道，它们不是公司自己拥有的媒体资产。所以，我们可以从以下营销渠道来获取间接渠道，如广告、公关、影响力营销、内容联合以及社交媒体渠道。

事实上，我们很希望提供的信息或内容正好是客户关心或关注的领域，而且我们

第 3 章
客户旅程早期阶段

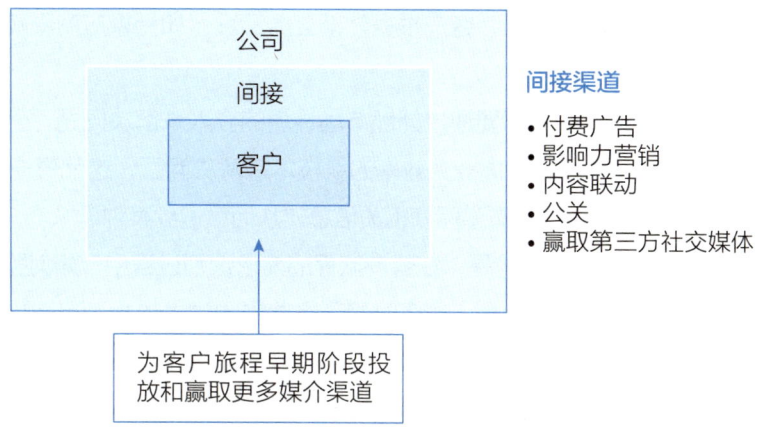

图 3-1　间接营销渠道

对此也充满了兴趣。

我们要记住，在客户旅程早期阶段，客户通常不会与潜在供应商直接接触或互动。因此，在不直接与潜在客户互动的情况下，我们得了解到底有哪些间接的方法可以影响他们，哪些方法可以用于营销。

要实现这个目的，其实数字营销和技术都可以帮忙，通过这些手段我们可以影响到客户接触到的渠道，甚至可以重新构建客户接触的渠道，从而影响他们对品牌的认知。我们可以与网络上有影响力的IP合作，来影响网络渠道，也可以通过意见领袖在专业网站上发表内容来影响舆论趋势和话题讨论。

客户旅程早期阶段

构建认知和客户旅程早期阶段

如前所述，客户旅程早期的阶段是需要识别出来的。就潜在客户而言，客户旅程早期阶段可能会受到内部或外部的不同影响。以下是可以让我们识别出"需求"的主要场景。

• 认知影响1：由于内部业务增加以及业务量增长需求的影响等，客户认识到自己需要某种产品。

• 认知影响2：由于竞争因素，客户根据外部业务情况（如受供应商影响）意识到自己有某种需求。

• 认知影响3：客户意识到需要通过外部市场环境的介入来解决问题，例如，通过了解行业趋势或了解一种可以提高业务效率的新技术来解决问题，这就形成了需求。

• 认知影响4：客户通过在线渠道阅读相关信息，从而意识到某种需求。

B2B营销人员不太容易把控的是，在客户旅程的需求识别过程中，如何鉴别需求的来源或刺激需求产生的根源是什么。很多时候，这些影响需求的根源可能是客户受到了内容营销的影响而浑然不知。因此，作为B2B数字营销人员，我们尤为感兴趣的是，如何围绕我们的品牌、产品和服务来创造营销场景以及我们可以在多大程度上影响客户在这些场景中的行为。

认知起点

所以你可能会问一个问题：我怎么才能确定能够对客户认知产生影响的最好方式有哪些呢？这些方式是怎么让我们的目标客户对我们的品牌、产品和服务产生认知呢？

为了回答这个问题，我们可以使用认知营销组合，或如图3-2所示的"5C认知营销组合"。

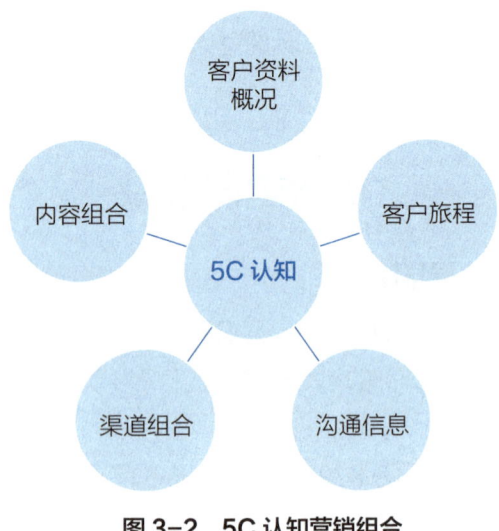

图 3-2　5C 认知营销组合

第一个"C"代表"客户资料概况"和了解客户,当然前提是我们已经明确定义了我们的目标客户群。

第二个"C"是客户旅程,在理想情况下,我们会在认知阶段就开始梳理和了解客户旅程。

第三个"C"是沟通信息:确定哪些信息能与客户产生共鸣以及我们能够传达什么样的信息,这些信息既要能够回答潜在客户关心的问题,又要能吸引他们的注意力。

第四个"C"是渠道组合:主要指的是营销传播渠道,这些渠道可以帮助B2B营销过程中树立品牌知名度,然后可以据此绘制早期客户旅程。数字认知渠道包括:数字广告层面、广告定位和重定目标、搜索引擎优化、在线公关、内容联动和影响力营销。

你对如何选择媒介渠道了解得越深入,你就越会考虑是否使用出站和入站渠道,或者混合使用两种渠道。什么是出站和入站渠道呢?出站渠道包括:直邮和电子邮件。入站渠道包括:博客、社交媒体和搜索引擎优化等媒介。

最后,第五个"C"是关于如何正确进行内容组合。主要是指,要为客户旅程某个阶段选择合适的内容形式。例如,在选择的过程中,你可能会发现某些内容形式(如视频和横幅广告)更适合,而其他形式(比如SlideShare幻灯片分享网站上的内容形式)则效果较差。

B2B 数字广告

数字广告已经成为一个重要的B2B营销工具,这个工具可能比以往任何时候都更强大。因为数字广告可以让客户理解起来更容易,可以得到反馈,可以瞄准潜在客户。

数字广告与传统广告相比有许多不同之处。虽然这两种广告类型,都要为广告位付费,但在数字广告中,有许多因素可以控制和管理,比如,广告在哪里显示、如何显示以及给谁看等,都可以控制。与传统广告不同的是,数字广告的优势在于,我们可以跟踪点击率、客户印象和许多其他指标的情况。

B2B 展示广告

展示广告是指，在网站和社交媒体上的广告，通常以横幅的形式出现，但也可以使用视频、音频、图像等其他格式。展示广告不是原生广告，展示广告的广告痕迹非常明显，而原生广告就会考虑广告内容是不是与页面上下文、格调和形式保持一致。

展示广告的作用是将内容和信息传递给潜在客户，通常它不会单独投放，而是作为品牌系列广告的一部分。

展示广告的形式千差万别，但它并没有真正的运作规律。B2B中的展示广告可以变得很有趣，因为我们可以通过数字技术和数据分析，实时了解潜在客户对哪些产品和服务感兴趣。因此，展示广告可让B2B营销人员更解放，让他们更聚焦在产品和服务上以及用户关键需求方面，并且也能够对线上客户行为做出快速响应。

我们以一位采购经理为例，讨论一下展示广告如何发挥作用的。为了提高采购部门的效率，这位采购经理经常访问采购社区网站或资源。这一群体的需求非常的具体明确，所以我们最好的选择之一就是，针对采购经理经常浏览的网站或在线社区投放广告。这样的话，转化率可能会比普通广告的业务目标高出许多。通过这个案例，我们就可以很轻松地理解展示广告带来的直接影响到底是怎样的。

广告定位

从另外一个角度来看展示广告的话也有好处，它可以让广告的定位更准确。例如，了解竞争对手在哪里展示广告，可以为我们的广告策略提供参考信息，当然前提是我们每一步做得很正确。

根据展示广告的目标，我们可以考虑五个关键点或五个关键维度，如图3-3中显示的五角形。我们可以在上下文中使用展示广告，也就是说根据潜在客户正在阅读或观看的内容投放相关展示广告，或者根据客户正浏览的话题来呈现展示广告。我们还可以根据潜在客户的需求进行展示广告投放，比如，我们可以根据客户在网络上讨论过的需求来了解客户需求，从而在这些渠道投放展示广告，或者通过跟踪用户对关键句子的浏览来重新定位目标客户。

我们还可以查看潜在客户的特定兴趣或感兴趣的主题，并展示与他们兴趣一致的广告，最后我们可以根据潜在客户的位置投放广告。

在展示广告技术中，最著名的要数谷歌的GDN（展示广告网络）了，它可以让我

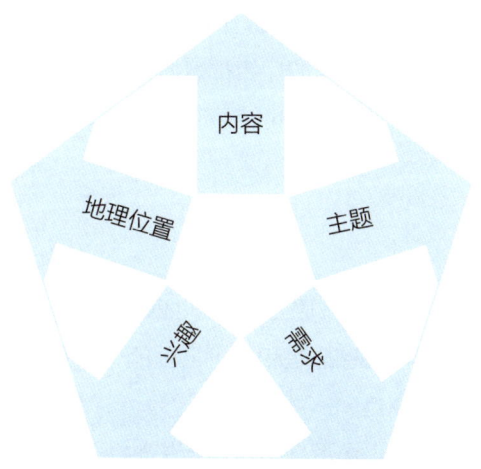

图 3-3　广告定位类型

们用多种方式投放精准的展示广告。在使用GDN时，如何让广告预算获得最大收益呢？这就要说说自动投放和管理式投放之间的区别了。前者是你让谷歌决定在哪里发布广告，而后者是你可以选择广告出现在哪些网站、视频和应用程序中。

当然，展示广告技术不止GDN一种，我们还可以用数字信号处理（DSP）、动态缓冲管理（DBM）、数字媒体公司（Mediamath）和Trade Desk（程序化广告的高频交易平台）等技术。

B2B 原生广告

B2B数字广告方式还有原生广告，什么是原生广告呢？原生广告是指，广告内容或信息在页面上看起来跟内容是一体的，就像内容或信息本身一样，看不出来是广告。原生广告可以以不同的形式实现：比如，原生广告可以用最纯粹的形式，与页面内容的样式、字体和呈现方式相匹配。通常，我们很难看出这是广告，除了旁边可能会有一小段文字显示"赞助方"。当然，原生广告还有其他形式，比如，在主题、内容和字体方面做一些原生广告的处理，不过广告可能更为明显。

原生广告不是传统意义上的广告。与主要文本内容放置一起的平面广告是原生广告的一种形式。通常这些数字广告都是简短的文本或几段文字，配有一个链接导流到一个页面，客户可以在该页面上阅读相关话题的更多信息。

原生广告的形式还包括付费社交广告，广告看起来像是社交页面上的帖子。领英平台上发起的一些广告或推特平台上的广告都是原生广告形式。

原生广告之所以效果好，是因为它的内容信息饱满、参与性高、针对性强，并且不会打断用户的体验。

选择原生广告平台

其实有许多B2B平台可以用来做原生广告。如果想选择正确的渠道，那么首先要了解目标平台的设计、基调和信息都是和你相匹配的，而且要考虑这个平台的目标客户是不是和你的吻合。

同时也要考虑你创作的内容是否与平台有相关性，不相关的内容最后也会导致无效的广告。值得注意的是，原生广告可以提升客户的购买意向（提高了18%），目标品牌的曝光率也显著增加[1]。

B2B 移动广告

如今，B2B营销人员也越来越多地使用B2B移动广告了。随着智能手机的普及以及移动应用和技术越来越成熟，移动广告的形式也变得越来越复杂。

我们在第1章提到过后果，劳动人口具有很大的流动性，工作时间也比较分散，而且可以选择远程工作，这意味着，营销人员在某些固定的时间访问客户变得更加困难。面对这样的挑战，移动广告就是及时雨，它可以帮营销人员规避这些问题，因为人们智能手机不离身，所以用移动广告定位到他们是可以实现的。

B2B移动广告有许多优点，首先是即时性。如果我们用合适的信息定位到合适的目标人群，那么你就可以快速与目标人群建立联系。移动广告可以更快地更宽地接触到目标受众，这要比其他媒体效果好得多。而且移动广告的参与度通常也更高，比如短信的打开率远远高于电子邮件。

在不同类型的移动广告中，移动视频广告在吸引潜在客户方面的优势更加明显。过去5年，B2B市场的移动视频广告支出增长了111%[2]。移动视频广告可以给客户提供

---

[1] 博伊斯（2015），《数字广告决策：原生内容广告与付费社交媒体广告的对决》，来自B2B营销网，访问时间2019年8月1日。

[2] 科恩（2018），《B2B营销人员必用的4种移动视频方式》，来自广告周刊网，访问时间2019年11月10日。

更丰富的体验，用户也更容易消化和理解视频中的内容。

移动视频广告可以单独投放，也可以镶嵌在其他视频中进行投放。例如在视频网站的结尾和开头都可以插入视频广告。移动广告也采用游戏化的方式进行，比如利用游戏的概念和机制吸引用户参与进行，鼓励用户给出更多的反馈。最后，我要介绍一下移动原生广告，这跟前面提到的原生广告类似，不同的地方在于投放的设备是移动设备和智能手机。

B2B 付费搜索广告

与搜索引擎优化一样，付费搜索之所以会成功，主要是因为能够识别出正确的关键字和短语。其他影响付费搜索是否成功的关键因素有以下几点：

- 对受众有深入的了解；
- 广告要包含诉求点、痛点和能解决什么问题等信息；
- 识别出最大的兴趣点或激情在哪里；
- 确保付费搜索广告和付费搜索流量导向之间存在联系。

如果要用这种方式，最重要的是，确保流量导向的登录页面，在格调上、内容上与付费搜索广告是相关的。因为B2B营销在很大程度上是基于客户旅程的早期阶段而进行的，这些基于搜索的流量登录页面上的内容要基于用户的认知来进行，而不是专注基于潜在客户的行动号召。页面应该参与、教育和帮助潜在客户。

不同类型的广告定位

前面我们已经知道了数字广告有哪些主要类型。接下来我们就该了解如何有效地实施这些数字广告。一种非常有效的方法是，通过广告定位或广告目标来进行。也就是说，我们要集中精力找到特定的受众或潜在的客户。

让我们看看B2B营销的广告定位有哪些形式。

基于搜索引擎的广告定位

搜索引擎广告也是一种定位形式，搜索查询后，在搜索页面出现的就是在线广告。搜索引擎营销利用搜索引擎针来定位不同的受众，搜索出来的广告都是根据用户的意图显示的。搜索引擎广告根据客户旅程中特定阶段的关键字和关键短语来进行定位。

如果你想用基于产品或服务的搜索引擎营销来定位客户的话，那这个方法可能非常有用。

基于上下文的定位（内容定位）

上下文定位是指，品牌根据在网页上显示的相关内容里某个特定位置匹配投放广告。这种定位方法可以跨渠道进行。原生广告就是一种上下文广告的形式，在原生广告中，广告的设计看起来就像是网站上的原生内容。

上下文定位的原理是：通过爬虫扫描Web网页，并根据网页上下文内容对页面进行分类。当用户访问页面时，广告服务器就能自动显示与关键字和页面内容匹配的相关广告。

我们还可以利用上下文定位，先确定网站的主题，然后根据主题在页面上投放与主题相关的广告。

基于地理位置的定位

地理位置定位是指，根据位置或地理信息来定位用户。地理位置定位可以在不同的情况下发挥不同的作用，例如，如果你拿到了地理位置投放的权限，那么你可以向参加某个贸易活动的客户展示广告。

如果你的营销重点是某个地区，那么，你也可以使用地理位置定位。

基于行为的定位

行为定位需要利用到用户的系列行为活动。比如，如果客户经常在网络上查找笔记本的信息，定位系统可能会发现客户的这一行为，从而为客户推送有关笔记本产品的信息。

当客户浏览一个网站时，他们每次的访问页数、在网站上的时间、点击的链接和他们的搜索行为等，这些数据都会被捕获下来以进行后续分析。通过这些数据，我们就可以定位到那些最积极的客户，并为他们提供感兴趣的相关广告。

基于账户的广告

基于账户的广告，其工作方式与地理位置定位类似，但需要利用IP地址来进行。通常情况下，一个企业会使用一个IP地址，所有员工都会共享使用这一个地址，这意味着你可以同时针对所有员工进行广告。因为你可以根据账户地址来定位和调整消息，这种方法对B2B营销人员来说是非常有趣的，因为它可以直接跟基于账户的整体营销策略结合在一起。

 实用技巧

基于 KPI 指标的广告定位

要想广告定位取得成功的话，如果你选择B2B受众定位平台的方式意味着将有很长的路要走。在这个过程中，你要考量一些因素。

- 数据质量：确保你选择的平台具有健全的数据库数据。例如，如果你需要针对某个行业内的专家进行定位，那就要看看这个广告平台是否有能力匹配到此类专家。
- 数据准确性：平台需要具有完整的和具体的数据。比如，数据是否是最新的，是否完整？
- 融合：你要确保B2B受众定位工具与你选择的广告网络渠道是兼容的。

> 实用技巧

设置广告定位活动

你选择什么样的广告定位类型，就要用什么样的方式去设置广告定位，不同的广告定位类型，设置方式也不一样。

上下文或内容定位可以使用谷歌的展示网络广告工具GDN来进行。你也可以使用领英和脸书。基于搜索引擎的广告定位可以使用搜索引擎本身自带的应用程序来实现，比如谷歌、必应或雅虎。

地理位置定位可以使用社交媒体平台的地理位置功能来实现，这些功能往往内置在社交平台的促销或广告产品中，当然使用GDN同样可以达成目的。你可以使用工作流（Workstream）或谷歌广告词（Google AdWords）进行关键词定位，可以通过推特或Personyze等社交网络进行客户行为定位。

表3-1总结梳理了不同的定位方法。

表 3-1 广告定位和应用工具

定位类型	定位技术
上下文或内容定位	GDN、领英、脸书
基于搜索的定位	谷歌、必应、雅虎
地理位置定位	GDN、领英、脸书
行为定位	推特

B2B 社交媒体广告

经过10多年的发展，许多社交媒体平台不断地完善，逐渐走向成熟。社交媒体本身就是端到端的营销平台，具有大量的广告工具选择，也有很多广告功能组合，这些都可以帮助你提高品牌知名度。

在后面章节中，我们将详细了解一些社交平台是如何发展起来的，以及你在整体营销策略中应该怎样使用这些平台上的某些功能。

选择广告渠道

那么，我们该如何选择正确的方法来做广告或引起人们的注意呢？

我们已经知道，数字广告的主要形式有展示广告、原生广告、社交媒体广告、移动和搜索广告。如果我们对这些广告形式进一步细分的话就会发现，像展示广告就是推送类广告，也更像是出站广告。而另一些广告形式就更偏向于沉浸式，更像是入站广告，比如搜索广告和原生广告，因为这些广告和内容会根据潜在客户输入的内容而变化，当客户使用不同的搜索词时，搜索广告的结果也不一样，当客户阅读不同的内容时，看到的广告也不一样。

不过，我们还应该明白，广告形式不是相互排斥的，比如在早期购买阶段，一个潜在客户可能会同时收到推送类广告和沉浸式广告。

接下来，我们总结一下上述内容，需要留意几个关键点。

（1）客户角色相关性：使用与客户角色更相关的渠道或媒体；

（2）共鸣：客户角色可能会接触到多种形式的广告，因此我们要致力于根据客户与广告的互动和参与度来选择合适的广告渠道；

（3）成本：广告都是付费的，所以要考虑各渠道和每个广告渠道的绝对成本；

（4）目标：你要清楚最初的广告活动目标是什么，比如，到达率、到达潜在客户的目标设定。

广告重定位

广告重定位是指，将在线广告定位到曾来访过网站的潜在客户，或再次定位到那些曾因为在网站上有过浏览痕迹且已被收集到数据库中的潜在客户。虽然广告重定位更多起源于B2C领域，但重新定位营销也可以很好地应用在B2B领域。

重定位是比较经济和划算的一件事，因为我们要吸引那些已经接触过我们的网站或其他渠道内容的潜在客户，花费的力气当然要小得多。重定位有以下5种类型。

搜索重定位

搜索重定位有两种形式，第一种是根据用户的意图和捕捉到的关键字进行重定位，同时也利用客户背景资料中的人群分类来进行重定位策略制定。第二种形式的搜索重定位是基于第三方网站上使用的搜索词来进行。

基于像素的目标定位法

基于像素的重定位也被称为基于Cookie（保存在客户端的纯文本文件）的目标定位。其工作原理的一般过程是：如果有人访问你的网站，就用重定位的Cookie来标记。然后，这些人将会在不同的网站上看到你的广告，当他们点击你的广告时，又会导流回你的网站。通过目标重定位，你就有了第二次把客户拉回你身边的机会，或者向客户提醒你的品牌，增强品牌认知。

基于列表的重定位

基于列表的重定位是指，根据你上传的潜在客户或当前客户的电子邮件通讯录列表来进行定位。通讯录列表会被上传到一个平台上，然后平台就可以识别出拥有这些电子邮件地址的用户，随后就会向他们展示广告。领英和脸书都可以提供基于列表的目标定位。

静态和动态广告重定位

静态重定位会创建许多与营销计划相关的格式。这个方法的原理是，根据用户访问的网页，为他们设定应该看到哪些广告，这个过程是提前完成的。动态广告重定位是，对用户所查看的内容进行个性化的动态设置，例如，当潜在客户查看产品a时，他们会收到产品a的广告。

可用的重定位平台

我们可以使用重定位软件进行目标重定位，比如AdRoll、推特、领英和脸书等社交媒体网络平台都具有这个功能。谷歌的GDN或谷歌广告词应用程序也可以提供重定位功能。

B2B 内容渠道整合

内容渠道整合也是一种无须直接跟客户互动就能接触到潜在客户的方式。内容渠道整合是指，在第三方网站渠道上重新分发内容。几乎任何形式的内容都可以整合起来，其中内容形式包括：文章、博客、录音、报告、案例研究等。

内容整合的目标是接触更多的潜在客户，而第三方渠道可以更广泛地接触新客户，甚至还可以与你想要联系的人建立关系。

内容整合的主要价值点在于，通过特定的渠道或平台可以接触到潜在客户。这反过来也可以加强内容的可信度。其他优势还包括：提高触达率，提高曝光率，最终提高网站的有效流量。

整合内容的方法

我们可以采用不同的方式来整合内容。到底该怎么进行内容渠道的整合，取决于你的目标。比如，如果你的目标是促使客户建立品牌认知，那么你的内容就要具备"教育客户"的能力，并且要针对目标受众产生有针对性的内容。

但是，如果你的目标是增加网站的访客，那么你可能需要选择受众量较大的第三方网站，并且内容的整合需要具有连接到更多链接的能力。

 案例研究

TechTarget

TechTarget是一家专注于为信息技术专业技术人员和管理决策人员提供信息技术资源的信息技术专业媒体，在全球拥有1900万会员，他们可以让信息技术供应商在TechTarget网站上联合发布内容。他们的会员可以通过TechTarget渠道接触和转化潜在客户，并可能在这上面产生额外的流量和带来更多潜在客户。TechTarget从提供大量的内容中获益，同时也给它的在线房地产业务带来了收益。

公关和网络公关

公关与B2B和B2C市场营销极其相似，都是为了建立关系。然而，B2B公关还有许多其他的角色作用，包括：内容生产、信息传播和定位、企业声誉管理、产品（服务）发布、市场研究、故事讲述、社交媒体和思想领导力。后面这几个方面如果分别放在B2B和B2C中来看的话，会有很大的不同。

在过去的10年里，公共关系经历了系列转变，出现了诸如讲故事、写博客、基于社会的公关和可持续发展倡议等许多新方法。

通过公关生产内容

从在自己的博客上展示专业知识到为行业出版物撰写专栏文章，内容创作正成为公关不可或缺的一部分。B2B公关公司也看到了一种趋势，那就是如今的公关战略已经与内容创作有紧密的联系，公关对内容生产的需求越来越大。

公关公司或部门可以提供许多可以让B2B营销人员生产内容的机会，比如，开办一个圆桌会议，确定话题和写作者，或者设置一个公关活动，或者确定一个讲故事的

新主题，这些都可以为营销人员创作公关内容提供素材和支撑。

思想领导力

思想领导力在很大程度上是B2B营销领域的产物，主要是指要在某些话题上成为值得人信赖的权威。怎样才能成功地建立思想领导力呢？可用的方法包括：确保你创作的文章在线下和线上都投放到正确合适的地方，推送给合适的目标受众，安排演讲活动，以及监控内容的质量。

理解感知

公关可以通过行业博客、社交媒体、时事通讯、搜索引擎和新闻源来监控趋势走向，关注客户情绪，从而帮助企业及其营销部门制定策略。

 实用技巧

公关研究

为什么不找你的公关公司或找专业的人进行初步研究来帮助你营销呢？你需要考虑下面一些问题：

- 我的潜在客户使用哪些社交网络？
- 他们经常参加哪些贸易展？
- 他们阅读哪些行业出版物？
- 哪些因素最有可能影响我的潜在客户？
- 潜在客户经常访问哪些博客、新闻媒体网站和其他网站？
- 他们使用哪些群组、网络和论坛？

影响力营销

B2B数字营销领域的激烈竞争导致付费广告成本急剧上升，因此，许多B2B营销人员开始寄希望于影响力营销来提升品牌形象和汇聚潜在客户。

影响力营销是指，识别出那些对潜在客户会产生影响力的个人，利用这些人或他们所在的平台的影响力进行营销。

利用有影响力的人来推销产品或服务的想法并不新鲜，传统的大多数商业广告都邀请了有影响力的人，如职业运动员、电影明星。虽然大多数B2B营销预算不足以支付这些人的广告费，而且，这些影响力大的公众人物未必是合适的，因为他们不一定会影响客户的购买决策或购买过程。在B2B领域，可能有些人的影响力和范围不大，但对一小部分目标客户会产生很大的影响。

在B2B领域，客户大多数的采购都是基于口碑推荐的。研究显示，高达91%的B2B采购受到推荐的影响[1]。

众所周知，影响力营销策略的投资回报率是其他营销形式的11倍[2]。对于B2B营销来说，好处远不止这些，还包括：

- 接触到其他方式可能找不到的客户；
- 增加曝光率；
- 提高触达率。

B2B 领域意见领袖的类型

什么样的人在B2B领域算是有影响力的人呢？他们人脉很广，经常会给其他客户一些购买建议、指导、知识和意见。客户非常信任他们的建议，所以，他们的建议就会影响品牌或产品的知名度。B2B领域买家可能会受到五种不同类型意见领袖的影响：

- 在某领域被当作领导者的同行；
- 是某个领域或市场上的市场分析师；
- 杂志作家或记者；

---

[1] 弗格森，蒂姆（2019），《B2B影响者营销策略终极指南》，来自螺旋体网站，访问时间2019年11月10日。
[2] 格林（2018），《15个B2B影响者营销案例研究》，来自格林个人博客网站，访问时间2019年11月10日。

- 被客户视为专家的某专业领域专家；
- 专注于某特定领域的博客作者。

思想领导力和意见领袖

研究表明，几乎100%的B2B公司对来自行业思想领袖的意见内容感兴趣[1]。还有一些研究表明，行业专家是促进潜在客户从B2B企业采购的主要推动力。因此，如果你能建立一个思想领导力项目，把一些行业专家都能纳入进来，这会是一个大好举措。思想领导力可以在很多方面都发挥很大的作用，比如，帮助企业构建品牌资产，也会有助于唤起客户对品牌的信任。

思想领导力项目还应该包括，可以实时提供优质的内容，并成为项目的一种常态化设置。思想领导力的内容还可以包括一些独家或原创的研究结果，这些研究结果通过调查或其他研究方法获得，从而为行业提供权威的商业数据分析。

除了可以通过思想领导力生产的内容建立与客户的关系外，社交媒体也可以发挥作用，比如，可以用社交媒体来留存客户从而建立交流社区。

如何在社交媒体上开展思想领导力工作

影响力营销的第一步是，先确定哪些人是我们的首要目标客户，然后再确定可以对这些人产生影响的意见领袖是谁。那该怎么找到这些有影响力的意见领袖呢？你可以通过跟踪典型客户在社交媒体上的行为，看他们都关注哪些人的内容、分享谁的内容、喜欢哪些人的内容、他们都是谁的粉丝。当然，你也可以进行一个简单的调查，调查结果当然也可以作为客户角色资料的一部分。

一旦我们确定了哪些人可以发挥影响力，下一个阶段就是参与到意见领袖的内容传播过程中。比如，跟踪监测那些有影响力的人在社交媒体上都做什么，分享他们的内容，向他们发送内容，或者直接吸引他们并邀请他们参与营销活动。

除了社交媒体，我们还可以使用具有影响力的数字技术来建立联系，如社交媒体运营数据分析网站Socialbakers、Sideqik、Ceision和Traackr。

---

[1] 马塞克·凯利（2018），《如何利用社交媒体建立思想领导力》，来自社交媒体今日在线，访问时间2019年11月10日。

租车企业控股公司和路透社

租车企业控股公司（Enterprise Holdings）是全球较大的汽车租赁公司，拥有自己的独立子公司和特许经营全球综合网络，在95个国家的10 000多个社区和机场运营着3个租车品牌：Enterprise Rent-A-Car，National Car Rental 和 Alamo Rent A Car。

在本案例研究中，我们将重点介绍Enterprise Rent-A-Car和National Car Rental 这两个品牌，以及它们的业务重点：服务于商务租赁客户。

近期，租车企业控股公司与国际新闻机构路透社产生了合作。仔细想来，这两者的合作还算是一种符合逻辑的合作关系。因为租车企业控股公司的B2B目标客户（采购经理和高管），也恰好是路透社新闻内容的用户。通过合作，租车企业控股公司能够通过路透社的品牌内容工作室Reuters Plus向它的重点客户推送广告信息。

双方合作的重点是创建一个内容中心，该中心将安装在Reuters Plus平台上。这个内容中心可以发布内容视频，可以让企业接触到新的目标受众，从而提高潜在客户对汽车租赁品牌的认知。这些视频内容会在客户旅程的早期阶段接触到潜在客户，这些潜在客户基本都是商务租赁的决策者。内容中心不仅可以为汽车租赁公司提高曝光率，而且还允许该公司通过客户逗留时间和页面浏览量等指标来查看分析潜在客户的参与度。

通过与路透社的合作，该公司生产出三个重要视频，内容重点直击欧洲市场，同时视频内容也在该品牌业务范围内的地区和国家投放，比如英国、爱尔兰、德国、法国和西班牙。路透社通过领英、推特和GDN推广视频内容。视频内容主要传递三大内容主题：全球移动、技术创新和客户服务，每段视频时长为3分钟。

此次项目合作非常成功，当然衡量成功的指标是品牌印象和点击率。此次活动的广告目标是：至少保证有75万人对该品牌产生印象，最终的结果当然是超额完成指标。点击量的目标数量是：6000~8000次，但在2018年11月27日至12月31日活动期间，内容中心的点击量已超过10万次。

此次通过推特的营销活动也做得非常有意思，推特上的点击率通常在1.5%~2%之间，但此次广告内容在推特上的平均点击率为3.84%，通过推特进入内容中心的总点击量超过9000次。

值得注意的是，西班牙的潜在客户在内容中心上花费的时间是最长的，此次内容吸引了近3000名独立用户访问网站。法国的成绩也不错，视频内容带来了1500多个独立用户。

视频内容后续也一直在网络上推广，租车企业控股公司的销售团队主要利用该视频内容吸引潜在客户。Enterprise还将视频内容放在了自己的领英渠道上，并鼓励员工通过个人社交页面进行分享，以进一步提高视频的曝光率和影响力。

— 练 习 —

1. 回顾不同形式的广告定位。你认为哪一种最适合你的公司使用？为什么？

2. 影响力营销在B2B营销中越来越重要，因为它可以帮企业提高客户认知度。你今天使用了哪些有影响力的人来营销？如果没有，你认为哪些有影响力的人比较合适？为什么？

第 3 章
客户旅程早期阶段

07 B2B搜索引擎优化与搜索策略

你可以从这一节中了解到什么呢？

阅读本节后，你将了解以下内容：

• B2B搜索引擎。

• 关键词和关键短语。

• 构建链接和链接设置策略。

• 如何将关键字映射到客户旅程中。

• 搜索引擎营销工具和技术。

• 主要的B2B SEM策略。

简 介

确定 B2B 搜索引擎优化和搜索方法

搜索引擎优化（SEO）和付费搜索相关的术语都被统称为搜索引擎营销。搜索引擎营销有3个核心关键因素：付费搜索（点击付费广告）、在线页面搜索引擎优化和离线页面搜索引擎优化。这三者之间有些许差异。

付费搜索也被称为按点击付费广告，我们在上一节中已经探讨过了，它主要依托广告内容中使用的关键字和关键短语进行广告投放。在本节，我们重点探讨在线页面和离线页面搜索引擎优化方法，以及B2B搜索引擎营销的方法等。

搜索引擎优化主要是指，通过优化网站以及网站外的活动，来达到更好的效果，以便潜在客户和目标客户搜索信息时能够看到你的广告信息。我们将会在本章全面梳理这部分内容。搜索引擎营销的一个重要支撑是，理解关键词。

搜索与客户旅程的关系

现在有很多数据表明，在客户旅程的第一阶段，客户会对某品牌进行调研。那么在这些初始阶段，客户很可能会先使用搜索引擎来查找信息。根据CRM客户关系管理服务商的自助营销工具Pardot的数据显示，72%的客户在研究产品和解决方案时会求助于谷歌（软件营销部门，未知日期）。

因此，付费搜索和页面外搜索在客户旅程早期阶段扮演着重要角色。当然，这并不是说搜索或搜索引擎优化的某些因素在客户旅程的中间阶段和购买后阶段没有价值。

搜索引擎营销在 B2B 中的作用

搜索引擎营销在B2B中可以发挥许多作用：

• 增加产品和服务的可见性。

• 通过PPC广告或搜索引擎优化提高品牌知名度。

• 帮助品牌创建更真实和相关的内容。

• 根据客户旅程阶段确定关键词和短语，然后以这些关键词和短语为指南来理解客户意图。

B2B 搜索引擎营销

B2B搜索引擎营销与B2C的不同之处在于以下几个方面：

• B2B中涉及的营销解决方案和服务通常比B2C更复杂，而且搜索营销中使用的关键词可能更专业。

• B2B搜索引擎优化往往是为了影响到更多的购买决策者，而不是为某个客户服务。因此，了解目标受众及其关键字偏好是搜索营销的关键，因为同一目标客户中的不同决策者之间可能也存在诸多差异。

• B2B中的搜索引擎优化需要解决战术和技术问题，也需要解决更高级别的业务相关问题。

另外，一个关键区别在于，B2B搜索引擎营销与营销活动目标捆绑在一起，并且B2B搜索引擎营销的决策过程通常比B2C营销的时间长得多。

B2B领域一个值得投资的地方可能就是搜索引擎优化活动了，因为搜索引擎优化所产生的影响需要一定的时间才能建立起来，关键是，如果你削减了搜索引擎优化方面的资金，搜索引擎广告的效果还会继续一段时间，不会马上停止。例如，如果你停止了竞价排名与PPC广告相关的关键词投放，那么通常你会看到与PPC广告和关键词相关的链接流量会立即下降，但搜索引擎优化通常不会这样。

B2B 搜索引擎优化

在B2B营销中，如果你的搜索引擎优化重点放在广告在谷歌页面上的排名，那么你的方向和目标很可能设定错了。搜索引擎优化能达到好的排名是一个搜索引擎优化战略的目标结果，但可能并不是我们最开始要做的事情。相反，搜索引擎优化是跟品牌有关的真实信息和相关内容，这些信息内容是为了将客户吸引到你这里来，也就是说把他们导流到你的网站上，能够为他们在寻找信息过程中解答疑惑。

搜索引擎优化会关注如何设计相关的内容、关键字和整体导航过程，所有这些工作都是为了能够达到更好的客户体验，如果能做好这些，你很可能会在客户的搜索查询中或术语排名中占据更好的位置，这才是有意义的。

当大家讨论搜索引擎优化和网站的工作时，有时会感到困惑，因为这两者之间通常是有很多重叠和交叉工作的。但是，网站的整体管理和页面搜索引擎优化之间其实存在着非常关键的区别。

B2B 页外搜索引擎优化

页外搜索引擎优化是指，你在你的网站之外进行的、可以拉动流量回到你网站上的一项工作。有许多因素都可以帮助你实现页面外搜索引擎优化，这些因素包括：链接建设、基于社交媒体的搜索引擎优化策略以及博客。

当创建页面外的搜索引擎优化活动时，社交媒体是一个很好的起点。比如，我们通过社交媒体上的喜欢、粉丝和分享等方面，开始建立品牌的知名度和可信度。

今天，任何一家公司可以建立自己的社交媒体账户，可以在自己的账户平台上发布内容，并通过社交媒体渠道进行分享。当然，他们也可以把自己生产的文章放在第三方网站，并在内容中提供链接，这样就可以引流到自己的网络页面。数据显示，使用博客的B2B营销人员比不使用博客的B2B营销人员可获得的客户线索多67%[1]。此外研究也证明，博客可以增加客户对你网站的访问量，并且还可以产生更多的页面被搜索引擎索引到。

B2B 页面搜索引擎优化

页面搜索引擎优化主要是指，优化自己的网站，但目的是让页外搜索或页外搜索引擎优化更顺利进行。主要内容就是，优化网站和网站里面的独立网页，通过这样的方式来支撑搜索查询。

网页搜索引擎优化可以进一步分为非技术和技术两个方面。非技术方面包括：页面上的内容、关键字的使用，或者关键字和关键字短语的组合。而技术性的页面搜索引擎优化则更多地涉及标记和可扫描性。

技术层面的页面搜索引擎优化，有很多工作都是需要在后台完成的。标记是指，在网页的标题、描述和开头部分中，标注出有哪些不同的地方。标题标签或Meta标题标签有助于搜索引擎更好地理解你的网页内容。Meta 标签本质上是对你的网站或网站页面进行命名，并为用户呈现出页面视觉效果，让用户对页面产生第一印象。如果出现了错误，那么将影响潜在客户是否会点击你的页面。

Meta描述标签是非常关键的，谷歌就使用Meta描述标签作为搜索算法的一部分。Meta标签可以告诉我们用户到底在网页上寻找到什么。也就是说，搜索引擎通过读取Meta标签描述来确定。

页面呈现的主题。你网站的每个页面都应该有其相关的和可搜索的标签。

什么是可扫描性呢？我们要十分清楚，用户在找到他们想找的内容之前，可能只会花很短的时间去查找信息。标题和副标题有助于用户更轻松地浏览网页，并且也会让网页感觉更干净。

---

[1] 苏克拉杰（2017），《28个鲜为人知的博客统计数据可以帮你制定2019年的营销策略》，来自影响力BND网站，访问时间2019年8月1日。

练习技巧

B2B 搜索引擎优化与思想领导力

在B2B领域，客户第一次搜索信息时，不可能马上就转化成我们的客户。所以，B2B搜索引擎优化的目的主要在于构建品牌在搜索者脑中的记忆，而不是让他们进行购买，这一点我们要十分明确。

另一个需要考虑的因素是搜索引擎优化的内容是否能够被广泛地看到，当然我们可以通过意见领袖的内容来提升搜索引擎优化的效果。使用领域专家可以大大提高可搜索性和优化搜索过程。

关键词和关键短语

如前所述，在付费搜索和搜索引擎优化中，你需要了解的一个常见问题就是关键词和关键短语。B2B营销人员对能带来转化的排名关键词非常感兴趣，而不仅仅是关注关键词本身的排名。B2B中的"转化"是指，潜在客户或客户基于某些内容或关键词参与、进行某些活动时的表现情况。

将关键词和关键短语整合到内容中

一旦你定义了关键词，你就可以在你的目标客户群中找到他们使用的关键词。但是要注意，"关键词臃肿"的问题，也就是说，如果网页上的关键词过于拥挤，这反而会冲淡你希望传达的信息，最终效果就会大打折扣。

关键词臃肿会降低信息的真实性，只会让客户望而却步。同样值得注意的是，关键词臃肿对用户也并不友好，所以谷歌推出了一些更新功能来惩罚这种乱设关键词的做法。

关键词或关键短语在整个内容中所占的百分比称为关键词密度。它的计算方法是，关键字或关键短语在一个页面上出现的次数除以该页上的总字数。在B2B营销中，关键词密度的水平可能是主观的一种判断，但本质上，关键词密度最终与内容的真实性和内容的阅读方式有关。目前有个共识是，关键词密度应该控制在5%以下，理想情况下在2%~3%，可能有些文章的关键词含量在10%就可以了。

搜索类别

如果你回顾一下以前搜索引擎的搜索情况，那么你很快会意识到今天的搜索形式与以往有大的不同。例如，客户现在的搜索可能基于不同的动机或意图。你的B2B潜在客户可能也会以类似的方式，基于不同的意图去搜索信息，这些意图的来源就是他们到底在寻找什么，而且要考虑到他们在买家旅程中所处的阶段。

例如，客户在使用特定品牌或产品的情况下进行基于品牌的搜索，在寻找不同替代品时进行竞争对手品牌搜索，为了了解品牌或产品类别而进行类别搜索，或者仅仅是基于某种需要而进行搜索而不是查找什么特定产品。

如果潜在客户目前正在搜索某家公司的品牌商品，那么他们可能正处于考虑阶段。

B2B 搜索的长尾效应

B2B搜索的长尾是指，某些搜索词的成本或竞争与其使用频率之间的关系。在图3-4中，曲线的形状有三个主要部分：胖头、粗胖中部和长尾。

胖头关键词主要是指，那些流量大的关键词。在部分，你可以找到当前搜索频次高、最流行的关键字，这些关键字通常都是付费的。曲线的中间部分和长尾部分分别是投标较少和流量较少的地方。

为什么要选择尾部中带动流量较少的关键词

虽然头部有更高的流量，你也会发现很多流行的关键词都在曲线胖头部分，但是，这些可能并不是最好的关键词，也不适合针对你的企业来投放。尤其在B2B某些专业领域的行业中，有一些关键词或短语虽然不流行，但它们可能对你的产品和服务

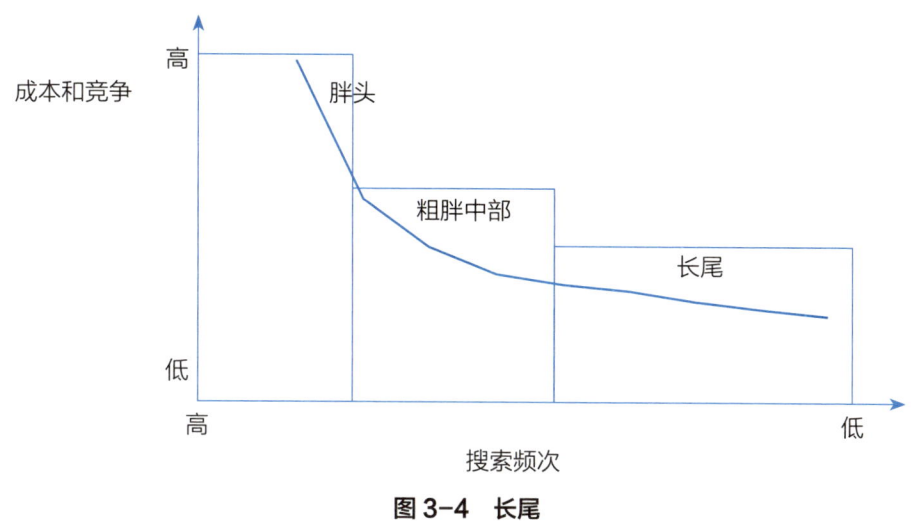

图 3-4　长尾

更有针对性，也更实际一些。

举个例子，如果你的公司从事笔记本电脑的生产和销售，你可能会想使用"笔记本电脑"这个关键词，但这是非常常见的且高价的关键词，也就是说，它是一个胖头关键字。这时候，你可以考虑一下自己的重点客户是谁以及他们在具体使用笔记本方面是什么样的情况，通过考虑这些具体的内容就可以生成诸如"移动劳动力""移动生产力"或"移动解决方案"之类的关键词，这些关键词可能会占据中间部分或长尾部分。

这些长尾关键词很有趣，因为它们会对你的产品和服务有更多更具体的描述和说明，同时也能与你的目标受众产生共鸣。

"定位"是这里需要考虑的关键，你可以使用流行关键词带来大量的流量，但是有两件事要考虑：第一，你处在一个更拥挤的地方争取曝光时间；第二，你可能只是以流量的形式吸引潜在客户，而不是以你的目标受众为目标。

查找长尾关键词

我们刚刚已经讨论了粗胖中间关键词比胖头关键词和长尾关键词更有趣，甚至效果更好。但是我们该如何识别长尾关键词呢？

下面是创建长尾关键词的一些方法，如图3-5所示。

- 使用详细的客户角色信息：假设你有详细的客户角色信息，你就可以巧妙地使用。比如，你要了解客户角色的主要痛点和面临的挑战是什么？他们在寻找解决方案时会寻找什么？当他们搜索信息时，他们喜欢竞争对手的什么？喜欢你们公司的什么？哪些具体的关键词或关键短语会被捕捉到？

- 识别意图：如前所述，了解驱动客户意图的因素，也有助于识别关键词和关键短语。它可以让你的搜索引擎优化策略更加清晰，尤其在客户旅程某个阶段中的优化策略。

- 技术或软件：可以使用各种工具，帮助你提供相似的字词和短语，这可能也是一个不错的开始。如谷歌推荐（Google Suggest）、Similarweb、谷歌趋势（Google Trends）和关键词工具网站（Keywordtool.io）都可以使用，它们在最开始寻找相似词或短语的过程中会有帮助。

- 论坛：去在线论坛和线下论坛看一看，你的目标受众在其中了解哪些问题？使用哪些短语和话题？

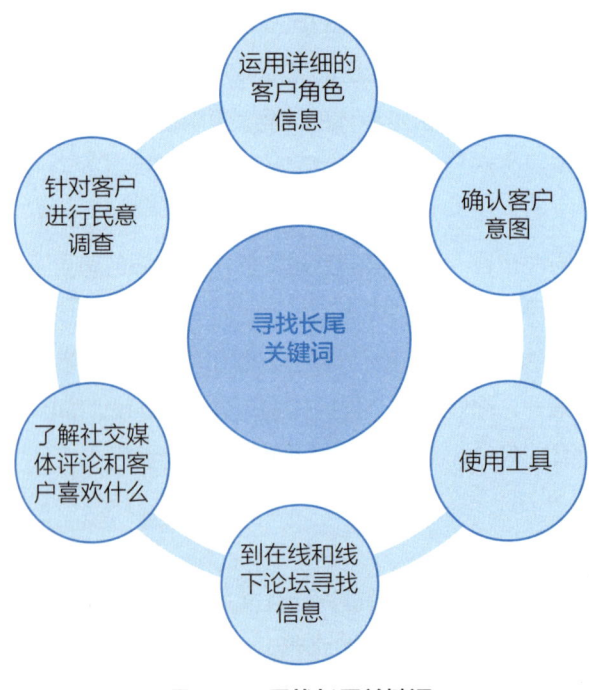

图 3-5　寻找长尾关键词

- 社交媒体：目标客户喜欢什么？他们在社交媒体上发表了什么评论？
- 调查：对已经购买产品的客户进行民意调查或市场调查，以了解他们的忧虑和面临的挑战。

关键词与竞争对手研究

研究竞争对手使用哪些关键词是搜索引擎营销中一个非常重要的组成部分，通过这个过程就可以帮助我们形成B2B的战略。

关键词该怎么研究呢？首先，我们应该研究整个网站内容，而不仅仅只是研究主页。其次，通过查看网站上不同页面中使用的相关关键词，就可以搜集到很多关键词，这样的话就可以增加关键词在搜索引擎中的排名。

受众与关键词研究

在选择关键词时，你需要考虑不同的细分市场中客户都普遍有哪些需求，因为很多客户都会登录网站，所以还是要统一分析客户需求。不过，你一定对某些用户更感兴趣，那么对于这部分你感兴趣的客户，你最好在网站上提供能够导流到不同页面的功能设置，而且可以相应地给这些页面设置适合的关键词。

关键词与客户旅程

当我们针对客户制定好了关键词，那么这些关键词就要在我们公司的内容中用到。那么如何在一个页面的搜索引擎优化过程中制定关键词是一个非常重要的问题，这个过程首先要进行关键词研究，然后需要将相关的关键词分配到公司网站上不同的页面中。

那如何考虑在不同客户旅程阶段客户在不同页面上都有哪些意图呢？其实也是有方法的，这就涉及点击付费广告和搜索引擎优化之间的差别了。点击付费广告通常用于客户旅程的早期阶段，而搜索引擎优化可以应用于客户旅程的所有阶段。

我们可以根据客户的需求来划分意向。在B2B环境下，我们可以对客户购买旅程的三个阶段进行分解，然后运用以下方法制定关键词：

• 在购买旅程早期阶段，客户主要集中在信息查询上，这个时候客户正在了解自己到底需要什么，怎么才能满足这些需求。

• 在购买旅程中期阶段，客户查询信息更多是为了满足自己的目的，也就是说，潜在客户正在了解关于品牌或产品更为具体的内容。

• 在购买旅程后期阶段，客户此时查询信息通常是为了采购，我们也可以把这个阶段称为"交易查询"，潜在客户正在搜索与实际购买相关的特定产品和信息。

我们可以在图3-6中看到，在不同的信息查询阶段，有一些通用的关键词示例。虽然这些关键词都不是特别的具体，但是根据对这些关键词类型的描述，我们可以提前预判客户会在不同的阶段用到这些关键词。

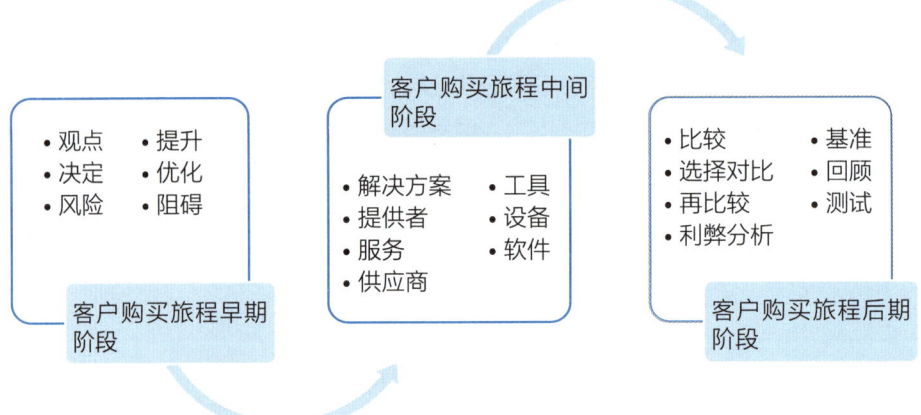

图 3-6　制定关键词

高意向和低意向

高意向关键词是那些与客户购买旅程后期阶段和购买查询相关的关键词。低意向关键词更多基于客户购买旅程早期和中期阶段客户的查询，此时更多集中于信息和导航查询。

链接建设

提到搜索引擎优化,你可能经常听到一个词,叫"链接建设"。链接建设主要是指,建立从另一个网站导流到你的网站生成的链接。通常有三种主要类型的链接建设:外链、手动链接和基于内容的链接(有时称为自动或入站链接构建)。

B2B中的链接建设主要目的是,吸引目标受众或能给链接带来促进作用的人的注意力。这些链接促进者包括:思想领袖、网站所有者和在线杂志编辑。

链接建设过程

如图3-7所示,链接建设流程如下:

1. 在你的网站上选择你希望链接到其他网站的网页。
2. 确定你想要从哪些网站或哪些类型的网站开始建立链接。
3. 针对这些网站,确定一个链接建设沟通策略,比如,如何从这些网站上吸引过来流量,可以根据下面的链接建设策略直接实施。
4. 实施沟通策略。

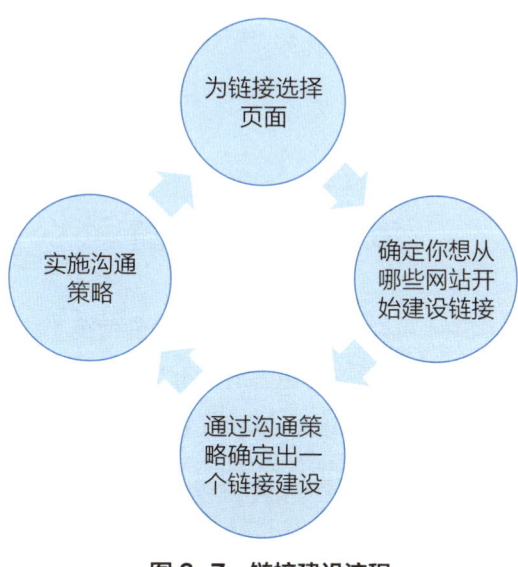

图 3-7 链接建设流程

链接建设策略

在B2B中，有许多策略可以用来改善公司的链接建设，这些方法包括以下方面。

• 联系专家：提到联系专家，你可做的工作比较多，比如，你可以聘请与客户和潜在客户相关的领域或行业专家。当然，这些专家博主生产的内容要跟你具有很好的相关性，内容也要独特一些，这样才能吸引潜在客户，这个过程可以说是一种互利的关系。那怎么才能实现这一点呢？有一种方法可用，那就是通过吸引博客博主，创建内容分发网络或能吸引流量的网络。

博客专家的作用是什么呢？他们有自己的博客页面，并且在其中发表内容，而你要找的博客专家就是这些人，你可以找到他们，让他们在内容中植入你的链接，链接回你的网站页面。你可以直接联系或和他们多接触，就可以实现这一点。或者，你也可以给他们提供和共享能够链接到他们博客的内容，不过就看他们是否愿意再次链接回你的站点。

• 掌握客户和合作伙伴动态：还有一种建立链接的好方法，那就是积极地了解或观察你的客户或业务合作伙伴。如果你能吸引他们积极关注你，那么他们更有可能给你做出回应，比如会阅读并分享你正在做的事情，或者会和你建立更密切的关系。

• 清理链接：除了上面的方法，你也要经常检查是否存在可能影响流量质量的不正常链接。比如，可以使用工具来捕获404错误，并将其替换为正确的链接或设置重定向。

搜索引擎营销工具

在B2B搜索引擎营销中，可以考虑和使用许多工具和技术，前面我们已经提到了一部分工具。当然了，对于那些希望花更多时间深度研究关键词规划的B2B营销人员来说，值得好好研究的工具包括谷歌的关键字规划器（Keyword Planner），这个工具术语是谷歌广告的一部分。其他关键词研究工具还有关键词追踪（Wordtracker）和关键词探索（Keyword Discovery）。

优步推荐（Übersuggest）也是一个很有用的关键词搜索工具，不过使用它需要花费不小的预算。你可以在优步推荐中输入一个流行的关键词短语，这个工具将为你提供在之前的搜索过程中出现过的长尾关键词的变体形式，它的做法就是先把原来的词拆解成字母，然后再重新组合。优步推荐还可以帮助我们了解那些我们知之甚少的行业，然后帮我们收集许多关于这些行业的想法。

关键词挖掘工具Soovle也是用来深度挖掘关键词的工具，它通过你最初的种子词，把那些常见的搜索查询找出来，并且从四大搜索引擎中提取搜索数据，用这些方法就可以帮助你进一步挖掘关键词。

莫兹链接勘探者（Moz's Link Explorer）也是关键词工具，企业可以用它来评估链接配置文件，并从中寻找优化空间，而尖叫蛙工具（Screaming Frog）可以帮企业监测站点的整体健康状况。

B2B 搜索引擎营销策略

图3-8总结出了不同的B2B搜索引擎营销策略。B2B搜索引擎营销领域最关键的部分是，页面外部链接策略、网站页面技术优化和关键词策略。

页面外部链接策略包括：为搜索引擎优化而进行的内容开发，为更好地分享搜索引擎优化的内容而使用的技术。策略中还包括：链接分析以及我们在前面提到的链接建设策略。最后，与内容分享相关的因素是受众定位，也就是说，要确保建立的链接、博客、文章和社交标签都是面向细分的受众群体。

说到网站页面优化，我们指的是内容管理和刷新。在下一章内容中，我们会讲到跟这个有关的新案例，当然在本章中我们也在清晰地传达一个信息，那就是：你的网站如果能为受众搜索信息时，提供令人信服的、相关的和最新的内容，那就是非常厉害的。

第三套策略主要围绕关键词展开，分为两个核心领域：关键词分析和长尾关键词。关键词分析主要是为了识别关键词背后的意图，以便我们更好地了解客户动机和客户旅程所处的阶段。长尾关键词策略包括如何识别和使用长尾关键词。

B2B 数字营销策略

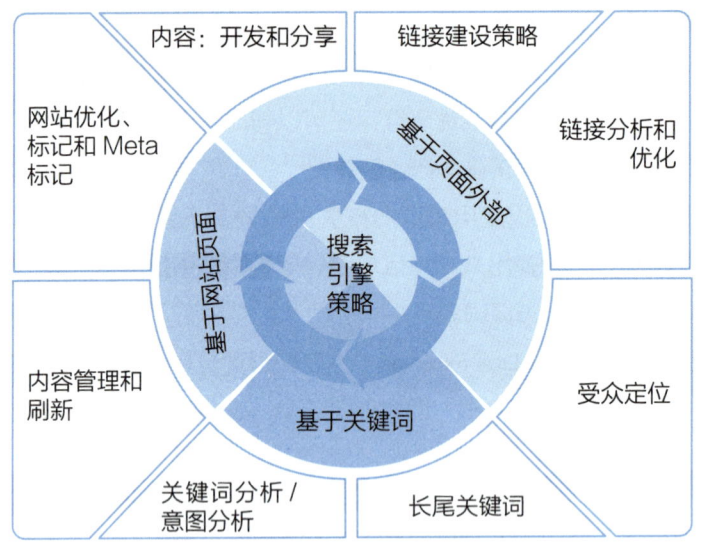

图 3-8　搜索策略

 案例研究

约翰·迪尔

1985年，约翰迪尔公司（John Deere）为农民群体出版了一本杂志，名为《沟壑》（*The Furrow*）。该公司出版这本杂志的目的是希望通过杂志内容树立自己在客户心中的印象，成为客户可信赖的资源。所以，约翰迪尔公司一直在内容和内容吸引力方面是最前沿的。然而，在2003年前后，该公司的搜索引擎优化性能远不如他们所希望的那么厉害。

第 3 章
客户旅程早期阶段

于是，该公司吸纳了一个叫Ko标记（Komarking）的机构加入进来，帮助他们了解到底在搜索性能方面，有哪些需要改进的空间。在这个过程中他们发现，他们并没有使用静态统一资源定位地址（URL），而是使用动态和外部URL，所以经销商页面无法被搜索引擎爬取到，也无法被索引到。其他方面也诊断出问题，比如反向链接不足，点击付费广告活动带来的投资回报率（ROI）低。

通过与Ko标记机构合作，约翰迪尔公司顺利地解决了以上问题，改进了索引，重写了许多URL，改进反向链接，更新了内容等。这一系列改进动作带来的结果是，搜索引擎流量翻了四倍，页面索引从几百页跳到了60 000页，点击付费广告竞价表现也有了显著的提升[1]。

练 习

1. 根据客户群或客户角色，按早期和中期客户旅程阶段创建整体的关键词。
2. 梳理客户角色或细分市场当前使用的关键词，以创建长尾关键词列表。
3. 针对最近的市场营销活动，梳理在页外搜索引擎优化内容中使用的链接，这些链接是否指向你网站上的相关页面？

---

[1] 杨，《约翰·迪尔：将搜索引擎优化和付费点击广告进行整合管理》，来自Ko营销网站，访问时间2019年11月30日。

08　B2B网站与网站策略

你可以从这一节中了解到什么呢？

阅读本节后，你将了解以下内容：

• 网站的角色和目标。

• B2B网站设计考虑因素。

• 评估网站。

• 管理网站跳出率。

• 如何使用点击热图（heat mapping）工具。

• 如何改进网站导航。

• 不同的B2B网站策略。

简　介

网站的作用

对于B2B营销人员来说，一个网站可以扮演多种可能的角色。首先，网站可以作为公司的宣传册，尤其可以充当产品或服务的宣传册。其次，网站也是内容中心、数据中心和建立关系的界面，而且还是做生意的店面。公司网站可以让访问者了解你的企业是什么样子的，客户通过浏览网站了解企业，也可以通过周边信息了解你的企业，通常情况下，客户不会一开始就跟企业直接接触，所以网站的作用就十分重要了。

通过浏览你的网站，潜在的客户会对你的品牌产生初步的感知，并且在他们的印象中对你的品牌有一些设想，想象你们可能是一个什么样的品牌。

我们都知道，客户在研究和寻求产品和解决方案时，会先访问各种供应商的网站，这时网站就成为他们的调查方式之一。如果你在潜在客户研究阶段早期就意识到了这一点，并且提前做出一些布置和动作，那么潜在客户很可能会查看你的网站和其他跟你相关的内容。如果浏览你网站的恰好是一个潜在的客户，并且这个客户开始搜索关于你品牌的信息，这个时候就要确保你网站的主页和登录页面都可以帮助客户导航，并且也能满足客户在早期阶段的需求和满足他们查询的问题。

从这个意义上说，网站的作用就是尽可能早点与客户接触，并通过这种接触给客户留下良好的第一印象，就像我们第一次与潜在客户见面一样。

网站就像集成中心

你可能听过，网站有时候就像是一个集成中心，或者是众多渠道交汇的一个主要界面，就好像是一个车轮的轮辐。这里就涉及中心辐射式思维，这种思维就是从其他渠道获取流量和感兴趣的用户，并将他们引导到公司网站的一种方法。图3-9就展示了这种关系。

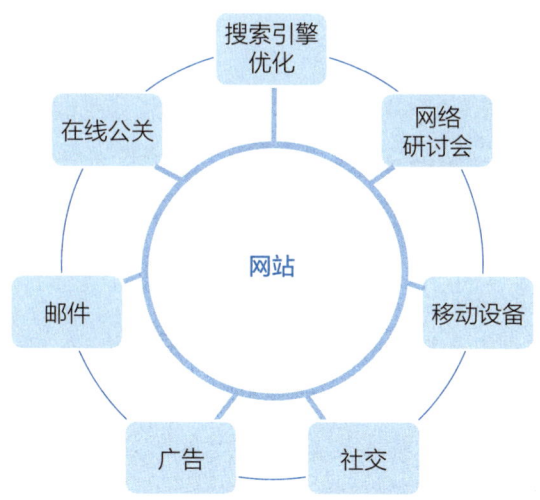

图 3-9　集成中心和轮辐模式

网站目标

如果想让网站产生效果，那么一定要给网站设定目标。这些目标都可以在谷歌分析中进行，通过网站目标的设定，就可以帮助我们衡量数字营销活动的效果如何，是否能带来回报。设定的目标当然也可以帮助网站保持稳定性，比如，针对营销目标我们可以调整网站活动和措施。

你的网站目标可能是增加销售额、提高参与度、抓住潜在客户或成为思想领袖。对于每一个目标，我们可以使用不同的网站指标或KPI指标来衡量。

例如，我们可以举办一些能提高客户参与度的活动，这样就可以将跳出率降低10%。我们还可以缩短网站反应时间、提高页面浏览量等。

为 B2B 设计网站

B2B网站的设计怎么才算有效呢？首先，B2B网站设计不仅仅是做出视觉效果和好的图像，而是要做好网站结构、导航以及布局搜索引擎优化策略，还有网站背后的一般逻辑设计。

精心设计的网站具有哪些特质

网站是否有效，就看它能不能在不同的客户旅程阶段都能发挥作用。网站不仅要为公司的业务带来流量和潜在客户，而且还可以在不同的阶段都能达到这个目标，另外，最好还能使潜在客户转化成实际的销售业绩。一旦访问者到达网站时，网站既要帮助访问者能顺利地访问该页面，又要为访问者提供可选项，使访客通过简单易懂的路径尽快接收到所需的信息。

如果想开发潜在客户，那么设计一个好网站就非常有价值了，我们可以通过网站用合适的方式吸引客户、捕获客户和培育潜在客户。为了能够捕捉到潜在客户的线索并且展开后续培育工作，那么网站设计就需要与网站之外的其他营销活动保持一致，根据不同的客户旅程阶段能够应对处理不同的流量情况。

从表3-2中，我们可以知道，较好的B2B网站设计需要一些关键要素。虽然这张表还不算太详尽，但该表根据文本、结构、非文本、潜在客户开发和搜索引擎优化等方面概述了一些顶层方面的事情，我们可以在表中选取几个主要方面的指标，按1～5的分值程度对网站设计进行评分，其中1表示差，5表示优。例如，在"文本要有信息量和相关性"这个指标层面，可以使用"关键词密度"作为评分方式之一。如果关键词密度超过5%，则表示较差，而3%或更低则为较好。

表3-2 网站设计要素

网站设计范围	细节；程度
参与度和互动	关键词按钮或链接，CTA
文本要有信息量和相关性	保持关键词密度在一个合理水平
结构	基于小旅程过程，设计网站逻辑层次机构和逻辑路径
视觉元素	运用视觉效果、图像和植入视频
支持潜在客户群体	捕获潜在客户和培育机制
利用营销渠道优化互动效果	为搜索引擎优化策略和搜索进行页面优化，针对手机移动设备进行优化，这些动作都要反应灵敏

除了可以使用上面的评估表，我们也可以把网站设计的个性化一些。比如，我们可以在网站上展示公司的宗旨和理念，公司的基本原则和运作方式等内容。对这些方面信息的展示，有助于建立客户对公司的信任。好的网站设计给人的感觉一定不是杂乱无章的，好的网站设计不会用大量文本和信息把所有空白处都塞得满满当当的，这种信息密集型设计对客户来说是视觉压力，最后会把客户赶跑。

有时候，长页面和滚动页面的设计方式更为吸引人，这样可以避免客户在许多个页面之间来回跳转。当然，长页面上的内容设计需要有意义才可以。最后，网站的设计还要确保包括具有美观的视觉效果，要定期进行更新，对网站进行定期更新也可以带来不一样的效果。

响应式设计

一个响应迅速的网站是什么样的呢？它会根据你正在使用的设备自动更换其展示的文字内容，如果你使用平板电脑、智能手机或台式机，那么你看到的网站页面内容是不一样的。"响应"不仅仅意味着你的手机或平板电脑"可以"看到网页，而是说这种方式给用户提供了好的体验，那么设计网站时就要根据不同的设备进行视觉布局。

比如，要设计易于客户阅读浏览的按钮或设计易于客户取消浏览行为的下拉菜单，因为下拉菜单通常在智能手机设备上较难使用。移动设备上的典型视图就是汉堡式的按钮，将三个大按钮叠在一起。

另外，网站的页面要在非常短的时间内就要加载完毕，不要太慢。一项调查显示，73%的手机用户表示，他们遇到过加载速度太慢的网站[1]。

CTA，行动召唤

什么是CTA呢？简单理解就是，我们引导客户进行下一步的操作，在网站上往往是通过链接或按钮设计完成。通过CTA，我们尝试着将客户从客户旅程中的一个阶段转移到下一个阶段，或者是将一个阶段中的某个步骤转移到下一个阶段。所以，CTA具有引导的作用，而不是试图让客户联系我们或购买产品。通过CTA的设计，我们让客户思考下一步的步骤该做什么，以及我们如何可以带着他们到达下一个步骤。举个例子，CTA通常是某些邀请动作，包括：注册邮寄、参加网络研讨会、参加活动或注册以获得免费礼物等。

B2B 网站设计最后要考虑的因素

其实，B2B网站设计的工作与市场营销中大多数事情一样，应该围绕两个核心方面进行：

（1）你的网站目标是什么；

（2）你的网站要为哪些客户服务。在B2B中，我们通常有两种主要类型的客户：对产品或服务的技术细节感兴趣的客户和对业务方面感兴趣的客户。比如，这些客户会考虑你的业务如何为他们创造价值和帮助他们达到目标或解决难题。

---

[1] 洛佩兹（2018），《您一定希望优化网站加载速度，方法都在这里！》来自自由代码营地网站，访问时间2019年8月1日。

B2B 中的网站转化

B2B网站有很多好处，可以让你的企业了解和分析客户趋势，可以让你开发技术、设计策略或战略，所有这些都是为了将新访客转化为客户。这里面存在的逻辑是，网站带来的交流沟通越多，可以转化成销售的可能性就更大。

而B2C转化通常更关注多少个访客可以转化成一单销售量，这与B2B中的转化理念是不一样的。为什么呢？原因有很多。最主要的一个原因是，B2B在很大程度上不太商业化，交易更少，客户的旅程也更长。因此，当我们谈论B2B中的网站转化时，指的是捕获到任何特定的个人联系信息就算是转化。这些个人信息包括什么呢？比如，通过聊天框、Web表单进来的潜在客户信息，通过提供电子邮件地址或电话号码获得的潜在客户信息，或者通过打电话而获得的客户信息。

这里有一个计算网站转化率的公式：从网站上捕获的潜在客户数量除以网站独立访客的数量。

评估 B2B 网站

除了上面提到的网站可以带来多少有效潜在客户量之外，还有许多其他方法可以评估你的网站是否有效。比如，你可以看看，单个的页面是否能有效地把潜在客户吸引过来，或者可以看看访客是否能从页面中找到他们需要的信息。对于整个网站而言，你可以看看网站导航是否正常，或者分析网站的加载速度和响应速度来评估网站性能。我们可以把B2B网站的有效性评估分为两个方面：定量和定性评估。

网站定量评估

提到定量评估，其实有许多技术都可以用来评估网站是否有效。但最关键的评估指标其实还是网站导航和性能。

网站的导航性是指，在页面之间跳转或从主页移动到其他区域的能力。同时也是指，在单个页面上或整个网站上能否顺畅地查找到信息。性能指的是，网站的一般速度，以及页面的加载速度。当然，还有其他网站性能指标，如跳出率、页面浏览时间、每次访问的页面数等。

网站分析是定量评估的一部分

如果你想评估自己的网站，一个很好的方法是，免费使用谷歌分析工具完成。谷歌分析工具可以在许多层面上帮助企业来评估网站。谷歌分析工具提供了很多很好的评估方法，包括对跳出率、每次会话的页面数和平均会话持续时间等指标的评估。

每次会话的页面数可以告诉我们，客户参与度如何。例如，一次浏览8个页面的客户绝对比那些只浏览2个页面的客户更关注你的公司、产品或服务。

在网站上的停留时间，则可以体现出客户的参与度情况。如果访客页面停留时间超过两分钟，说明这个指标还是很好的，不过，到底页面停留时间多久才算是好，这就要因行业而异了。

前面我们已经知道，谷歌分析是一个非常关键的分析工具，不过你也可以使用其他的工具。比如，营销分析工具"领路人"（Leadfeeder）或网络数据分析工具"轻触指标"（Kissmetrics），它们侧重于分析详细的访客行为，以帮助企业更好地了解客户和潜在客户。其他可以用的工具还包括"猎狐指标"（Foxmetrics）ZAP、开放式网络分析工具（Open Web Analytics）和Adobe Analytics。

网站定性评估

我们也可以通过考核网站内容来对网站进行定性评估，而且也可以根据定量指标提供更多的定性评估线索，比如网站内容的参与度、跳出率、页面浏览时间和热图等，我们会在本章后面部分详细介绍。

跳出率虽然是一个定量的衡量指标，但它也可以用来进行定量评估。比如，高跳出率可能表明，网站的内容质量差或不相关的内容太多。如果访客在网站上浏览的时间较短，这可能表明网站内容对访客来说，没有足够的吸引力。

如何管理跳出率

跳出率（Bounce rate）是一个用来检查网站流量的术语，主要是指，访客访问某个站点或页面后马上离开，而不是跳转到同一站点内其他网页进行访问，那么进到网站之后马上离开的访客占比就是跳出率。跳出率的评估指标有3个层次：好、坏或优秀，根据行业不同跳出率的衡量标准也有很大不同。决定跳出率的因素主要有2个：访问网站的流量和网页的质量。

如果网站跳出率超过70%，那这个比例就是非常高的，这个比例就说明网站的流量很差，或者网站的质量差，或者没有足够的内容供访客参与。跳出率在40%～70%之间算是好的，跳出率低于40%就算很优秀了，说明网站的流量质量良好，或网站的内容质量和相关性都比较好❶。

如何降低跳出率

你可以根据上面提到的指标组合起来使用以降低跳出率，那就是提高网站流量质量和内容质量。

提高流量质量的方法包括：

• 根据特定标准更精准地定位受众：我们可以根据前文讲过的基于认知制定策略的方法和搜索引擎营销方法。

• 更好地进行受众细分，并根据这些细分需求调整营销内容信息流，例如定义主题和具体内容。

• 受众调查：受众调查可以让我们对客户角色的更多细节信息更了解，这有助于内容开发和生产。

提高网站质量的方法包括：

• 标题：检查并微调网站上的标题和副标题，因为这将有助于客户的搜索。

• 导航路径：潜在客户通常会在网站上查找更多的相关信息，而不是仅仅只停留在登录页面上，所以你要给他们提供查找更多信息的路径。要检查网站上的不同路径是否有问题，以满足用户的信息需求。

• 相关内容：根据你的主要客户群，在内容主题、信息和关键短语方面进行优化，以提高内容的相关性。

• 网站设计：评估网站时，我们会在网站风格上可能有些主观评价，除此之外，还有一些因素可以评估网站的总体设计是不是影响客户体验。例如，如果页面带有弹出窗口，就会显得十分拥挤，用户对网站的体验肯定就是负面的。

---

❶ 佩顿，《一个网站的平均跳出率应该是多少？》来自火箭燃料网站，访问时间2020年1月24日。

网站导航

网站上的导航都是通过各种链接实现的，例如通过网站导航菜单或导航栏或页面上的链接都可以实现导航的目的。网站导航的设置非常重要，因为当一些潜在客户到达你的网站主页时，如果他们没有通过搜索引擎优化内容和链接到达网站上面其他地方，那么网站导航如何帮助客户顺利地找到客户希望找到的页面内容呢？

网站导航是一把双刃剑，它既可以帮你赢得潜在客户，也可以让你失去潜在客户。前段时间，我被邀请去审查一个B2B网站，在浏览网页上的各种链接时，我注意到每个页面上只有一个主链接，这个主链接把我导航到一个页面并让我填写详细信息，以便与我联系。我无法跳过这个页面，也不能哪怕只是简单地探索和阅读信息。我不能自由地搜索产品目录或了解公司的理念等信息。这种体验当然是令人沮丧又令人厌烦的。

你需要迎合不同的用户需求，提供不同的路径。试着想想你如何支持你的客户和潜在客户的微旅行，因为他们并不总是第一个想到立即购买。

从哪里开始——层次结构

创建如图3-10所示的网站层次结构可以帮助网站可视化设计，也可以帮助你了解更多方面。首先，我们可以通过查看层次结构的顶部和底部来了解网站包含多少层。如果你认为层次结构底部的一些搜索主题是非常常见的搜索项，那么你需要考虑是否删除一些层，重新审视一下快捷方式，或者整体梳理更改一下网站结构。

审视层次结构还可以告诉我们，需要多少次单击才能到达某个网站位置。通过之前的章节学习以及对微旅程的了解，你可能想尝试一下这个微旅程过程如何，比如测试一下客户在登录主页之后，需要多长时间才能找到想要的信息。一旦你明白了，从主页到一些常见主题链接所需的点击量，你就可以评判一下这个结构是否可以接受。如果从主页到实际需要的信息，需要点击超过1~2次，那就要考虑，是不是要减少这个过程的点击量，从而让潜在客户更容易通过网站导航来查找信息。

如今，许多公司都在努力让客户只通过1~2次点击就能够找到他们需要的信息，想要达到这个效果，那你就要有一个流畅的主页和导航栏，或者通过管理流量的方式来达成，比如直接将客户引导到正确的网站页面。当然还有其他方法，比如可以通过下拉菜单的设置，来解决导航栏较短的问题，同时也可以支持多种导航路径和选择。

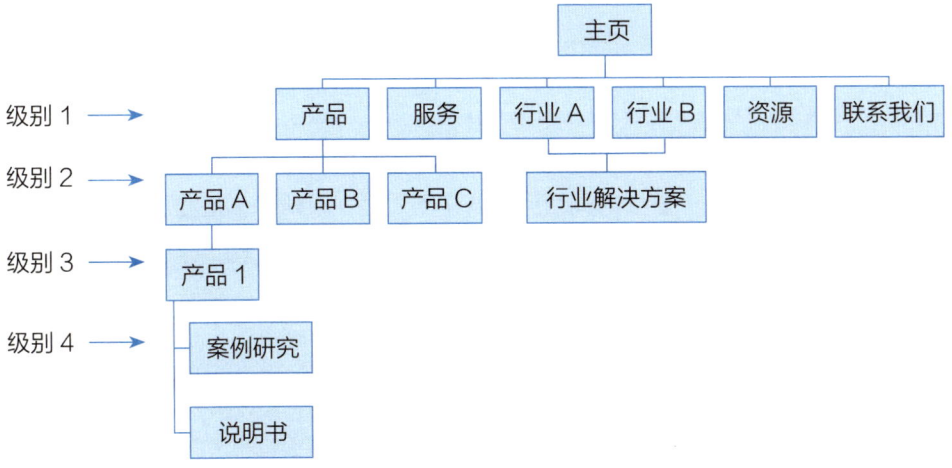

图 3-10　网站层次结构

实用技巧

利用关键词按钮优化导航

网站上的内容跟客户或行业有相关性是很重要的，这要比只设置一个导航栏在那里要有用得多，因为导航栏每个公司做网站时都会做，但内容设计却可以分出高下。因此，你需要在导航按钮中设置一些针对特定潜在客户的关键词或术语，而不是所有公司都使用的千篇一律的标准导航栏。

如果从客户的角度来评估网站体验如何，那么比较好的方法就是网站热图。热图为我们提供了一个直观的视图，可以让我们看到网站的哪些区域被点击或浏览，哪些区域没有。通过热图，我们通常会看到有红色区域、橙色区域和蓝色区域。

热 图

热图的最大作用是，了解网站上的关键词、短语和吸引人的链接是否可被点击或浏览过，哪些地方是没有被用户点击过的。

设想一下，你围绕一些关键词设计了一个新页面，以帮助小企业了解他们的融资选择。你设计了大约5个与他们痛点相关的关键短语，还有一些能导航到其他页面的链接。你的热图显示，只有其中两个是红色的，已被点击。怎么理解这个结果呢？可以从两个方面分析：可能因为用户对其他3个关键短语不感兴趣，也可能是因为我们没有正确地描述痛点，也或者我们导流到这个页面的用户只对这两件事感兴趣。

因此，热图作用可不仅仅是为了设计出中规中矩的网站，更重要的是跟关键词和关键短语设计有关，并且可以用来评估旨在推动营销活动的流量是否达到了预期水平。分析工具在分析用户到底访问了哪些页面方面发挥了很大的作用，提供了许多分析指标。然而，分析工具并不能提供用户在页面上到底怎么参与到页面活动的一些细节信息。这个时候，热图就可以发挥作用了，它可以分析客户访问网站的上下文情况，因此可以帮我们更完整清晰地理解客户的访问行为。热图类型包括：

• 鼠标移动热图：通过跟踪用户的点击、暂停和滚动行为，可以看出访客浏览网站哪些位置比较多。

• 滚动热图：滚动热图可以识别滚动的模式，提取人们在网站上滚动的距离以及何时离开等信息，滚动热图还可以获取访客滚动到页面上任何位置的访客百分比。

• 点击热图：主要来识别访客点击或不点击的位置是哪里，通过点击模式，网站所有者可以更好地理解用户的意图。

B2B 网站策略

我们已经介绍了许多可以帮助构建网站策略的方法。就B2B而言，这些方法可以分为以下5个主要方面。如图3-11所示。

个性化

个性化意味着，我们可以通过设计动态内容实现个性化策略，也可以根据不同用户的配置文件来设置与之匹配的内容，也可以围绕不同的用户配置文件设计网站。再进一步说，个性化设置还包括设置URL（统一资源定位系统）以满足营销活动需求。

思想领袖

我们也可以通过打造一个思想领袖网站来实现B2B网站策略。思想领袖网站策略包括：开发网站不同区域，这些区域可容纳文章、视频、静态或动态横幅、报告等。这与下面要讲到的内容中心战略有些区别，思想领袖策略主要目的是展示特定领域的专业知识。

捕获潜在客户

捕获潜在客户也有策略，那就是根据营销活动或营销策略来设计和更新登录页面，并且要配合使用一些优化策略来捕获客户。所以要查看和审核登录页是否存在问题，审核登录页的内容以及审查接触客户的捕捉机制细节情况。

优化参与度

优化参与度重点是改进网站本身以及提高参与度指标，还可能涉及提升客户参与度。优化参与度策略还涉及内容审查、审核或内容更新，并且包括定期内容更新。另外，也可以为客户提供更多可下载的材料、让客户加入诸如聊天之类的互动活动，或者让客户留下详细信息并与之后续联系。

内容中心

在内容中心这个策略中，我们需要把网站或网站的一个区域设计成"内容中心"，

个性化	思想领袖	捕获潜在客户	优化参与度	内容中心
• 动态内容	• 文章、博客 • 更新的内容 • 导流到网络研讨会的链接 • 提供权威报告	• 潜在客户捕获机制 • 内容目录 • 确定潜在客户所处的客户旅程阶段	• 内容更新 • 内容审核 • 重新定位	• 内容组合

图 3-11　网站策略

内容中心顾名思义就是所有内容的中心枢纽。内容中心并不仅仅是一个公共关系资源库，内容中心设计是为不同细分客户在不同的客户旅程阶段提供他们所需的信息。

其他网站技术

如果你希望你的网站以最高水平运行起来，那么你需要时刻关注最新的技术，并了解应该在网站上采用哪些技术。这些方法总结起来有以下3个方面。

A/B 测试

A/B测试就是测试网站的两个版本在用户体验方面到底有什么差别。"A"和"B"是两个需要进行比较的网站版本，通常在测试的过程中，我们将两个版本都设计成一样的，但是唯独有一个地方不一样，那么我们在实验测试中就可以测试出，这个不一样的地方（比如功能）到底好还是不好。通过这种实验测试方法，我们就可以测试出某些特定的因素是否会影响网站的性能和体验。通常情况下，标题或子标题经常是被测试的元素，有的时候也可能测试某些图像、文本、段落文本、推荐功能、召唤行动的文本、按钮样式/位置以及链接等这些方面。像网站优化平台提供商Optimizely就为企业提供A/B测试，这类A/B测试应用程序还是有很多的，它们可以让企业同时测试网页上多个元素是否合理。

登录页管理

登录页技术非常适合测试和管理登录页，其中登录页面生成器工具Unbounce（不跳出）就是登录页管理工具的一个代表。

谷歌加速移动页面工具（AMP）

AMP是一个可以让网站加载更快的开源工具，根据研究显示，50%的网站访问者希望网站页面能够在两秒钟或更短时间内加载完毕[1]。这可能是一些公司网站有较高跳

---

[1] 格里姆斯（2019），《如何让网站加载速度低至2秒内》，来自爱因斯坦营销网站，访问时间2019年11月30日。

出率的原因。

案例研究

弗洛维

弗洛维（Frovi）是一家英国公司，专门从事创新家具的设计。该公司的主要业务是为企业内部的就餐环境、会议和休闲空间设计出舒适的办公家居。弗洛维公司目前已经把自己的重点放在了网站建设上面，他们希望能打造一个真正吸引客户的网站，无论是在接触客户前，还是在网站上互动，抑或是在与客户互动后，都能让网站在其中发挥作用。平均下来，该公司每月的网站访问量为4000～5000，但这并不是该公司的惊人之处。令人惊奇的是，虽然网站流量很大，但是网站的跳出率能够保持在2.5%～4%。

如此低的跳出率，秘密究竟是什么呢？其实，弗洛维网站的跳出率并不总是这么低，之前某个月，它们网站的跳出率在30%左右，当然，即便是30%也是很不错的。一般情况来说，跳出率在50%左右或低于这个数值，就是良好。不过，各行业的网站跳出率各不相同。

为了了解弗洛维网站流量的质量怎么样以及网站流量来自哪里，我们发现，其中约70%来自有机搜索❶，其余流量大多来自直接导流。还有一些流量来自推荐和社交媒体上的一些小额贷款业务。通过研究这些数据发现，网站的低跳出率与他们网站的流量质量紧密相连。

---

❶ 有机搜索是指，网站不付费给搜索引擎做广告而让网站使用者通过搜索引擎"内在"的搜索功能找到该网站的一种方式。——译者注

当再进一步研究时，我们就会了解到更多的情况。弗洛维特别重视网站和主页内容的时效性，他们总是希望设计和内容每个月都有更新。去年11月，他们决定对网站上的内容进行全面检查。有人可能会说，这是因为行业发展要求弗洛维公司必须要时刻更新到最新的设计和内容，这也恰恰是他们正销售的产品。然而，对于今天的许多B2B公司来说也面临着同样的情况，但这些公司的网站跳出率却远不如弗洛维公司控制的这么好。

另外，除了对网站内容更新有明确的管理外，弗洛维公司还发起了一项新活动，重点致力于如何开发和创建网站内页设计。弗洛维公司创建了一个新的博客，每月甚至每周都会有关于企业的新闻报道。弗洛维公司还开展了对搜索引擎优化关键词进行审查的活动，以确保网站内容的关键词真实性更高。

通过上述一系列优化方式，弗洛维的老牌经销商长期以来一直使用网站经销商目录，这个目录为他们提供了很大的便利，能够让他们清楚地了解弗洛维公司最新的产品，也能反复查看这些产品，最终产生新的购买。最近，弗洛维公司又重新审核了自己的网站，以确保这些目录始终对客户友好，并且也在网站主题和流程方面模仿了目录的这种结构。这样优化之后就意味着，经销商已经知道如何使用这个网站，以及如何根据自己习惯的目录方式去查找信息。

---- 练 习 ----

1. 你公司的网站如何为你的营销目标提供支持?
2. 根据本章的内容思考关于客户旅程的一些关键因素或需求,你的网站如何在这些客户旅程中为客户提供支持和便利?
3. 创建一个网站管理仪表盘,其中要包括一些可以用来衡量公司网站效率的关键指标。

第 4 章

潜在客户开发和潜在客户培育的数字化方法

在这一章,我们讲解的重点会从早期客户阶段进入中后期客户旅程阶段,并涵盖潜在客户开发和潜在客户培育相关话题。其中就包括,潜在客户开发的不同阶段,从捕获到转化的各个阶段。在培育潜在客户这一节中,你可以从渠道、技术和战略等方面了解到培育潜在客户的不同方法。

09 B2B数字营销潜在客户开发

你可以从这一节中了解到什么呢？

阅读本节后，你将了解以下内容：

- 如何捕捉潜在客户。
- 是否要对内容进行把关。
- 如何利用社交媒体和网站产生潜在客户。
- 潜在客户转化。
- 跟踪潜在客户的技术方法。

简 介

潜在客户和潜在客户开发

潜在客户是对公司的产品、服务或解决方案有兴趣的个人或组织。根据这一定义，潜在客户通常是在个人或组织对你的产品或服务有认知之后才捕获的，因此我们通常在客户还处于考虑阶段时提到潜在客户开发旅程。因此，"提升客户认知"的营销活动通常会在捕获潜在客户之前进行。

什么是潜在客户开发

潜在客户开发的目标是鼓励潜在客户提供他们的联系信息，然后再给他们创造更丰富的后期可以参与的活动的形式。潜在客户开发其实是一个专门的领域，它包括潜在客户捕获、潜在客户资格认定、潜在客户培育和潜在客户过程结束。潜在客户开发

第 4 章
潜在客户开发和潜在客户培育的数字化方法

过程中的每个环节,在实施过程中可能都会有很大的不同。

潜在客户开发通常遵循图4-1所示的流程。这个过程从客户初步询价开始,以此为起点,接下来将经历一段时期的潜在客户培育阶段,直到所有环节已经完成,潜在客户可以交接给销售人员为止,便完成了初步转化的过程。一旦潜在客户交接给销售人员,会进一步被确认身份信息和分类处理,那么接下来潜在客户会继续在销售、营销阶段被进一步培育,直到潜在客户转化为真正产生购买的客户才结束。

你会在图4-1中看到各种术语。营销合格线索(MQL)[1]是那些表现出对企业、产品和服务感兴趣的潜在客户。如果一条线索已经被确定为一个潜在客户,那么就可以把这个线索纳入潜在客户培育流程或营销活动中。基本上来说,这些潜在客户很有可能成为真正的客户。

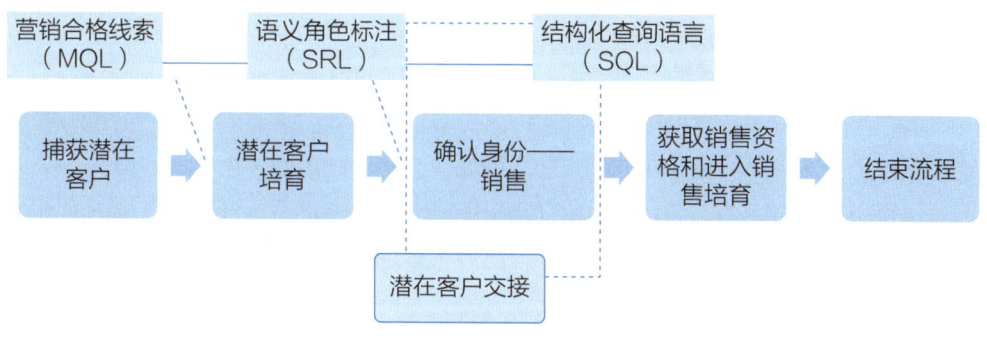

图 4-1　潜在客户开发过程

已经有销售对接的潜在客户,就是经过了培育过程和筛选的潜在客户,这些客户通常由企业的市场营销部门进行对接,然后由销售部门接手。因此,接下来应该制定一些详细细节供销售人员进一步推进和客户对接。一旦销售部门对潜在客户进行了筛选审核,并判断出该潜在客户对业务具有潜在的销售价值,然后将进入销售过程。

---

[1] MQL是在营销投入的基础上,表现出对品牌的产品或服务感兴趣的线索,或是相比于其他线索更容易转变成客户的线索。MQL经常有意与你的品牌互动:如主动提供联系信息、参加一个市场活动、把电子商品加入购物车、下载资料或经常访问网站。——译者注

数字化方法在潜在客户开发中的作用

当我们考虑潜在客户开发的各个步骤时，数字化就会在技术层面扮演越来越重要的角色，也会在捕获客户、确认客户、培育客户甚至接近潜在客户的过程中发挥重要作用。

还有一种开发潜在客户的方法，那就是最好在潜在客户开发的一系列环节中，使用SEO和整合方法。智能电子邮件细分方法也正在成为一种趋势，因为电子邮件仍然被视为一种有效的营销渠道。另外，增加个性化方法和基于客户账户的营销手段也在潜在客户开发过程中起到作用。

捕获潜在客户

潜在客户捕获是指，当我们了解了关于潜在客户的一些信息时，我们如何利用这些信息来吸引他们，培养他们的兴趣，并将其发展成为真正会产生购买行为的客户。

潜在客户捕获通常发生在我们给潜在客户提供一些他们需要的东西，但他们需要提供自己的信息来换取这些东西的阶段。例如，这些他们需要的东西可能是，关于企业、产品和服务方面的一些权威数据或信息内容。这一阶段对于销售人员来说非常重要，我们应该抓住合适的时机，采用合适的方法来捕获客户。下面我将介绍一些可供B2B营销人员捕获潜在客户的方法。

• 邀请潜在客户留下详细信息：这可能是对客户比较便利友好的方式了，因为你可以让他们提供详细信息。实现这一点也比较容易，比如在网站上提供一个可以让客户留下信息的板块。

• 提供演示文稿：以换取客户的联系方式。

• 提供一些报告：以换取客户的联系方式。

• 开发实时或自动聊天功能：收集更多关于潜在客户的信息，帮助他们完成购买过程。

• 游戏化的内容和互动：提供某种形式的游戏或内容情境。这种技术不仅在B2C[1]领域有效，在B2B领域也是有效的，它可以使我们跟客户的交互活动更加有趣、有吸

---

[1] B2C是Business-to-Consumer的缩写，是电子商务的一种模式。——编者注

引力，可以让参与其中的人更愿意分享信息。

还有一种方法，那就是自动捕获潜在客户的技术。这种技术可能需要通过注册表格、电话、推荐网站、社交媒体、点击付费广告或登录页面等方式来获取潜在客户的相关信息。比如，铅平方（LeadSquared）公司和梅德莱斯（MyMedLeads）这样的公司，都可以提供这项服务，为企业定制提供获取潜在客户的方法。

把关内容

B2B营销商们对于把关营销内容进行了很多争论，尽管对营销人员来说，争论的焦点可能不是"是否"应该把关内容，而应该更多考虑"何时"把关内容。在我们进一步讨论之前，让我们先来看看什么是"把关内容"（gated content），这里的"内容"是指，基于用户提交的联系方式详细信息而产生的内容。但对于一些潜在客户来说，这个过程可能比较麻烦，因为他们必须填写多个环节的信息才能最终访问到他们想要的内容。

既然这样，那我们为什么要对内容进行关卡设置呢？把关内容的设置是获取客户详细信息的一种简单方法，这个环节可以让供应商在购买旅程的下一阶段重新吸引客户进来。也有人可能会说，把关内容可以让B2B营销人员更直接地了解到客户的兴趣水平，并使用这个指标来判断客户处于购买旅程的什么阶段。我们也可能听过或看到过这样的说法：对更懂数字技术的客户来说，把关内容的做法是行不通的。然而，我在对千禧年B2B客户进行的一项民意调查中，我设置了这样的问题：网站把关内容设置对他们来说是否可以接受。调查结果显示，几乎所有受访者的回复都比较类似，如果他们以前接触过或使用过潜在供应商的内容，他们后续愿意提供自己的更多联系方式信息，也就是说，他们对把关内容的设置是持开放态度的。从这一点来看，我认为在什么时候设置把关内容更重要，而不是讨论是否设置把关内容。

设置把关内容的时机

下面几个因素都可以帮助我们选择把关内容的时机。

- 内容类型：理想情况下，应在客户考虑阶段就对内容进行把关设置，因为通常在这个认知阶段，客户还不打算与供应商接触。在认知阶段，潜在客户往往掌握一些途径去了解自身的业务需求，也可以通过搜索信息进行自我教育。因此，在认知阶段进行把关内容的设置，可能会更麻烦，也可能更令客户厌烦。

- 数字流量类型：要想识别客户，首先要识别客户是通过哪种流量类型来到你的网站。通常，基于点击付费广告的流量来源不应该设置把关内容，因为这本身就代表客户对企业有了一定认知才来到网站的。

- 自媒体属性：当访客进入你的自媒体平台时，比如你的网站、社交媒体账户或博客，他们此时可能还处于考虑阶段，因此，此时在社交媒体上提供的链接就可以设置把关内容。

- 内容类型：根据客户旅程的不同阶段设置不同的内容是非常重要的。如果客户只关注"教育市场"类型的内容或客户旅程早期阶段的内容，那就避免对其限制，不适合设置把关内容。

- 活动流量：基于某些主题的营销活动或营销消息而带来的网站流量，可以对这些访客相应地设置某些类型的把关内容，因为这些访客对品牌、产品或服务认知度更高。

- 引人注目的长格式内容：你可以设置专门进行把关的、长格式内容，已经下载了这类内容的客户，往往知道这些内容具有一定的价值，他们愿意花时间完整阅读，所以也更愿意提供他们的详细信息。

- 内容排序：另一种设置方法是，确保当前的把关内容都是遵循之前的内容进行的。也就是说，我们给客户提供一种可以消化内容的逻辑顺序，如提供描述性信息或标签来强化内容之间的逻辑性，这样客户会一直沉浸其中不会很突兀。具体如图4-2所示。

内容流程示例

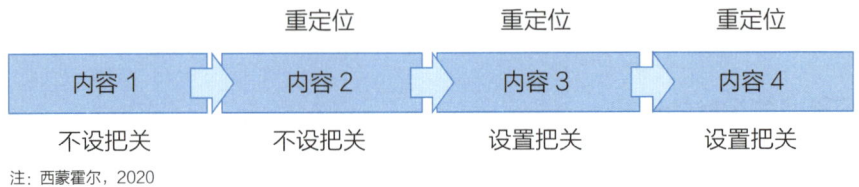

注：西蒙霍尔，2020

图4-2 什么时候把关内容

社交媒体和潜在客户开发

10年前,我们并没有把社交媒体当作是潜在客户开发的一种有效途径。如今在B2B领域中,人们更倾向于使用社交媒体来吸引客户注意力或向市场传递信息。社交媒体在很大程度上被用来建立公司的知名度,或者在客户旅程早期阶段用来瞄准目标客户。

根据如今的调查数据显示,社交媒体是产生潜在客户的重要渠道。据报道,2017年有80%的B2B社交媒体客户线索来自领英,94%的B2B营销人员使用领英进行内容分发[1]。

如何开始

对于B2B企业来说,现在有一系列不同的社交媒体功能可以在不同的客户旅程阶段使用,包括购买前和购买后。那么,如何利用社交媒体及其渠道进行潜在客户开发呢?

首先你要知道的是,客户使用什么样的社交媒体。他们使用社交媒体的目的是什么?这些目的在客户旅程的早期和中期阶段是否有所不同?在潜在客户培育阶段,他们会使用不同的社交媒体渠道还是以不同的方式使用同一个社交媒体渠道?

我们要十分了解,社交媒体在客户旅程中扮演重要角色以及潜在客户如何同时使用社交媒体和其他媒介渠道,这对接下来的工作来说是一个很好的开端。如果潜在客户同时使用了社交媒体与网站登录页,那企业就要弄明白如何促进社交媒体和网站登录页之间的衔接。

在社交媒体上捕获潜在客户线索

让我们重新看一下潜在客户开发或潜在客户捕获的定义:我们捕获那些对产品、服务或公司表现出兴趣的人。通过客户表现出的兴趣并且我们也捕获觉察到这种兴趣,我们就可以开始着手研究在下面的情况中如何使用社交媒体。

B2B营销中的网络研讨会方法有效地解决了客户在购买旅程早期阶段出现的问题。网络研讨会的内容里涵盖了客户关心的关键痛点或问题,并且也可以有充分的时

---

[1] 林内(2017),《10个你不知道的与领英公司营销有关的惊人数据》,来自领英商业在线,访问时间2020年1月26日。

间让双方建立沟通对话。然后，社交媒体可以用来推广网络研讨会，比如在维米欧或YouTube上分享有关网络研讨会的内容。我们在第7节讲过，使用社交媒体时有几个广告目标，其中一些广告目标可以设置成"捕捉客户兴趣和潜在客户线索"。通过向潜在客户提供相关信息，可以增加客户反馈或参与其中的机会。

如果时机合适，也可以在社交媒体的帖子中设置一些链接，这些链接可以引导客户填写较长的表单或下载一些内容，我们可以对这些内容进行把关设置，以此来有效地捕获潜在客户。显然，我们需要了解清楚潜在客户所处的客户旅程阶段。因此，我们可以利用前面讨论过的客户旅程地图。

进行一些社交媒体民意调查或市场研究也是捕获潜在客户的方法，通过调查的方式不仅可以吸引客户，还可以通过向客户反馈调查结果来吸引客户。一旦生成了调查报告，如果潜在客户想获得完整的详细信息，就会返回留下联系信息。

我们还可以通过分布式内容和信息让潜在客户参与社交媒体销售活动，这也有助于销售人员更柔和地培育潜在客户。

了解目标用户及其使用的社交平台

不同的用户会使用不同的社交平台，而且他们使用同一社交平台的方式也不同。对于B2B企业来说，现在社交媒体上也有很多不同的功能，可以用在不同的客户旅程阶段，如购买前和购买后都可以使用这些功能。

另一个需要考虑的事情是，根据目标定位对社交媒体渠道进行细分。例如，领英主要用于商业解决方案、与人建立联系、吸引和定位到不同的决策者。脸书则可以用来讲述引人入胜的故事、着重某些话题或谈论企业社会责任等。推特可能更多地用来吸引用户，然后从这里给其他社交媒体进行导流，提供链接。

社交媒体社区

在制定潜在客户开发计划时，需要注意：如果要吸引潜在客户，那就要了解潜在客户通常在哪里跟人聊天，以及哪些在线社区与你所在的行业相关或与目标用户是匹配的。一些商业在线社区是在社交媒体上建设的，不过也有许多商业社区是在其他在线平台上创建的。比如，为信息技术决策者或信息技术部门专门创建的在线社区Spiceworks就属于这类。Solaborate是专门针对技术专业人士开发的网络平台，而ProductHunt（产品猎人）是一个专门帮助企业分享新产品信息的社交网络。Procurious是一个专门针对供应链或针对采购领域的网络平台。

如果想要吸引这些目标客户，其中一种方法可能就是要跟这些网络平台商合作，或者给这些平台上的目标客户分享一些内容来吸引他们。

网站和潜在客户开发

在潜在客户开发方面，网站起到的作用至关重要。想要在你的网站上捕捉一个潜在客户，就意味着你可以利用网站做些什么事情来达到这个目的，不管是反馈、重新定位目标还是其他能让你培育潜在客户的活动，都可以。

此时，你就可以考虑设置不同的网站登录页面选项。客户将在哪里单独登录到网站，或者说，你的营销活动会把他们导流到哪里？下面有4个登录页选项：

• 捕获潜在客户的登录页只是单纯为了获取客户的详细信息，反过来讲，客户登录进来也只是为了获取某种内容。

• 产品详情登录页提供有关产品或服务的更多详细信息。

• B2B商业领域经常使用"点击式"登录页面，以引导客户购买。

• 培育潜在客户的登录页目的是继续培养潜在客户，而不是立即获取他们的详细信息。

电子邮件和潜在客户开发

电子邮件对于大多数B2B公司来说扮演着越来越重要的角色。当我们进入潜在客户开发阶段以及从客户旅程中期到后期阶段时，就需要考虑几个方面的因素。这些因素可以分为以下4个核心方面。

电子邮件列表和数据

在制作电子邮件列表时，应该考虑如何对其进行细分，这是至关重要的。没有经过细分的电子邮件列表和未经任何信息筛选而发送的空白电子邮件，都有可能导致客户的反馈不理想。通过将电子邮件列表细分成更小的单元，我们就可以把这些细分列表与市场营销细分领域或其他细分标准匹配起来。细分列表可以让电子邮件更加个性化，从而提高电子邮件的响应率。

电子邮件触发器

我们还可以根据某个事件或根据客户的操作行为而自动给客户发送电子邮件。电子邮件触发器（Email triggers）有助于我们和客户或潜在客户建立关系。在大多数情况下，电子邮件触发器就是一种根据用户的行为而做出的响应，这种响应的速度非常及时，并且都是跟用户相关的活动。触发器电子邮件可以帮助用户顺利完成购买过程，或者帮助他们顺利完成客户旅程各个阶段，最终将他们培育成更好的客户。如何实现电子邮件触发器呢？我们可以用常规的营销自动化技术，比如，发送网格工具（SendGrid），或者使用专门的电子邮件自动化软件来创建电子邮件触发器。

• 新客户欢迎邮件。

• 重新激活邮件：旨在重新联系客户并引导他们再次考虑购买，这样的电子邮件通常针对在特定时间段内未购买任何产品的客户。

• 新用户引导电子邮件：这类电子邮件主要是提醒收件人要采取某种行动，例如让收件人提供更多详细信息或设置账户。

• 重复触发设置：主要涉及让客户更新许可证或让客户定期购买物品。

• 事件提醒：在B2B中，事件提醒可能会在财政年度结束时或保修到期时对客户进行一些提醒。

• 里程碑：当客户与公司之间达成了一个里程碑式的关系，或者客户购买支出达到某个峰值时，就会生成电子邮件触发器。

• 交易电子邮件：通常这类邮件基本上就是跟交易有关的，例如确认客户收到订单或确认交付。

时机

要想让客户最大可能性打开电子邮件或点击邮件，那就要仔细研究发送电子邮件的最佳时机，这是非常关键的。到底什么时候是发送电子邮件的最佳时机？这取决于我们对客户角色的充分理解，并且通常要研究客户日常生活中某一天的轨迹。

例如，商务电子邮件活动发生的时间多在早上8点到9点，第二个最忙时段是在午餐后。但如果看看建筑业就会发现，电子邮件比较活跃的时间可能是星期五晚上或者星期天晚上之前。我最近在与建筑业人士的讨论中了解到，周六上午或周日晚上是承包商总结施工项目进展情况的时候，所以这段时间电子邮件会比较频繁。

隐私

欧洲联盟《通用数据保护条例》（GDPR）自2018年5月25日生效后，大家对于向潜在客户甚至客户发送电子邮件的担忧变得更多了。在捕获潜在客户阶段，你需要获得能够给客户发送邮件的权限之后，才能在后面给客户发邮件。而且还要考虑，客户是否在合法的前提下有兴趣阅读你发送的信息。最后要考虑的是，所有电子邮件都应该包含一个功能：让客户容易取消订阅的选项。

网络研讨会

我在前面的内容中提到过在社交媒体上开展网络研讨会，不过网络研讨会可能也是很好的独立渠道。网络研讨会可以针对新的受众，同时可以让供应商在其中介绍清楚复杂的产品，或者也可以在其中使用丰富的内容形式和高质量的视觉效果与客户直接进行交流。他们可以跟用户建立信任，并为用户提供参与、提问和解惑的渠道，让用户能够通过这种方式解答自己遇到的任何问题。

网络研讨会还可以帮助我们构建分析报告，因此，它可以推动潜在客户开发进程不断前进，无论客户是当下购买还是未来再购买，这种形式都会让我们拉近跟客户的距离。

对于那些参加网络研讨会的用户来说，他们已经很积极地参与到这个过程中了。他们在研讨会中会在30分钟甚至更长的时间里对某个话题保持兴趣和专注，所以他们很可能已经做好了购买的准备。

用户在网络研讨会中往往更愿意分享自己的信息细节，以获取网络研讨会上比较吸引人的信息内容，他们看到了你提供的价值，所以可能会想要从你那里得到更多。

🛠 **实用技巧**

在潜在客户开发中最大化利用网络研讨会

为了最大限度地利用网络研讨会，企业可以将网络研讨会本身作为话题内容进行宣传，这样可以进一步吸引参加研讨会的潜在客户。为了增加网络研讨会内容本身的价值，可以对研讨会内容进一步进行编辑，这些内容包括：用户生成的评论、用户提出的问题和回复以及指向其他内容的链接，还包括我们要突出的某些要点。然后，研讨会内容就可以做成滑动的形式在网络上公开。当然，可以把内容放在网站上，也可以放在类似SlideShare（幻灯片分享网）社交媒体平台上。

企业可以使用网络研讨会和研讨会内容来进一步培养潜在客户，还可以提供与网络研讨会相关的其他内容。如图4-3所示，该图主要告诉大家后续跟踪潜在客户的培育流程。

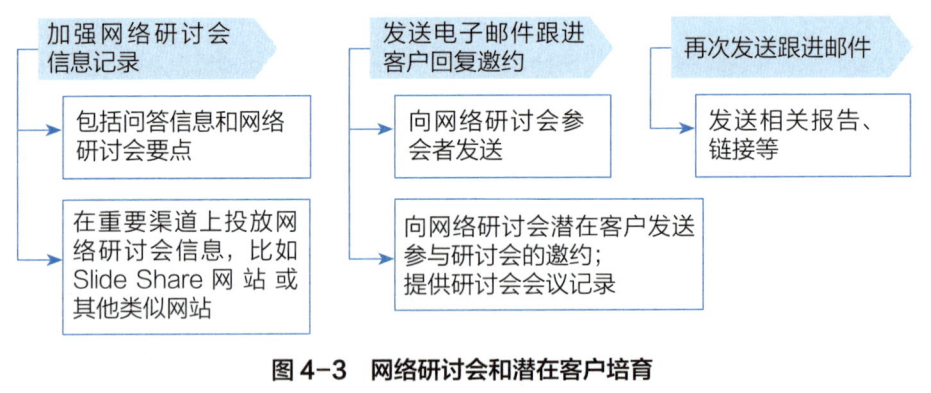

图 4-3 网络研讨会和潜在客户培育

第 4 章
潜在客户开发和潜在客户培育的数字化方法

确定潜在客户开发组合

那么，如何制定合适的组合方法才能开发出潜在客户呢？正如我们在前面文章中所看到的，客户并不是单一使用某个频道或接触某种单一的内容类型，他们会使用多个媒介渠道，也会消费多种信息内容，他们有时会在几分钟甚至几秒钟之间就完成这些动作。所以，制定潜在客户开发的方法组合无疑是非常困难的。

怎么解决呢？解决这个问题的一种方法是，先了解每个媒介渠道的有效性和成本。其中，有效性是指达到某个特定目标的能力，成本则包括时间和金钱。我们假设目标是接触到合适的受众，这样就可以捕获到受众的一些细节信息。

图4-4告诉我们，可以在什么地方布局渠道才能达到这个目标。那些花费最少、效率最高的潜在客户开发渠道就是我们首先要选择合作的，其次才选择效率较低、成本较低的渠道。

当然，我们也可以考虑将付费的、免费的和自有渠道组合在一起，这也是潜在客户开发渠道选择的一种方式。自己的渠道和免费渠道是我们优先考虑的，是否选择付费媒体取决于我们的预算。

选择潜在客户开发渠道时需考虑的最后一个因素是时间。潜在客户开发通常有一个短期的集中焦点，所以重要的是考虑那些能够加快潜在客户捕获、潜在客户培育和结束阶段的策略，而不是关注潜在客户捕获前的认知阶段。只要这一点明确在心，你

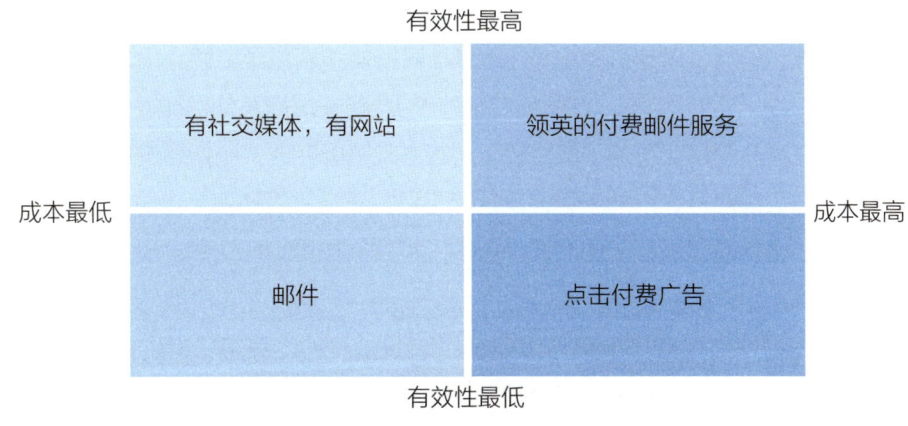

图 4-4　潜在客户开发有效性和成本矩阵

就会重点瞄准那些已经了解你的公司但还没有购买产品和服务的潜在客户。

潜在客户移交

在B2B领域我们都很清楚，当潜在客户从市场营销阶段移交到销售阶段时，就会到达一个节点，我们称为"销售线索移交"阶段。但是，这个阶段往往是导致营销团队和销售团队比较紧张的原因。销售线索转化是否成功，往往取决于"向销售人员移交潜在客户"的流程把控如何。

为了确保潜在客户移交过程顺利完成，有以下事项需要重点关注：

- 在移交潜在客户时，潜在客户的质量情况如何。
- 何时将潜在客户转交到销售部门。
- 如何移交潜在客户线索。
- 在移交时应提供哪些信息。
- 将潜在客户线索移交给哪个负责人。

确保销售线索的质量是指，在将潜在客户线索转交给销售人员之前，潜在客户应该已经培育到一定程度了。移交质量较差的潜在客户线索，比如，销售部门和营销部门之前并未对这部分线索情况达成一致意见，那么最后只会导致潜在客户资格较差，导致后续跟进困难，也会导致两个部门之间产生很多摩擦。

有时，即使销售线索被移交了，市场部也应该向销售人员提供必要的信息内容或其他营销工具和策略，以支持销售部门继续培育销售线索直至结束。

潜在客户线索何时移交，取决于潜在客户的准备情况以及他们在客户旅程中所处的阶段。潜在客户的移交可能采取比较手动的方式就能完成，比如通过名片或Excel列表的方式，也可以使用客户关系管理系统等工具。无论是手动还是自动的方式，销售线索移交时，通常需要进行一些沟通，应该向销售人员重点标注哪些潜在客户现在是跟进的好时机。

在移交过程中提供的信息应与潜在客户的质量有关，但也应提供更多的背景信息。如果公司在不同的产品上有多个营销活动，那么应该收集潜在客户类型、兴趣以及任何有助于销售的信息。

最后，将销售线索交给谁会起到重要作用。在移交过程中，不仅要确保将潜在客户发送给正确的销售人员，而且要确保销售人员的类型是适合接收潜在客户的。例如，如果你有一个全新客户，一定要交给有经验的销售人员来跟踪转化客户。销售人员的类型和他们的背景会影响他们的销售方式。

当移交线索时，可以给销售线索设置计分机制，通过计分来标记销售线索是很有帮助的。一些营销自动化平台可以提供积分系统，这样就可以突出哪些客户的积分比较高。移交线索时，也可以聊聊客户点击或参与的内容以及电子邮件的数量。这些计分系统可以在很大程度上告诉我们，何时该移交线索，什么时候不应该移交线索。

跟踪线索的技术

如今，数字化好处很多，其中一大好处就是能够跟踪和了解潜在客户所处的客户旅程阶段。我们对客户旅程感兴趣的地方是，客户接触了哪些信息内容，下载了哪些内容主题及数量，通过这些判断，我们就可以了解这个潜在客户值不值得进一步跟进和深度评估。在购买阶段，我们需要判断他们是即将要购买还是打算购买产品和服务。

数字技术通过提供数据就可以帮我们解决这些问题，比如，用户浏览最多的页面有哪些、下载的内容是什么、流量来自何处以及浏览的内容数量等。

浏览次数最多的网页

通过统计浏览次数最多的网页，就可以帮我们了解潜在客户在网站上参与了什么。如果某个特定的潜在客户多次查看某个页面，则可能意味着你之前提供的信息不充分，需要提供更多信息。这可能是因为，客户经常浏览某些页面是希望寻找问题的答案。

下载活动

下载活动可以告诉我们，哪些潜在客户参与度更高。我们可以通过诸如怪兽洞察

（MonsterInsights，谷歌分析软件的一个插件）等应用程序跟踪客户的下载活动。

流量

我们还可以从流量来源情况判断潜在客户的热度。流量是否来自搜索引擎优化，是否来自品牌的流量营销活动，或者是否来自广告活动，潜在客户很可能在不同的客户旅程阶段也是不一样的，所以你应该适当调整让客户重新参与进来的方法，以及适当地调整潜在客户培育方法。

内容数量和类型

客户浏览的内容数量可以告诉我们，潜在客户正处于客户旅程的什么阶段和位置。这些可以通过市场营销自动化平台来追踪。最后，通过客户下载的内容类型和他们浏览的网页类型，我们就可以很好地判断出客户的意图。

 案例研究

凯拉公司

凯拉（Calla）是一家生产摄影机的公司。他们致力于教育、医疗保健和疗养院等领域。凯拉公司在这些领域都扮演着重要的决策者角色，所以跟这些领域相关的部门和其用户都将凯拉公司作为自身营销策略的重要部分。这些用户都有一个共同点，那就是他们都是需要跟人直接打交道的员工，在某些情况下，他们必须应对十分难缠的客户。凯拉公司的摄像机有助于阻止侵犯权益的行为，录像资料可作为独立证据来源，如果双方在某些方面有争议，那么这些证据就可以用来处理问题。

因为凯拉公司的技术相当前沿，所以他们转向社交媒体和其他渠道来接触新的用户，并且也将客户范围扩大到那些真正的决策者。凯拉公司在目标定位活动中，主要使用的渠道是脸书，其次是领英和推特。凯拉公司在目标定位方面进行了各种各样的学习，例如，护士在社交媒体上经常不会注册和标明自己的职业，或者就算他们注册了，使用的头衔也总是不一致。因此，目标用户定位时就需要挖掘那些松散的描述信息，也要挖掘大量的头衔信息，比如护理服务主任、医院管理者、医院经理和护士长等。

将头衔标准范围过于缩小，也会带来问题，比如，这就会让目标群体的规模变得小很多。因此，需要在挖掘目标用户时，可以使用额外的筛选标准，比如兴趣。除了基于兴趣和头衔的定位，凯拉公司还利用推特、谷歌广告公司和领英上面的重定目标工具。

凯拉公司在定位的整个过程中都采取了某些行动来提高广告性能。他们在不同性别和年龄组的人群中投放系列广告，然后测试和判断哪一组广告效果更好。为了持续跟踪客户，凯拉公司给目标用户添加了标签，并且用户数据被保存。系列广告的效果性能可以通过脸书和谷歌分析来进行跟踪。

在凯拉公司的一次活动中，他们利用脸书开展了一项专门针对潜在客户开发的广告活动。脸书的线索广告工具为凯拉公司提供了快速而合理的回报，并且还清楚地让凯拉公司看到了获取每一个用户的成本。每获取一个用户的成本和潜在客户的质量往往会因用户不同而不同，也会因用户所在地域而存在差异。凯拉通过使用脸书

> 广告已经取得了一些成功，尤其是在西班牙，每获取一个用户的成本要比在英国低20倍甚至更多。他们在马德里取得的成功更大。除了成本和目标有效性外，脸书似乎也有一个不错的、经济实惠的测试广告效果的软件，还可以用来测试一些观点和图像的效果。最后他们还进行了一些学习，这些学习都让他们找到了更好的目标定位方法，也找到了更优化的市场细分方法。最后，他们完成了更多的潜在客户线索数据库。
>
> 凯拉公司在欧洲投放的脸书广告已经吸引了超过13万人观看，并且有大约2000个链接点击了他们的广告。点击率高的一个潜在原因是收集潜在客户的表单是在脸书平台上自然完成的，这虽然减少了凯拉公司网站登录页面的点击量，但却更容易获取客户细节信息。所以，客户直接在脸书上完成表单的填写过程，就不需要再被导流到另一个在线页面完成了。

练 习

1. 回顾一下，你在捕捉潜在客户时而计划的不同方法。这些方法在营销渠道或获取潜在客户的方式方面，是否有遗漏的地方？
2. 回顾潜在客户移交过程中的5个要素。现在的潜在客户移交流程是否完全确定好？或者是否需要进一步改进？如果需要改进，在哪些部分改进？

第 4 章
潜在客户开发和潜在客户培育的数字化方法

10 B2B数字化和潜在客户培育

你可以从这一节中了解到什么呢?

阅读本节后,你将了解以下内容:

- 不同类型的潜在客户培育策略。
- 如何利用邮件、社交媒体和网站进行潜在客户培育。
- 潜在客户回收。
- 用于潜在客户培育的关键技术。
- 潜在客户培育计划和温度。

简 介

数字化和潜在客户培育

随着销售周期的延长和客户行为的改变,企业需要在更长的时间内关注潜在客户的需求和问题。因此,销售和市场营销部门面临着一项更具挑战性的任务,那就是在这个长周期内保持潜在客户的热情。本节我们将探讨企业可以运用哪些方法和技术来应对这个有挑战性的问题。

如何定义潜在客户培育

潜在客户培育主要是指,在潜在客户的购买过程中可以采用任何可以促进潜在客户购买的行动。通常来讲,一个潜在客户被捕获后,我们就进入了潜在客户培育阶段,并从这个时刻开始一直持续到购买阶段。我们通常提到的潜在客户培育多涉及在

149

购买前阶段的潜在客户培育，但潜在客户培育过程也适用于现有客户购买其他产品和服务之后的阶段。潜在客户培育会涉及多个营销渠道，也包括为客户提供营销内容或其他信息类型。通过潜在客户培育，潜在的供应商希望与潜在客户之间建立关系。

潜在客户培育的重要性

因为从潜在客户捕获到潜在客户购买之间的时间周期可能很长，所以潜在客户培育在B2B关系建立中尤其重要。平均来说，B2B公司在这个阶段花费的时间大概为12~18个月。因此，企业面临的挑战是如何保持客户对企业产品的兴趣。

对于B2B营销人员，大体上了解潜在客户培育周期是非常重要的，对日后潜在客户培育计划开展十分有帮助。潜在客户培育的目的是提高转化率，因为潜在客户的热情越高，或者潜在客户的兴趣越大，他们购买的机会就越大。关于潜在客户培育的相关研究数据也说明了潜在客户培育的重要性和利好。根据数据分析机构安妮塔斯集团（AnnuitasGroup）的数据显示，被培育过的潜在客户的购买量比非培育型潜在客户高47%[1]。

销售周期和潜在客户培育

销售周期通常从销售人员接手潜在客户开始，此时会创建一个SAL（销售接收潜在客户材料）。销售周期的最后阶段是完成交易。如图4-5所示，我们可以看到这个销售周期已经发生了变化，这可能会更好地帮我们理解2个关键因素如何影响潜在客户培育。

第一个原因是，对于某些行业和客户来说，潜在客户移交给销售的时间要晚得多，因为客户自己不愿意这么早就跟销售人员建立沟通。第二个原因是，客户在购买前会探索、学习和评估自己即将做出的购买决策是否合适，所以在这个阶段客户对销售的要求越来越高。销售人员面临着比以往更大的挑战，因为他们不仅需要使用一些诸如"提供信息和促进沟通"等较为柔和的销售技能，而且还需要在营销部门的支持下了解如何分发信息内容。

---

[1] 洛弗尔（2016），《为什么培育中的潜在客户购买量增加了47%？》，来自MD预测网，访问时间2019年2月1日。

第 4 章
潜在客户开发和潜在客户培育的数字化方法

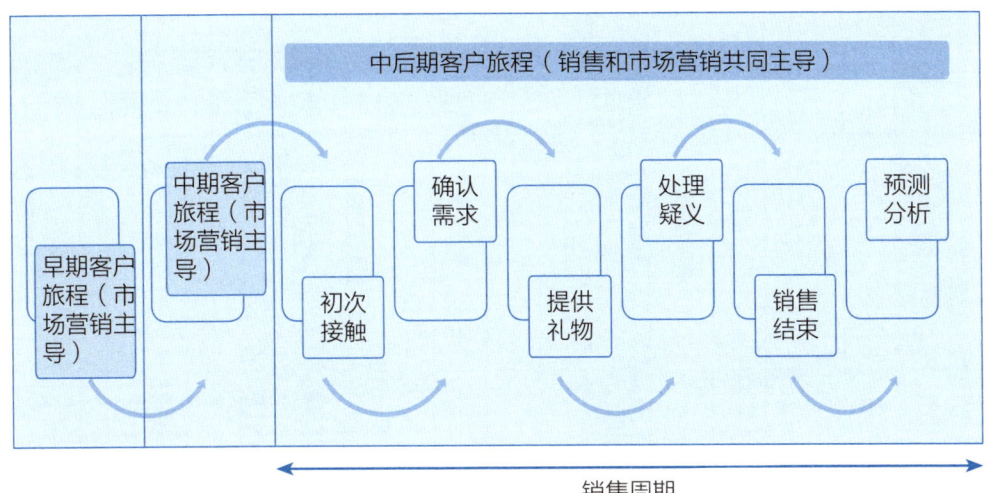

图 4-5 销售周期所处位置

促进潜在客户培育

我们在本书前面提到过,不同群体的客户角色不同,客户旅程也不一样。现在的数字环境为客户提供了多个媒介渠道,当然也有很多的内容可选择。这些多渠道和内容的矩阵搭配,不断促进客户旅程向前进行。因此,潜在客户培育也需要设计的更加复杂。

我们可以从图4-6中看到,在很好地了解客户和客户旅程的基础上,如何推进潜在客户培育的过程,其实有很多方面可以去做。表中展示了3种可选的方法:增加一个接触点、删除一个接触点或提供可替代的渠道。除了这些可选的方法,通过整合链接或社交媒体小工具来融合渠道,然后再好好整合渠道和内容,这样就可以改善潜在客户培育方法。

销售线索转交和销售准备

经常有人问我,到什么时候潜在客户才算准备好,可以交给销售人员了呢?这当然要取决于企业如何围绕潜在客户开发和培育来构建自身策略,不过也有好的方法可以用,如使用BANT标签(预算、权限、需求、时间)来定位高质量的潜在客户:

• 预算并不是说潜在客户会泄露有关购买预算或者预算范围的相关信息。但企业

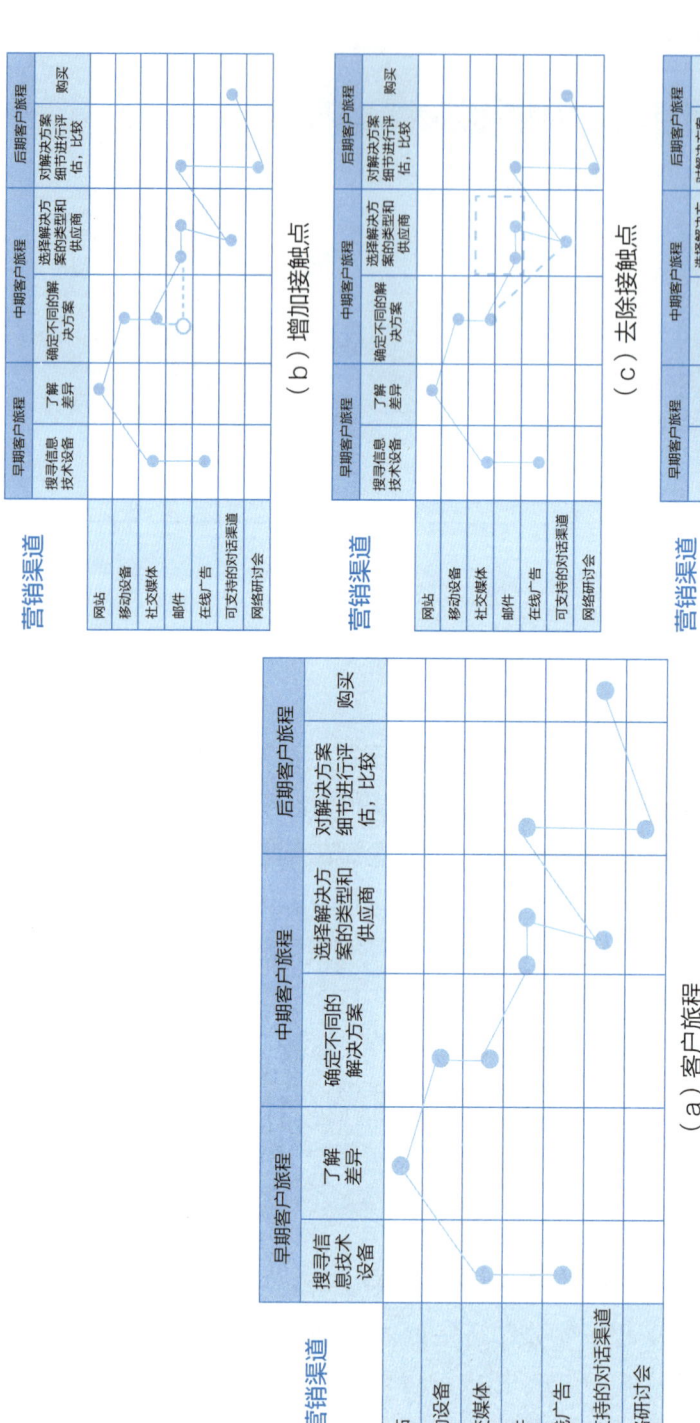

图 4-6 潜在客户培育的多种可选方法

可以通过了解他们感兴趣的产品和服务的类型、数量来对潜在客户做出一些判断。通过他们的规模和类型，就可以计算出潜在客户的预算。

• 权限是指，联络人是否具有采购决策权。如果没有，企业就应该弄清楚到底谁为采购负责。

• 需求是指，更准确地确定潜在客户的需求。

• 时间或时机是指，确定潜在客户何时需要产品或服务。如果他们需要立即购买，市场营销部门就应该更快地将潜在客户移交给销售部门。如果他们可能一年后进行采购，则营销部门需要在移交客户之前进一步培育销售线索。

不同类型的潜在客户培养策略

图4-7为我们展示了在培育潜在客户时可能需要考虑的一些关键策略。

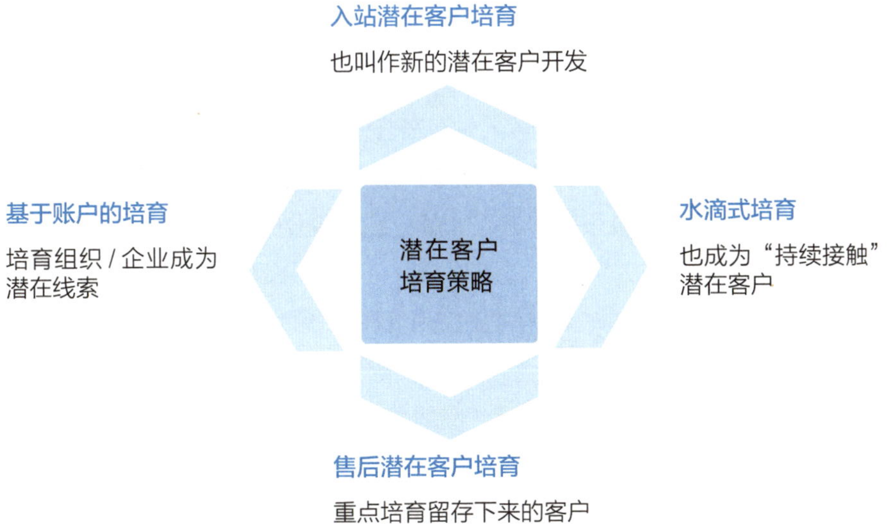

入站潜在客户培育
也叫作新的潜在客户开发

基于账户的培育
培育组织/企业成为潜在线索

潜在客户培育策略

水滴式培育
也成为"持续接触"潜在客户

售后潜在客户培育
重点培育留存下来的客户

图 4-7　潜在客户培育策略

入站潜在客户培育

入站潜在客户培育有时也称为新的潜在客户开发，是指当流量或潜在客户来到你

153

的网站时，通常都是因为前期经过深思熟虑才制定出的客户旅程，以及前期进行的相关营销活动。

入站潜在客户培育的成功不仅取决于你从公司的数字渠道资源（如网站或社交媒体）捕获了客户的兴趣或潜在客户，还取决于你能够成功地带着潜在客户顺利地完成后续的步骤。培养一个入站潜在客户的好处是，他们已经在考虑你的品牌或产品，并且正在接近你，所以他们的决定都暗含着一些意图，这些意图可能是探索你的网站、研究一个特定的领域，或者只是作为一个公司跟你互动。B2B营销人员面临的挑战是，如何能够理解潜在客户的意图，并通过正确和适当的方法培育潜在客户。

获得许可

你需要确认一下，对于那些入站的潜在客户线索，你是否有权限对他们进行培育。一旦客户联系你了，那一定要获得可以继续跟他们建议沟通的许可，关于这一点，可能跟潜在客户感兴趣接收的信息类型偏好有关。当然，你获得的权限还应符合相关法律。

潜在客户评分

最开始时，我们的目标是要了解入站潜在客户在客户旅程中处于什么样的阶段，他们的意图是什么。这也是潜在客户评分的一种形式，这样我们就可以正确地对他们进行标记，以保证下一阶段顺利进行。潜在客户评分通常会有一个评分标准，如图4-8所示。根据潜在客户的活动为他们界定了不同的分数，那些内容参与度处于中等水平的潜在客户或回复电子邮件的潜在客户往往获得的评分更高。

潜在客户在客户旅程过程中，拥有的点数越多，那么这个潜在客户的热度会更好。当然也可以根据人口统计数据或公司统计数据来分配分数，我们会对什么是理想的利益相关者或理想的企业进行标准界定，那些更符合标准的账户或利益相关者人群就会得到更高的分数。大多数营销自动化技术也已经有了潜在客户评分的功能支持，比如，以建议或指导的方式让你建立手动的评分系统。

水滴式培育

水滴式培育是指，营销部门与客户沟通时，通常定期频繁地给客户发送电子邮

访问页	加 1 分		
产品访问页	加 20 分	大于 90 分	热衷度高的（hot）潜在客户
参与前期阶段内容	加 5 分		
打开邮件	加 10 分	50-90 分	温度适中（warm）潜在客户
回复邮件	加 20 分		
分享社交媒体内容	加 10 分	小于 50 分	冰冷期的（cold）潜在客户
参与中间阶段内容	加 20 分		

图 4-8 潜在客户评分

件，而不考虑与沟通的内容相关的客户行为。水滴式培育是潜在客户培育的一种基本形式，不过有些人认为这种方式实际上不是培育，可是为什么公司仍然这样做呢？这可能是因为企业缺乏对客户旅程的了解，或是缺少定位潜在客户的能力，或缺少正确鉴别客户群以进行培育的能力。当然，也可能是因为营销部门根本没有其他可用的潜在客户培育的资源。不过营销部门可以使用电子邮件培育方式，因为它是免费的。

但是，水滴式培育并不能很好地了解到潜在客户的电子邮件行为，后续电子邮件也不是基于客户的行为（诸如打开或点击）进行的。因此，水滴式培育的效果往往不尽如人意，甚至这种做法可能会导致一定比例曾经愿意参与进来的潜在客户对企业失去兴趣。

售后潜在客户培育

售后培育活动的重点是帮助那些有额外需求的客户，并帮助他们完成购买后的客户旅程，关于这部分内容将在第6章中进一步讨论。购买后培育可以有很多种形式，包括：先对确认下一次可能的购买进行培育，通过交叉销售进行培育，通过培育来提高客户忠诚度等。

购买后的培育也可以分解为多个阶段的微观培育，在微观培育阶段进行具体步骤或具体时间点的培育。这可能有助于客户部署安排已经购买的产品或服务该如何使用，或向客户解释清楚如果他们需要购买或咨询时，他们该如何与品牌进一步沟通。

为了支持你的潜在客户培育工作，你可以使用接触点电子邮件，通过这些邮件让客户了解他们购买的产品或服务的更多信息，或者给客户一些建议为他们提供额外的产品或服务，当然这些建议主要是为了交叉销售或追加销售。

基于账户的培育

基于账户的潜在客户培育是围绕某个账户所使用潜在客户培育技术，这种方法可以看作是基于账户营销的一部分。基于账户的培育涵盖了很多领域，包括一些培养客户兴趣的培育技巧，以及将潜在客户转移到购买流程下一阶段的技巧，或改善客户与供应商之间关系的技巧。

基于账户的培育都是发生在什么时候呢？如果某个企业或一两个决策者对品牌一直有兴趣的时候，就可以进行基于账户的培育。一般在潜在客户培育和基于账户的培育之间存在差异，差别就在于培育过程中吸引的往往是企业中几个人对品牌感兴趣，而不是只培育一个决策者。

电子邮件潜在客户培育

可以这么说，最常见和最常用的潜在客户培育形式之一是电子邮件培育，尤其是电子邮件营销可以帮助你在一开始的时候就能确定哪些人是潜在客户。

最近的研究表明，电子邮件营销和培育如果做得好，效果是非常好的。每花1美元，电子邮件营销便能产生44美元的投资回报率，而擅长潜在客户培育的公司如果花33%的成本，就可以创造出50%以上的已经销售就绪的潜在客户线索[1]。

了解电子邮件行为

有一些大家已经熟悉的行为和动作指标是跟电子邮件营销有关的，包括打开率、点击率、登录页点击率、邮件到达率和跳出率。

打开率是指用户打开电子邮件。点击率是指，收件人既打开了一封电子邮件，又点击了其中的某个内容，因此这表明了收件人有进一步的兴趣。邮件到达率是指，根

---

[1] 米勒（2018），《如何使用电子邮件营销进行潜在客户培育》，来自营销活动监测网，访问时间2019年2月1日。

据电子邮件列表发送的电子邮件有多少到达了收件人那里。而跳出率是指，邮件列表中由于某些原因而未收到电子邮件的百分比，因为邮件被服务器退回了。

其实，有许多方法可以提高邮件到达率，例如邮件中尽量少用图形，使用让收件人很方便退订的方法，持续地进行数据清理活动，避免使用附件和个性化电子邮件。

电子邮件重定位

电子邮件重定位主要是指，重新定位那些对你的产品或服务感兴趣的潜在客户。重点对这些客户进行定位或重新定位，将提高这些潜在客户的转化率。当你希望吸引那些曾经访问过企业网站或其他特定页面的潜在客户的注意时，或者当你想为那些在网站上下载了特定内容的潜在客户定制专门的沟通方式时，那么重新定位就非常有用了。

有两种类型的电子邮件重定位，其中一种是利用展示类广告，在客户看到了广告商发来的邮件后，重新定位目标用户；另一种是给网站访客发邮件，可以通过将网站上的Cookie地址与刚刚访问的用户的电子邮件地址相匹配来实现。然后，用户就可以收到关于产品的个性化信息或他们刚刚在网站上看到的信息。

 实用技巧

如何正确地向目标用户发送电子邮件

在电子邮件定位方面，其实已经有许多非常好的实践方法。其中一些方法包括：正确定位你的"选择性加入"（opt-ins）的用户❶；定位或重新定位那些做出某些网络行为的潜在客户，或者是参与了内容的相关潜在客户。你还可以排除现有客户群或现有订阅用户，并使用客户关系管理系统的技术来提高电子邮件的针对性。

---

❶ 这是一种最简单的用户许可方式，即用户主动输入自己的Email地址，加入到一个邮件列表中。——译者注

个性化电子邮件

电子邮件个性化可以分为不同的级别：比如，可以在邮件简介内容中简单地提及收件人的姓名和职务，还可以给收件人发送电子邮件，讨论他们的具体需求和背景。研究表明，对电子邮件进行个性化设置可以提高14%的点击率和10%的转化率。与此同时，直销协会（Direct Marketing Association）的研究发现，细分化的邮件和有针对性的邮件带来的收入占全部收入的58%[1]。

行动召唤

另一种提高潜在客户培育效果的方法是使用CTA。CTA的形式可能是一个图像或一行文本，提示访问者、潜在客户和客户采取行动。例如，可以突出显示一个产品视频演示，让潜在客户可以观看。通过一些形式的CAT方法，电子邮件培育客户多数情况下都会取得成功。与只发送信息量大的电子邮件方式相比，在邮件中嵌入CTA按钮或消息可以推动客户培育的进度。

社交媒体营销与潜在客户培育

社交监听

社交监听是指，监听客户或潜在客户之间的在线对话，目的是更好地了解他们。可以通过以下方式监控客户的言论：

（1）使用谷歌快讯（Google Alerts）实时接收网络上关于你的品牌、所在行业或竞争对手的快讯信息；

（2）使用可以跟踪帖子的社交媒体管理工具；

（3）跟踪标签和关键词，特别是通过推特。例如，通过社会倾听就可以挑选出那些与你相关的信息，也可以洞察到有关潜在客户的蛛丝马迹，这样的话，你就可以通过主动提供常见问题的答案来推动潜在客户的培育过程。

---

[1] 福斯特（2018），《关于B2B电子邮件营销的5个最佳实践方法》，来自商业社区网站，访问时间2019年2月1日。

通过社交媒体渠道培育潜在客户

我们必须得明白一件事，过去10年，B2B领域的社交媒体渠道多样化发展。通过客户旅程和深度洞察力，企业应了解到，培养潜在客户不仅是在渠道内完成，而且还可以通过跨渠道方式或不同领域的社交媒体进行。例如，一些客户可能同时使用推特、领英和照片墙（Instagram），而另一些客户则是某个社交媒体的重度用户。客户旅程还可以给我们带来启示，比如，什么时候可以使用特定的社交媒体渠道以及按照什么样的顺序使用。

在社交网站上分享相关内容

内容可以直接分发给潜在客户，也可以通过销售分发，并且这都可以提前计划安排。我们通过对客户角色的了解，就可以确定要分享什么样的相关内容，并了解客户何时使用哪些平台以及他们的关键兴趣、痛点和使用过哪些关键词。例如，如果我们了解到，某些客户对特定主题感兴趣，但他们希望在客户旅程的中间阶段再去消化这些主题，他们可能青睐信息图表、视频和幻灯片这些格式，了解到这些信息后，我们就有足够充分和详细的细节可以利用，并且确保把这些内容准备好然后放到社交媒体上分享。

提升把关内容

社交媒体上的把关内容可以捕捉到与潜在客户有关的更多细节，通过这些细节就可以为他们量身定制信息和内容，从而提高响应率。尽管使用把关内容存在一定的缺点，但因为用户留下了细节，所以我们可以更好地评估捕获到的线索质量如何。

网站和潜在客户培育

企业网站在培育潜在客户方面起着至关重要的作用，因为它可以收集数据和分析数据，是一个优势明显的渠道。在培育潜在客户的过程中，关于网站在此过程中处于什么样的地位，需要有几个方面的事情考虑。

很多潜在客户来自社交媒体、其他在线网站、邮件以及其他渠道，那么网站对于他们来说就是最终的目的地，一个公司网站上的导流链接页面提供的内容类型应该与客户或潜在客户最相关，或者能够帮助他们进行更多的内容选择或帮助客户在购买阶段做出最终的购买决定。

因此，对于所有其他渠道来说，网站就是一个集成中心和枢纽，不仅捕获潜在客户，而且还提供其他领域的信息。网站还可以通过提供动态内容帮助客户；在教育客户阶段，当用户到达网站时，可以根据客户搜索的信息来提供相应的内容。

最后，由于网站可以容纳不同类型的登录页面，无论是主页信息、获取联系方式的页面还是作为客户培育的页面，你应该考虑哪一个类型跟你的潜在客户最贴合。

 实用技巧

利用网站来帮助潜在客户

网站可以设计一些潜入视频的页面来帮助客户查询信息，或者通过自动聊天机器人来实时回答客户提出的问题并相应地引导客户查询。

针对一般问题和常见问题查询，我们也可以设置常见问题网页（FAQ）。也可以使用下拉式帮助菜单的方式，这种方式同样很有用，因为它是客户查询过程中的常见方式。

潜在客户回收

潜在客户回收是指，将以前的营销计划或活动中的潜在客户纳入当前的潜在客户培育计划中。这些从潜在客户培育过程中掉出来的线索可以称为"泄露"，而这些掉出来的线索如果能回到他们所属的潜在客户培育计划中就太好了。所以，我们把这个过程称之为"潜在客户回收"。

什么是泄露的线索，为什么会泄露

什么是泄露的线索？通常来说，这些潜在客户线索没有得到跟进，没有移交，或者还没有准备好被培育。造成这种情况的原因可能有多种：比如，向销售人员错误地分配了潜在客户；销售人员缺勤或从公司离职；销售人员未进行流程培训或潜在客户资格审查方面的培训。

其他背后原因可能是，销售人员管理潜在客户的能力不足。也可能是因为，一些销售人员收到的潜在客户数量过高，他们需要将注意力集中在那些最有可能购买产品的潜在客户身上，也就是说有些潜在客户就会忽略了，没有得到充分的培育。

为什么要回收

即使这些潜在客户线索没有被移交或者没有进行任何跟进，这并不意味着这些线索是没用的。在B2B领域，一些公司所处的行业戒律森严，导致它们的业务范围较小，接触的某些地区的机会较少，所以没有什么机会让自己太过奢侈地放弃一个客户，因此它们需要机会重新吸引潜在客户。另外，潜在客户线索被回收，还可能因为，这些线索还处于"热度不高"的状态，潜在客户对公司完全不了解，没感情，所以需要进一步的培育。

如何管理泄露的潜在客户线索

对泄露的线索进行分类并打分，比如，这些潜在客户的热度有多高，他们参与了什么级别的内容，他们对哪些业务领域感兴趣。一旦分类，你要确保自己可以根据不同的需求和潜在客户热度重新进行不同形式的培育流程。考虑到这些潜在客户线索正在被回收利用，所以要更密切地管理这些线索并跟踪、监测他们的进展情况，这是非常重要的。针对潜在客户热度，应该建立明确的界定规则。你可以使用基于触发器的培育方法，也可以用动态内容，让他们在客户周期中不断前进，直至到了可以移交的时候。

如果潜在客户流失是由于销售问题造成的，那么一定要更仔细地分配销售线索，并计划好正确的后续推进活动。

潜在客户培育技术

就技术而言，营销自动化或CRM可能是培育潜在客户所需的核心工具。大多数公司最初的出发点是，建立一个可以跟踪潜在客户跟进和进展情况的客户关系管理系统。然而，CRM通常不太具备自动化、管理和监控潜在客户数字化培育进展的能力。这也就是为什么要在市场营销中用自动化技术了。

营销自动化

通过营销自动化平台，企业可以用不同的方式来获得潜在客户。由于不同的行业、不同的目标细分市场和不同的产品服务，每个公司都可以有不同的方法来对潜在客户评分。

在潜在客户评分的过程中，你可以为潜在客户分配属性，通常根据0～100的点数范围进行评分。市场营销自动化可以根据最适合战略的标准，跟踪并为潜在客户分配分数。

IP 查找和反向 IP

你还可以使用先进的IP查找技术，如GatorLeads（高级视图）。跟踪IP地址可以改进和增强网站的分析能力，促进市场营销活动取得成功，为销售方面取得成功开发新的潜在客户提供支持。

谷歌分析工具使用IP跟踪可获取到网站访客的更多详细信息，包括地理位置信息，并对访问网站的企业进行鉴定。开放式网络分析系统包含先进的网站指标，并使用IP跟踪技术更好地了解哪些地理位置访问网站最多。有些公司这样做是为了将IP地址与他们数据库中的联系人相匹配，以提供更丰富的数据。

有些技术可以获取到访问网站的企业名称和位置，以及关键决策者的名称和联系方式，进一步获取到更多信息。

另一种技术是反向IP查找，即查询域名系统（DNS）以确定IP地址与哪些域名匹配的过程。在这个过程中，网站分析技术可以帮助你识别IP地址和反向IP查找，这样就可以让你识别出是哪些公司访问过网站了。

潜在客户培育计划

潜在客户培育步骤

培育潜在客户的一般过程如图4-9所示。其实与市场营销中其他的事情一样,培育潜在客户的步骤也从定义细分市场和受众开始。接下来就是确定范围和操作步骤以设置时间轴,同时要考虑如何通过内容和渠道规划来满足客户需求。

潜在客户培育的范围通常是从捕获到潜在客户再到移交给销售人员这段时间周期,这个周期范围大概是9个月。所以,你需要在这个时间段内制定一个计划,以保持和维护潜在客户的热度。比如,正确识别出潜在客户最开始的兴趣是什么,以及如何将他们的兴趣发展成更具体的东西。

为此,你可以使用表4-1中的模板。该模板分为几个不同的阶段,包括中间客户旅程(考虑并比较备选方案)和后期客户旅程(购买阶段)。对于每个阶段,我们都需要考虑使用什么频道,确定接触点,以及确定我们提供的内容格式。

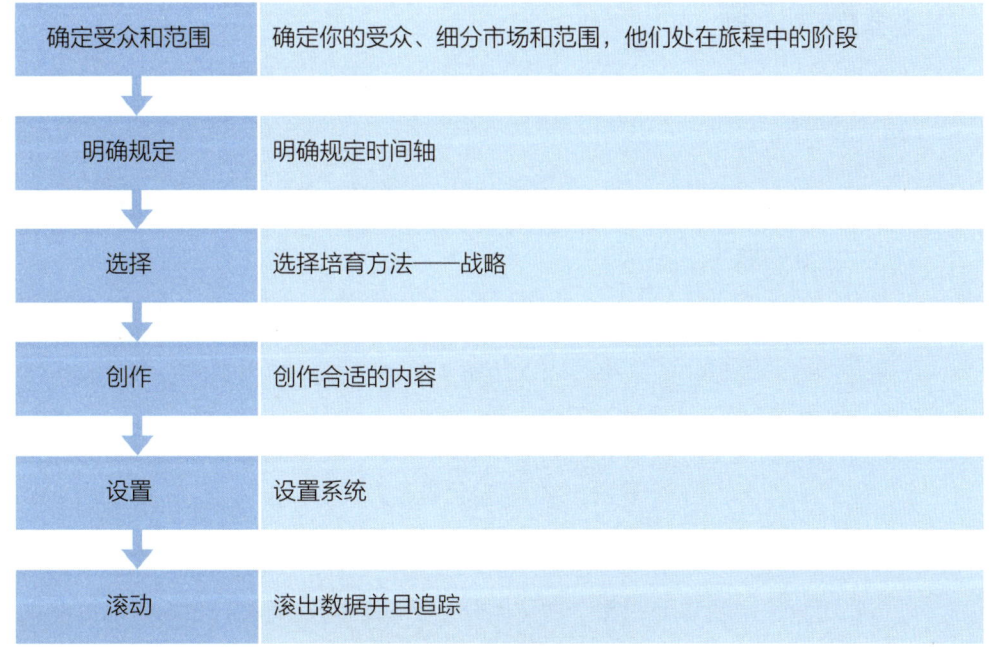

图 4-9　潜在客户培育流程

表 4-1　潜在客户计划模板

	培育第一阶段： 考虑多种方法	培育第二阶段： 比较备选方法	培育第三阶段： 购买阶段
接触点和培育活动——渠道			
接触点和培育活动——渠道			

使用此模板，你会更了解自己的需求，包括营销中需要什么内容以及需要哪些人参与进来。该模板还可以帮助你在培育潜在客户的不同阶段，如何设定销售部门、市场营销部门和其他部门之间的目标期望值。

 案例研究

会计软件公司 Sage

　　2016年，会计软件公司Sage不断搜寻合适的目标客户，并且希望能从中挖掘到那些在其中有决策权利的人，Sage公司的焦点主要锁定在几个方面：公司员工规模有1000多人。且要在公司中的人力资源部门、工资管理部门和财务部门寻找目标决策人。这场运动首先通过一项名为"人力资源与薪资大测验"的调查而展开。

　　Sage与一家服务于科技公司的全球B2B机构MOI 全球（MOI Global）进行合作，他们制作了一个影响力非常高的视频来配合测验调查。此次测验调查都围绕着个性化展开，形式也比较简单灵活，可以让

> 受访者能够快速地发现自己的工作风格，并评估自己与关键工作相关的技能掌握得如何。受访者可以发现自己到底在人力资源和薪酬制定领域的总体排名情况。
>
> 通过这次营销活动，Sage公司的销售线索与前一年相比大幅增加了110%，占本财年营销线索的近三分之一[1]。

练　习

1. 你今天在用什么样的潜在客户培育策略？
2. 在培育潜在客户方面你多大程度上运用了邮件策略？
3. 利用表4-2的模板制订一个潜在客户培育计划，为下一次的潜在客户培育活动做准备。

---

[1] 爱德华兹（2017），《激励政策案例研究：Sage公司如何通过品牌认知数字活动将潜在客户量增长了48%？》，来自B2B营销网站，访问时间2020年1月24日。

第 5 章
数字活动管理与整合

本章将介绍数字营销活动管理、整合、推广和监控等关键部分的内容。今天，你也许已经经历过B2B领域数字营销面临的各种挑战，这种挑战不仅体现在潜在客户培养阶段如何整合数字技术和渠道的问题，而且挑战还体现在如何整合数字化和线下营销、销售数字化和部门数字化等方面。数字营销管理的其他方面则包括：内容营销、销售和营销协调、数字营销评估等。

11 B2B内容营销

你可以从这一节中了解到什么呢?
阅读本节后,你将了解以下内容:
- 一般意义上的B2B内容营销。
- 如何使内容与客户及客户旅程协调起来达到一致性。
- B2B内容格式。
- 核心内容和碎片内容。
- 何时更新内容。
- 内容激活和分发。
- 内容增强。

简 介

随着数字技术的兴起,内容营销也随之兴起,而数字技术的发展可以让内容创作变得更容易,内容形式更丰富,内容质量更高。在过去10年,内容营销这个术语越来越多地被广泛使用起来,尽管这个概念本身其实早就出现了,但被业界使用和接受也只是近10年的事儿。本节将探讨如何利用内容进行数字营销,以及B2B环境下内容营销的不同方面。

什么是内容和内容营销

我们可以将"内容"定义为以不同形式出现的信息。内容营销是指,要了解客户需要知道的内容,在此基础上为他们传达具有相关性和说服力的内容,这是一门艺术。通常来讲，好的内容应该包含以下几个方面：

- 内容和客户及客户需求有关。
- 内容要非常及时，以便在客户旅程中的正确时间提供正确内容。
- 内容要很有说服力，内容是独一无二的，而不是到处都能找到的东西。
- 内容要创造一种紧迫感，因为内容需要帮助客户思考如何进入旅程的下一个阶段。

什么是B2B领域好的内容营销呢？那就是内容要用于优化客户旅程或客户旅程不同阶段，无论你是为了提高品牌亲和力、推动潜在客户、生成潜在客户、发展业务还是通过客户旅程培养客户兴趣，内容营销就要恰到好处地用在这些方面。

B2B 内容营销与 B2C 内容营销有何不同

B2B营销的目标用户与B2C营销中的目标用户有很大的不同。因此，内容在其中发挥的作用也是不同的。B2B营销中的内容有许多角色，比如，可以通过内容让潜在客户认识到产品或服务等，比如，通过他们对某些事情的评论内容来教育用户以及利用内容支持他们。B2B领域的内容也需要更直接地与客户的需求保持一致。

可能你会认为B2B和B2C的内容之间有一定相似性，但其实两者关注的点是不一样的。在B2B中，你可能会听到更多关于思想领导力的内容，意思就是，B2B公司会展示他们在特定领域的专业知识，但这在B2C领域并不常见，也不常用。

B2B和B2C的内容在传递信息方面也可能有所不同。在B2B中，内容可以更多基于具体事实本身，并吸引那些关注业务的客户。

B2B和B2C使用的数字渠道也可能有所不同，有些渠道会更有效地接触B2B受众，例如，网络研讨会的方式在B2B营销中使用得更多，而在B2C中则更为传统一些，如常使用电视或在线电视广告等。

因此，这两者所使用的内容格式就会差别较大。比如，广告、信息图表、幻灯片、案例研究和白皮书多是B2B营销中常用的典型方式。丰富多样的内容类型也会随着客户所处的客户旅程阶段而不断变化。

内容和内容的角色

一般来说，内容用于信息通知、教育市场、激励和吸引客户方面。即使在B2B中，内容的目的是让客户产生兴奋并积极吸引客户。内容是为了让客户产生认知、共鸣，并且能在一开始用于广告和搜索引擎优化时，就能够跟客户建立连接。在多数情况下，我们可以利用内容回答客户对公司的疑问，对产品和服务方面的问题。

在B2B中使用内容营销还可以支持销售流程，销售人员与潜在客户对话时，那些令人信服的报告、信息或故事等内容就可以加深他们的连接。而且，内容营销也可以帮助客户经理与客户建立更稳定的业务关系，这一点来说，内容起到的作用是非常宝贵的。

内容营销检查表

如果你需要在某个环节制定内容营销策略，那么先制定一个内容营销检查表是非常有帮助的。其中一种不错的方法就是使用ROLSS框架。

• 相关（Relevant）：内容是否与客户角色相关？

• 原创（Original）：内容是原创的且是新的吗，它是否传达了与你的主张，是否彰显了不同的和独特的东西？

• 可定位（Locatable）：用户能找到它吗，它是否放在潜在客户或客户可能会看到的区域？

• 特定阶段（Stage-specific）：内容是否与客户旅程中的某个阶段有关，内容是否根据该阶段的需要制定，因此是否突出了具体的活动或行动？

• 可分享（Shareable）：用户可以分享和使用内容吗？

然后，你可以继续使用表5-1来评估内容，按照1等于"完全不"和5等于"非常多"的量表进行评分。在"原创"这个指标下评5分，就意味着内容完全是独一无二的。

表 5-1　内容营销检查表

	检查内容	评分	可能的行为
R	内容和买家角色或所处行业相关吗		
O	内容是原创的且新的吗		
L	用户可以很方便地找到内容吗，内容放在了相关区域吗		
S	内容是否针对客户旅程中某个阶段而专门创作的		
S	只是一些普通的碎片信息		

内容与客户旅程保持一致

我们可以通过以下过程将内容与客户角色协调起来。

第 1 步　从客户群和客户角色开始

我们要十分清楚，到底该给目标用户选择什么样的关键内容，因为针对不同的客户，内容的格式、类型和内容本身可能有所不同。如果使用客户细分方法，你还应该创建目标客户角色。

第 2 步　深入研究阶段和接触点

根据客户细分和客户角色，我们可以将客户旅程的各个阶段分解为：焦点关键时刻和接触点关键时刻。这一阶段有两个主要任务：绘制客户旅程（接触点地图），收集洞察到的细节信息。有些信息可能已经掌握好了，但对于还未知的信息，还是要进行适当的研究，以确定接触点和接触点发生的顺序。

第 3 步　接触点角色和内容协调

上一步是创建详细的旅程地图，这一步的重点是理解个人接触点在整个旅程中的角色是什么，并理解客户角色到底想在这个接触点实现什么目的。识别客户角色和目的后，你现在就可以正式考虑内容营销中内容的格式是什么，形成某些信息传递的想法。

如果想确定接触点的情况，可以考虑在更详细的调查中设置一系列问题来了解接触点的信息。比如，我们可以设置下列问题：
- 在客户认知阶段，我们可以解答客户哪些痛点？
- 客户会寻找哪些与他们的需求相关的问题或信息？
- 客户会研究哪些替代方案？
- 我们提供的解决方案如何区别于竞争对手？
- 为了解决问题，我的客户如何评估不同的解决方案？
- 我们如何培养他们的兴趣？
- 他们对哪些类型的内容做出反应？

B2B 中的关键内容形式

表5-2显示了在客户旅程的不同阶段哪些内容形式最有效。有一些内容形式，近年来被使用的越来越多，有效性也有所提高，我们先来看看几个主要的内容形式。

博客

现在在B2B营销中，越来越多的企业使用博客，特别是在潜在客户开发上，博客的使用比例也比较多。博客其实就是信息的在线聚集地，这些信息可能是在博客网站上，也可能在公司网站上，或在其他地方。博客是一种经济高效的内容，它可以为网站带来更多的流量。一些博客还内嵌入了CTA按钮，可以将潜在客户转化为客户。内嵌了CTA的博客里面可能包括某个产品或服务的免费试用，或者包含一些免费下载的材料，如一份报告。

博客也是体现B2B营销思想领导力的好方法，同时博客也涵盖了长尾搜索术语，在客户旅程的认知和考虑阶段可以吸引潜在客户。

播客

播客的历史非常有趣，最初是在21世纪初被使用，是时间比较长的音频节目，通常面向消费领域的利基受众。随着智能手机和移动营销的日益普及，播客对于B2B和

表 5-2　客户旅程阶段的内容形式

阶段	认知	意向	购买
目标	认知	建立品牌偏好	转化成客户
内容	☐ 文章 ☐ 信息图表 ☐ 分析报告 ☐ 调查报告 ☐ 白皮书 ☐ 专业内容 ☐ 教育型内容 ☐	☐ 专家指导意见 ☐ 网络广播 ☐ 比较 ☐ 实时互动 ☐ 白皮书 ☐ 解决方案页面 ☐ 事件 ☐	☐ 产品比较 ☐ 案例研究 ☐ 文化 ☐ 投资回报率工具 ☐ 详细评估 ☐ 销售支持 ☐

B2C营销人员来说已经成为一种非常有趣的内容形式。根据领英最新的数据显示，超过三分之一的用户收听播客[1]。

播客的好处

播客是一种非常方便使用的内容形式，我们在移动设备上做其他事情时也可以收听。一些B2B客户会在早上跑步或做其他工作活动时收听播客。企业的播客有助于进一步建立企业的思想领导力，并扩大目标受众的范围。

录制和发布播客

大多数音频技术都可以录制播客。例如，音频处理软件Audacity和数码音乐创作软件Garageband都适合制作录音。在发布内容方面，也有一些有趣的免费播客软件，比如Podbean和Buzzsprout。不过最好定期检查一下客户收听的播客平台。一些B2B客户也会使用苹果的iTunes，有些客户则更喜欢音乐服务平台Spotify。

---

[1] 米勒（2016），《谁在收听播客？为什么播客对营销人员如此重要？》来自领英的数据，访问时间2019年11月30日。

> 案例研究
>
> 案例研究是内容营销组合中的关键部分，尤其对于潜在客户开发来说更是如此。在内容营销中可能最需要的内容类型之一就是案例研究了。案例研究比较容易吸引客户，因为案例研究的内容就是研究客户的。理想情况下，在案例研究中可以让客户谈论他们的经验，那么这些经验就会给处于相同境遇的其他客户提供宝贵建议。
>
> 对那些致力于提供复杂的产品或解决方案的供应商来说，案例研究这种内容营销方法特别有用，因为案例研究是讲故事的好方法。

B2B 内容游戏化

B2B内容游戏化是什么意思呢？游戏化意味着使用游戏的概念来吸引用户，或让用户做出反应和采取行动。游戏化在过去一直是B2C营销的大本营，但这种方式也慢慢更多地应用于B2B营销，尤其在购买前和购买后的旅程中会使用得更多。

游戏化可以给客户提供有趣的体验，游戏化的概念也能吸引内容消费者加入进来。事实证明，游戏化的方式会带来更高的参与度以及更高的客户忠诚度。下面是实施B2B游戏化内容战略的一些方法。

（1）确定激励措施：B2B客户参与游戏将得到什么？

（2）推动客户参与，并聚集成社区：游戏需要多个参与者，并且基于人与人之间的竞争。

（3）确定游戏机制：你是采用水滴式内容？还是会采用包含解锁机制的内容（比如密码或二维码）？

核心内容和碎片内容

许多B2B营销人员关心怎么才能找到预算去生产所需的所有内容。这看起来是个挑战，但其实真正的挑战应该是考虑怎么创建内容，而不是怎么找到更多预算或创造更多预算。还有一种可选方法，那就是先创建多个内容片段，随后将它们拼接融合在一起，找到一个核心主题并围绕它创建一个大的内容块。

最主要的内容有时也被称为核心内容，或领英所称的"大摇滚内容"（Big Rock Content）[1]。

核心内容示例

核心内容可能是一项大的项目研究，核心内容有可能字数会超过2000字。核心内容可以跟你的公司或所处行业有关，可能是一个引人注目的B2B故事，也可能是案例研究的形式。这些形式都可以在后续过程中为其他内容提供支撑，或者可以做成一组与内容主题相关的客户故事。你也可以考虑把游戏化的内容作为你的核心内容，它更吸引B2B客户，实际上游戏化的东西也可以生成内容。通过了解客户情况、行业情况以及客户对什么感兴趣，就可以创作出核心内容。

内容碎片

一旦上述一整块内容创建完成之后，下一步就是将这一大块的内容再进行分解，将它碎片化或"原子化"处理，然后就可以用这些基础的内容元素去支持其他的内容策略。

原始的基本内容之所以可以进行碎片化处理，就是因为内容消息、调性和风格是保持一致的，即便它们后面将被单独使用和分发，但本质上却是一致的。而且，在核心内容中，一大块内容通常是不容易被客户消化的，比如，有些研究案例可以包含数千字的内容，对于大多数客户来说，这肯定是不太容易接受的。因此，将大块核心内容进行分解，就是让内容更加可读，最大化支持客户共享和扩散。

而且，把核心内容分解成几个部分就会变成更有效的内容资源，因为营销人员可以把这些内容分发覆盖到更多的领域，不过这里面需要注意的是，不要因为内容太分

---

[1] 卡尔塔比亚诺（2015），《将大量内容简明扼要地表达出来》，来自领英网站，访问时间2019年8月1日。

散而造成客户多次进行内容付费。

跟确定接触点角色的情况一样，内容碎片化处理也是根据内容的形式和客户角色的需求进行的。你需要多少内容？

你到底需要创作多少内容

所以，你到底需要创作多少内容呢？正如第1章所讨论的，在过去的5年里，B2B营销人员内容创作的数量以及他们在内容制作方面分配的预算一直在稳步增长。

想要确定到底该创作多少内容，一种方法是，先确定你的营销目标或营销活动的重点，因为范围越广，你就越需要更多的内容。以下这些问题可以帮助你确定内容创作的量：

• 我的营销活动重点应针对多少决策者或客户角色？开始重点考虑目标客户群中那些具有决策权的人。你的某个特定的营销活动是否针对某一个客户角色，还是针对多个客户角色？目标不同，将决定你所需内容的类型和数量的不同。

• 内容创作将覆盖客户旅程的几个阶段？通常来讲，每个阶段需要的内容类型或格式也稍有不同，不过有些格式在不同的阶段都可以使用。例如，为了在需求识别和需求量化两个阶段过程中让客户产生认知，那么你就可以创建视频、横幅和信息图等内容形式，这些形式的内容可以在两个阶段使用。

• 销售周期有多长？要思考一下，客户从最初的需求识别阶段到购买阶段会经历多长时间，客户购买产品或服务所需的时间长度是多少。如前几章所述，在B2B关系建立过程中，我们经常会听到销售周期持续12~18个月等这样的说法。

何时更新内容

更新内容有"最佳"时间吗？内容更新是一个连续的过程还是每隔一段时间更新，这之间的间隔应该是多长？要回答这个问题，请考虑以下几个主要方面：

• 内容营销的针对性如何？它是否聚焦于一个特定的目标细分市场，在这个细分市场中有目标的客户群吗？如果以前使用的内容主要是针对特定目标客户的话，那么在下一次营销活动中就要删除这些内容，然后再重新利用这些内容。

• 内容是否有时效性？是季节性的还是有一定的有效期？了解内容的生命周期就可以帮助我们解答这个问题。如果内容还没有变陈旧，可能你可以再次使用。在许多B2B行业，趋势和话题的变化并不像消费领域那样迅速，这意味着内容营销的信息和主题可以跨越多个季度甚至几年。

• 核心内容和碎片内容报道：原始的核心内容是否通过某种形式被报道或呈现给客户了呢？如果没有，你可以重新编写这些内容并重新调整这些核心内容的用途。

• 内容的适用范围：这些内容是否也能满足不同的目标群体？这与第一个问题有点类似，不过目的有点不一样，这里使用的内容主要是针对不同类型的客户或细分市场。

实际上，如果内容仍然是非常相关的，不是很陈旧的话，并且这些内容过去只针对某个目标细分市场使用过的话，那么这些内容就可以再次用起来，不需要更新。另一方面，我们还要了解是否有一些碎片内容被使用过，以及核心内容的各个部分是否可以用不同的方式再次调整使用。

内容的陈旧和内容的新鲜度也可能因行业而异，有些情况下的内容就需要定期更新，例如，博客和网站的首页内容就需要定期更新，因为首页内容是捕捉客户兴趣的地方，首页内容可能会被客户反复浏览多次。

内容激活和分发

把内容传递给受众就称为内容激活，因为在传递的过程中就在分发内容、推广内容和实现内容。

如果要激活内容，就要考虑创作这些内容需要的资源和预算问题。如果内容很多很好，但是却没有办法去激活它们，或者没有预算来推广内容，这都不是什么好现象。由于许多B2B营销人员将重点都集中在内容创作上，风险也在于把预算全用于内容创作上，那就没有多余的资金来激活内容了。

内容激活的预算都包括哪些呢？比如，在不同的市场渠道进行内容的推广和促销，以触达目标客户的过程中而产生的花费。这些渠道可能是数字渠道，也可能是非数字渠道，可能是那些签约付费的渠道，比如行业舆论领袖。

这里可能会用到一个跟赞助有关的公式。通常典型的赞助模式会有一个比例，赞助费和赞助所带来的内容激活效果之间的比例是3∶1至5∶1，也就是说，你每投资1元，就需要3~5倍的广告和付费媒体来激活内容推广。

这意味着，如果你在内容创作上花费10万元，你至少需要3倍的努力来激活它，因此，内容营销的总预算需要在40万元左右。

付费渠道、赢取渠道和自有渠道

还有一种内容激活的方法，那就是根据你打算使用的频道和内容的类型或类别来进行内容激活。渠道通常分为付费渠道、赢取渠道和自有渠道（图5-1）：

- 付费渠道是指为广告付费的媒介渠道；
- 赢取渠道是指赢取来的可以免费使用的渠道，这些渠道可以免费推广内容，渠道不需要付费；
- 自有渠道属于公司自己的渠道。

自有媒体

自有媒体是公司拥有的财产，比如，公司的网站、博客、社交媒体页面、公关网站和电子邮件通信等都属于公司的自有媒体。不过自有媒体也有一个缺点，如果你单独使用自有媒体，接触到"新"客户的机会可能会减少。然而，自有媒体确实也可以让你更好地控制在上面发布的内容，而且使用起来也要便宜得多。

过去10年，内容营销和内容创作技术呈现爆炸式发展趋势，企业有更多机会创建自己的内容和使用自己的媒体渠道。各个企业都在利用自有媒体的机会，来推广和宣传自己，以前广告公司和公关公司控制和管理着媒介渠道和内容，如今企业自己就可以自由的管理自有媒体。

付费媒体

付费媒体其实包括大多数形式的广告和付费搜索。付费媒体在提高公司收入和提升品牌知名度方面起着关键的作用，因为通过付费媒体可以让你接触到新的受众和潜在客户，而且如果你使用的付费媒体形式比较合适，那么它的效果可能也非常好。

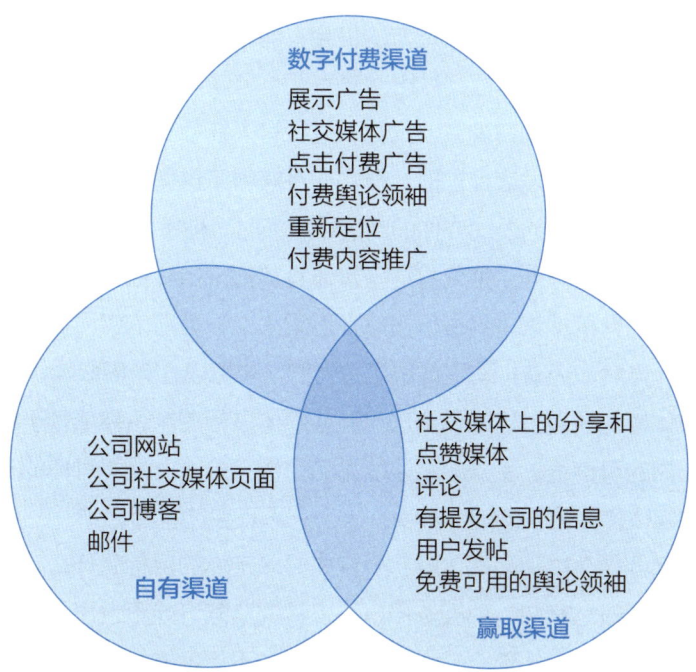

图 5-1 数字付费渠道、赢取渠道和自有渠道

随着B2B数字营销新形式的出现,我们有更多的数字付费媒体可以选择,通过它们来实现我们接触到目标客户以及定位到目标客户。不过,付费媒体也有一个明显的缺点,你要付出一定的资金、时间和资源等代价才能使用它们。

所以,你必须研究并了解应该使用哪些付费媒体以及如何使用它们,因为你要确保你投入的资金物有所值。在前文我们讲过成本-效益网格来确定潜在客户开发组合,跟这个道理一样,你可以把这个网格策略用在付费媒体或内容选择方面。

另外,在选择某些形式的付费媒体时,还要考虑它的可信度。如果你了解付费搜索的机制,并且知道谷歌搜索页面顶部的阴影列表是由公司付费的,那么你可能会认为这些搜索结果不如搜索页面其他搜索出来的结果可信,因为你会觉得这些阴影部分的列表出现的信息是付过钱的,所以可信度不高。

赢取媒体

赢取的媒体也称为免费媒体或免费分发渠道。"赢取来的"一词可以这样理解:你已经赢得了自己的内容出现在某个地方的机会，而且之所以会赢得这些机会，是因为你之前通过付费或自有的媒体已经做出过努力。

当用户通过发表简单的口碑去谈论你，或者有人在社交媒体上分享你的内容、喜欢你的内容或对你的内容发表评论时，其实你就获得了这些"免费"媒体。比如，一个博客作者自发地谈论你的公司或你的产品和服务时，你不需要向他付费。

赢取的媒体有一些好处，那就是这些媒体其实都来自其他人，在这些渠道上出现你的信息就可以为有机搜索排名做出贡献。通常来说，赢取的媒体被认为比你自己推销公司更可信。当然，还有一些媒体也是免费的，也可以作为赢取媒体。

赢取的媒体也有缺点，比如你无法对这些媒体进行控制，你依赖于别人的言论以及他们在行业内的可信度，受众的触达能力和目标定位能力是不可控的。所以说，你不能用赢取的媒体作为主要的媒介渠道，因为它不在你的掌控之中。

在选择你需要什么内容和媒体时，一定先要确定你的目标是什么。如果目标是提高知名度或获得"新"客户，那么选择自有媒体的策略可能不合适。同样，如果目标是提高现有客户的留存率，那么纯付费策略可能是不正确的。根据目标的不同，你的数字付费渠道、赢取渠道和自有渠道的组合也会有所不同。

内容排期

你还需要考虑该如何计划和安排内容排期，因为这也是内容管理和创建过程中的一个重要部分。在安排内容排期时，你可以创建一个时间视图，这个视图的跨度可以是几周、几个月和几个季度，然后在这些时间周期中，计划要安排的内容、创作的内容和分发的内容。

为什么要这样做呢？原因有很多，一是要了解在整个周期里，内容是否足够。因此，在创建内容之前，进行内容排期是非常值得做的。如果你有充足的某种类型的内容，那么最重要的事情就是好好了解下这些内容的作用。例如，视频内容可能对你的战略很重要，但可能你会发现在给定的周期内并没有足够的内容来支撑。

此外，通过内容排期，你可以看出某个主题的内容是否足够支撑一段时期的需要，或者考虑把时段分解为不同部分，然后每个时段对应整个营销活动的子主题。最后，内容排期可以用来跟其他部门（如销售部门）或外面的公司（如公关机构和媒体机构）一起制订计划。

出版和发行时间可以考虑安排在较短的时间周期进行，如在一天或一周内完成，或在数周、数月或季度内大面积投放。对于某些类型的内容，把投放时间缩短到几个小时是很重要的。对于大多数B2B用户来说，接收电子邮件的高峰时间是在上午或午餐后。

如果想大面积的投放内容，那就需要选择正确合适的月份或周期，如抓住财政年结束的尾巴。为某些社交媒体进行内容排期意味着，在某个周期内需要有多个相同内容的帖子以不同标题的形式发出去，以确保最大限度的内容曝光。

可用来内容排期的技术有很多，包括一些专用的和通用的内容管理平台。

内容增强

还有一个可以让内容策略效果最大化的方法，那就是制订一个可以增强内容的计划。内容增强也可以称为"赢取媒体"。尽管增强的含义比"赢取媒体"的范围更广，内容增强可能是"赢取媒体"的加强版。

内容增强着眼于集中任何人的力量，把那些可以推动和分享内容的个体力量都汇聚起来。当你掌握这些技能并且都可以运用自如后，你就可以把内容向外扩散，扩散到超出预期的目标范围，然后为你的业务带来更多的潜在客户。

如图5-2所示，可以在3个核心方面进行内容增强方面的管理：

（1）你的员工。

（2）你的客户。

（3）你的搭档。

员工增强是指，了解员工分享和推广内容的能力。在这个环节可能涉及一些结构化方法，包括培训、分享、跟踪和对不同部门员工的授权，所以这些方法不仅仅是针对销售的宣传。员工增强还会涉及一些非数字方法的培训，以便员工能够始终如一地传达和描述你的线下和线上活动。

客户增强是指，识别出真正适合你公司的客户，甚至可能是战略合作伙伴，所以要比一些特定客户花费更多的投入。合作伙伴增强可以由渠道合作伙伴帮助完成，这

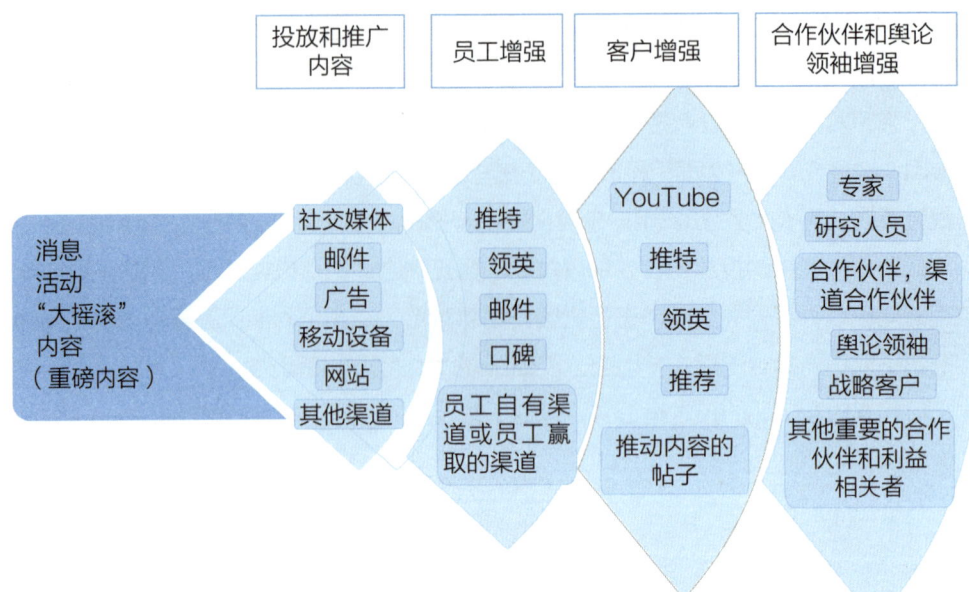

图 5-2　内容增强

里的合作伙伴还可以包括B2B行业协会、垂直行业协会和行业舆论领袖。

当你考虑建立一个内容增强计划时，一定要对搜索进行优化，以确保你的内容可以被看到。同时，也应该在内容中嵌入社交小部件，可以让用户进行共享。

B2B 领域用户生成内容

B2B领域UGC（用户生成内容）的趋势也不断在扩大。业界常认为，用户生成内容比公司生成的内容更可信，如果你找到了很好的用户生成内容的方法，那么它产生的威力可能会非常强大。

以下是构建用户生成内容的一些可行建议。

• 利用员工：培训、支持和鼓励员工创建自己的内容。这里主要的想法是，公司内部将有不同的内容来源和不同级别的专业人员，因此利用这些资源可以补充B2B营销人员的营销活动。

•调查客户：利用民意调查和数据调查了解客户对特定主题的看法，这个方法很有趣。调查结果和总结报告，可以成为说服潜在客户的内容。

•创建客户视频推荐：通常情况下，公司鉴别客户是为了创建客户证明资料和简短的案例研究，但如果使用UGC方法，公司可以为客户单独提供这些信息素材帮他们生产内容。通过用户定位功能，或者通过一个可以让客户上传证明资料的中心网页，都可以实现我们的目的。这些证明资料后面就可以作为吸引潜在客户的内容。

•使用访客博客：公司可以邀请博客作者提交文章，并将这些博客文章链接到特定主题上面。

•将记者和客户聚集在一起：把记者和客户聚集在一个地点或区域，让他们参与和探索某些主题活动，这两个群体随后就可以创作出你可以利用的内容。比如，可以举行一个公关性质的小组会议，让不同的商业伙伴和客户在记者采访时围绕某个话题讨论，然后这些文章就出来了。

B2B 内容营销策略综述

到目前为止，我们已经看到了许多与B2B内容营销相关的不同策略是如何形成的。我对这些问题进行了总结，也总结了一些还需考虑的其他问题，具体如下。

•内容增强：利用员工、合作伙伴和客户进一步分发内容；

•精简内容：根据客户旅程认真仔细地管理内容；不要过度创作内容，而是找到合适数量的内容和预算来达成内容创建目标；

•用户生成内容策略：在自己的网站上为用户提供创建内容和推荐内容的机会；

•制订内容计划：将内容更好地制定到客户旅程中；

•内容分发策略：根据目标，可以采用赢取渠道、自有渠道或付费渠道策略；

•内容联合：我们在前文探讨过的另一种策略，即利用第三方平台作为合作伙伴来分发内容。

> 案例研究
>
> ## 美国自动数据处理 ADP 公司
>
> 美国自动数据处理公司（ADP）是一家为企业提供人力资源管理和工资支出管理等业务的领先科技公司，2015年该公司推出了一项新的内容营销活动，以吸引目标受众参与。此次活动的目的其实主要是推广ADP公司名为"Workforce Now"的综合服务，同时为该产品服务创造更多需求。
>
> 此次活动的主题为"接受HCM挑战"，使用了很多内容形式，包括信息图表、白皮书、食谱和诊断评估工具等。最终活动取得了相当不错的效果，令人印象深刻，带来了370万美元的业务，在三个季度里创造了360万美元的项目渠道。此外，该活动的投资回报率约为900%[1]。

练 习

1. 将ROLSS内容营销检查表应用到你最近的内容营销活动中。在不同的标准下，它的表现如何？
2. 查看客户旅程中的一个方面，并将内容对应到每个接触点，匹配不同的客户需求。
3. 为下一次营销活动考虑可选的核心内容有哪些，它们会是什么？
4. 审查特定客户群体或主题的内容更新频率。了解下一次是否需要更新大量内容，或者现有的原始内容是否可以改变用途。

---

[1] 科特拉恩（2015），《本周内容营销活动：营销量化管理》，来自ASPE培训网，访问时间2019年8月1日。

12 B2B数字营销活动计划

你可以从这一节中了解到什么呢?

阅读本节后,你将了解以下内容:

- 数字化活动;
- 数字营销活动流程;
- 数字渠道选择方法;
- 确定活动所需资源;
- 如何设置预算;
- 如何跟踪活动。

简 介

我们在前面的章节中介绍了许多关于客户旅程方面的内容,以及市场营销如何匹配不同的阶段,比如针对早期客户旅程如何进行基于认知的营销,如何进行潜在客户开发,如何在中后期客户旅程阶段培育潜在客户等。

本节我们将着眼于如何将上述这些方面有机结合在一起,如何制定和安排能跨越不同客户旅程阶段和针对不同目标的营销活动。

数字营销活动

什么是数字营销活动

活动是指为促进和销售某种产品或服务而进行的一系列行动。从这个意义上说，数字营销活动是指，为推广某个企业、推动产品或服务销售而进行的一系列包含数字营销和数字营销技术的行动。

活动的形式可以多样，并且有特定的目标以吸引人们的注意力、开发潜在客户或者增强客户忠诚度，但是活动的总体目的大体上是要保持一致的。我们通过活动传递信息、讲故事、吸引客户。

活动框架

为了帮助我们理解活动计划的基本元素，可以参考图5-3。图中列出了8个要考虑的元素，包括：目的和目标、目标客户、触达受众、建立KPI考核指标、资源确定、设置活动预算、创建活动、活动追踪。

针对这些要素进行考察、了解以及正确地管理，对数字营销活动是否能取得成功是非常关键的。与活动目标和目标客户群有关的另一个因素是找到能够引起广泛共鸣

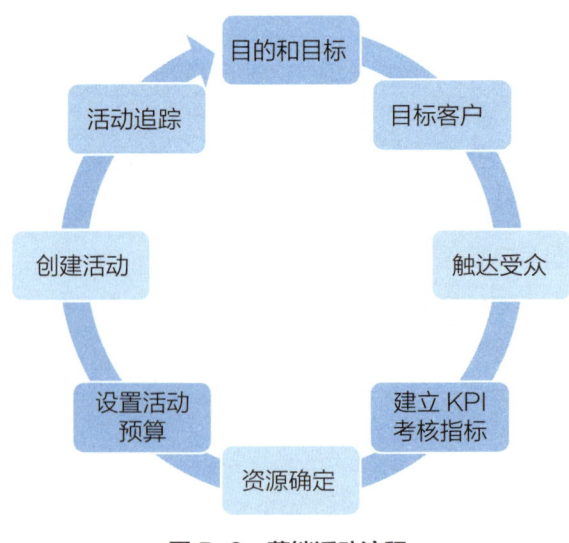

图 5-3 营销活动流程

的更大的内容主题，这些主题可以被称为客户触发器。

客户触发器的作用就在于，无论客户目前处于什么样的旅程阶段或状态，通过触发器就可以把他们的注意力转移到需要购买东西的状态中来。营销活动通常较为集中在突出优点、潜在痛点和问题解决方案的故事上，这些故事往往可以帮助客户沉浸其中并做出购买决定。买家触发器的一个典型例子就是，新的立法出现或现有立法改变，这些改变就可以影响消费者购买产品。

目的和目标

该怎么确定目标呢？这需要仔细地思考。如果要回答这个问题，我们首先要提出的关键问题是：我们到底想达到什么目的？企业是否需要围绕新产品或服务提高客户认知，是否需要改变客户观念，或者只是为了创造潜在客户？

一旦你确定了目标，你就需要对活动的目标进行具体的设计。一个好的活动目标应该遵循SMART标准。什么意思呢？目标应该是具体的、可测量的、可实现的、真实的和有时间限制的。

哪些属于目标定义不明确的例子呢？比如"创造更多的网站流量"或"通过电子邮件联系更多的人"，这都是很不明确的目标。如果想设置更具体的目标，下面是一些参考示例：

• 在未来12个月内，通过入站营销渠道，获得20 000名访客、500名潜在客户和12个客户，以实现60万美元的收入目标。

• 在未来6个月内，利用电子邮件营销从我们当前的客户名单中产生2个客户。

• 让关键词"B2B顾问"在搜索中排名第一，预计每月将有300名访问者访问我们的网站。

当我们着眼于目的和目标时，好好考虑一下营销活动会经历什么阶段和预计范围是什么。这个营销活动是跨越客户旅程的多个阶段，还是只专注于客户旅程的一个阶段？

目标客户

确定了目的和目标之后，下一个逻辑步骤就是确定目标客户，确定目标客户就让营销活动的主要焦点更加明晰了。当然，这并不是说如果吸引了目标之外的客户就要把他们统统排除在外，而是说，营销活动的焦点更集中可以更好地协调消息、渠道、内容和格式。

下面是一些需要思考的关键问题：

• 我们的目标市场是谁？不同的细分市场可能需要不同的内容；如果我们考虑的不只是一个细分市场，我们是否应该在营销活动中构建各种内容流？

• 我们是否可以通过观察一个客户中的多个决策者来关注多个对应的账户？

• 我们所说的客户角色或客户资料是什么？

• 我们有客户的行为信息吗？

• 我们的目标客户是全新的还是现在有的？

• 我们的目标客户是否已经了解了我们？

这一部分的定位通常可以通过以下过程来实现：首先是市场细分，然后是确定账户，最后是确定客户角色。

市场细分

到底哪些细分市场需要营销活动呢？这个时候就应该考虑市场细分的基础和依据是什么，比如，市场细分的依据可能是地理区域、公司规模或公司所处的成长阶段（如初创型公司、成长型公司或合并型公司）。

怎么才能让市场细分做到更精准和细致呢？最佳方法就是遵循ADAM标准。

• 可触达（Accessible）：能否有效到达该细分市场？

• 具有差异化（Differentiated）：不同细分市场是否需要在内容和传播渠道等方面进行不同的数字营销组合？

• 可操作（Actionable）：要服务的细分市场的盈利能力如何？

• 可衡量（Measurable）：我们能否对照细分市场活动来衡量进展情况如何？

账户

一旦确定了细分市场，下一步就是考虑我们聚焦的企业或账户的类型，账户类型可能已经在市场细分的阶段中确定好了，不过市场细分时确定的账户可能范围比较宽泛。

从潜在客户或潜在购买力的角度来看行业类型和公司规模。同时考虑现有客户情况，并将钱包份额作为考察标准。前面我们提到过，从钱包份额可以看出，客户在特定时期内的潜在消费额是多少，也就是说他们在我们的产品和服务上花了多少钱。

客户角色

这部分内容其实是我们在前面文章中已经重点讨论过的客户角色，客户角色从一定程度上看就是目标受众。

触达受众

到目前为止，目标和目标客户已经确定了，接下来就该选择理想的营销渠道组合了。我们上一节的内容讲到了媒介渠道，那么在触达目标受众这个环节，就可以考虑付费媒体、赢取媒体和自有媒体的利弊，然后再做出选择。不过这里应该强调的是，在购买周期的中后期，你可以使用更多自有媒体渠道，因为此时客户正在与供应商的媒体渠道（比如你的网站和社交媒体页面）进行接触。

当然除了上面的这些渠道，还有其他渠道也可以选择作为替代品使用，这些渠道可以成为付费渠道、赢取渠道和自有渠道的补充拥有方式的补充：

- 基于持续动态分析的基线分析法。
- 实验方法。
- 客户角色细节研究法。
- 媒介研究法，通常由媒体机构提供数据支持。

基线分析法

我们通过基线分析法从上一次营销活动中获取数据，并根据数据研究结果选择媒介渠道，假设我们可以根据投入和产出这两个方面来分析和捕捉我们应该采用什么样的媒介渠道组合。

实验法

另一种方法是用一种控制因素及可监控的方法逐步地展开营销活动，并根据媒介渠道的表现和使用情况调整渠道或调整组合。例如，如果监控到网站登录页的一些高质量流量是由社交媒体引流过来的，那么我们就应该增加社交媒体组合，能够导流到另外一个媒介渠道。

这样做的风险在于，渠道和内容彼此之间一定要相辅相成，并且也能支持客户旅程的不同阶段。但这种方法需要的投资少，实施速度更快，并且企业在实施该方法的过程中可以不断地学习。

客户角色研究

客户角色研究主要是详细地了解客户角色的细节信息，了解在客户旅程的不同阶段使用哪些传播渠道，以及使用社交媒体或电子邮件的频率等。然后，你可以根据每个传播渠道带来的贡献来确定适当的渠道组合和权重比例。

媒介研究

媒介研究通常是在专业媒体公司的支持下完成的，这些公司可以是媒介研究公司或者是媒体机构。媒介研究通常是针对媒介客户群进行研究，了解他们基于什么目的而使用哪些媒介的。

当然，也可以进行额外的媒介研究来补充新数据，例如，可以通过调查研究来了解客户在使用媒介方面的具体行为。还可以使用数字和数据分析，例如，查看某个活动的网站流量来源，就可以帮助我们了解流量的多种来源和质量情况。

建立 KPI 考核指标

怎么建立KPI呢？这就跟我们第一步要确定的目标有关系了。例如，如果目标是提高品牌知名度，那么你需要建立相应的KPI指标，如情感或媒体提及等。

在建立KPI的过程中，还应该考虑活动的范围和时间。周期较短的活动可以设计一组针对每个时段的KPI重点指标，而跨越多个季度的活动则需要为每个时段都建议关联的KPI指标。

资源确定

在这个阶段，你应该评估一下营销活动都需要哪些资源，也就是说要创建具体的活动内容都有哪些，并且要考虑在实施和监控营销活动的过程中需要哪些资源。如果要确定资源组合和评估资源的优劣，可以参考图5-4中的4S模型。

你可能会注意到，每一部分的工作都会彼此依赖和连接，比如，如果营销人员想要使用营销技术，那么就需要具备特定的技能。

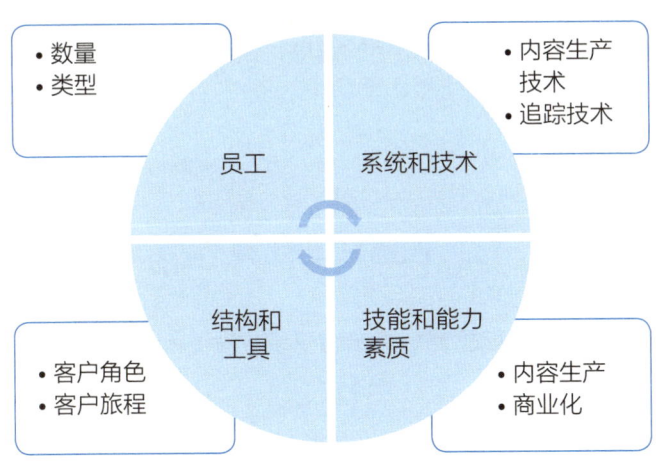

图 5-4　营销资源确定的 4S 模型

员工

这个环节需要考虑到，在整个营销活动的方方面面，都需要创建哪些人力上的资源，并且要管理和评估营销活动的整个环节。当然，我们尤其需要考虑的资源类型是内容生产者、媒介专家、数据分析师和活动管理人员。

技能和能力素质

除此之外，你应该考虑整个活动中我们都需要用到哪些方面的能力素养。这些能力可能包括：复写技能、编辑视频、音频和文字内容的技能、项目管理经验以及解读能力。

系统和技术

如果想进行营销活动及营销传播，企业可能就需要各种系统和技术了。比如，营销自动化技术，基于客户关系管理的技术，视频生产和剪辑技术。另外，在整个活动中能追踪潜在客户的应用也是非常有用的，或者站参与度、重定位、潜在客户评分和管理技术等。

结构和工具

最后我们需要的资源可能就是需要在营销活动开展前掌握调度盘和相应工具了。比如掌握一个客户角色或多个客户角色的信息，如评估客户旅程、制定客户旅程、评估内容和渠道等。

设置活动预算

确定活动预算的一个方法就是纵览全局或某些特定环节，然后基于这些来制定所需的预算框架。

潜在客户开发

如果营销活动的主要目的是开发潜在客户，一个相对快速的方法是基于之前的营销活动看一下每一个潜在客户所需的成本是多少。比如，如果开发一个潜在客户的成本是200美元，目标是开发100个潜在客户，那么预算就是需要2万美元。

产生认知

针对这个目标，你的目的就很明确了，那就是看触达率指标。我们可以从社交媒体营销活动中获得触达信息，像推特、领英这些社交媒体平台已经把计算功能内置到了营销活动工具中去了，这样就可以自动预估出如果想获得客户信息需要多少预算。

那些已经可以接触到潜在客户的内容联合平台也是另一个可以挖掘和探索的路径，因为通过这些平台我们可能就会算出自己的预算需求了。

期望的广告占有率

了解自己到底需要多少广告占有率（share of voice）就可以确定出相关的预算级别。比如，尼尔森分析公司（Nielsen Analytics）就可以显示出当前我的广告占有率是多少，以及相关的媒介支出是多少。我们还可以看看花出去的预算所带来的投资回报率是多少，增量预算是多少。

可承受性

最后一种方法就是评估一下自己的可承受性，也就是说，你的企业有能力投资什么？在预算有限的情况下，市场营销部门需要调查自己拥有哪些媒体资源，可以赢取哪些媒体资源，以此来实施营销活动，同时再补充一些付费媒体。

创建活动

上一节我们已经详细介绍了内容创建的过程，但是需要注意的是，创建一个营销活动意味着要利用到所有的数字资源，而不仅仅是内容。如果营销活动持续贯穿多个季度，那么并非所有与活动相关的资源都会在一开始就用到。

如何确定预算、确定营销范围和所需资源，弄明白这些问题，就会给你的营销决策带来指导作用。当然，数字营销活动的类型也是对营销决策产生影响的一个因素。

比如，这是一个通过社交媒体平台还是与第三方合作的营销活动？这个营销活动会包括线下元素吗？

活动跟踪

一旦实施了营销活动，就需要对活动进行跟踪，以评估其进展情况以及是否能取得成功。系列营销活动因为包含一系列策略，所以通常比单一的营销策略或活动更消耗预算。有些营销活动甚至可以持续数年，例如IBM的智慧星球（Smarter Planet）活动持续了四年的时间（酷媒介，未知日期）。

所以，你需要真正了解，在活动进行过程中是否每一步都符合活动目标，而不仅仅是评估活动结束时是否达到了目标。营销活动的重点在于如何跟踪事件的关键因素。

提升认知的营销活动可以使用分析软件谷歌分析和广告跟踪软件来进行跟踪，而那些能带来潜在客户的大量营销活动则可以通过登录页面、标签和统一威胁管理（UTM代码）进行跟踪。

营销活动跟踪方法

在图5-5中可以看到一些营销活动跟踪方法，包括UTM代码、像素、登录页、电话跟踪、广告跟踪和CRM跟踪。这些方法不一定相互排斥，反而可以相互补充。如前所述，根据所跟踪的内容，跟踪方法也有所不同。

UTM 代码跟踪

UTM代码，有时称为URL参数，是添加到URL链接末尾的标记，通常由谷歌分析利用Cookie来跟踪网站浏览器。UTM代码可以提供一些信息，比如，你的访问者来自哪里以及是什么活动导致他们点击链接的。

像素跟踪

像素有时也被称为泛光灯标记，通常被放置在跟踪用户行为的网站上面。在特定

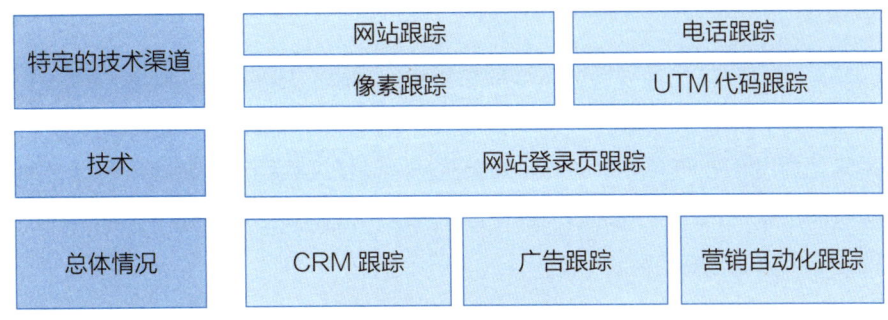

图 5-5　营销活动跟踪

空间跟踪用户在站点内的操作时，像素跟踪特别有用，例如，用户表单的完成情况。对于每个营销活动，都将生成一个新像素。

广告跟踪

广告追踪可以通过使用谷歌的关键词广告工具实现，也可以通过领英的营销活动创建功能来实现，另外还有必应的Ads（广告）工具实现。这些工具可以通过新闻期刊注册信息、应用程序下载信息以及其他的广告相关行为来跟踪活动情况。

CRM 跟踪

CRM跟踪的工作原理是，为营销活动、网络研讨会类活动或用户下载的内容来分配代码。CRM跟踪通常更多用于旨在开发潜在客户的营销活动中，以监控潜在客户在客户旅程中的进展情况。CRM跟踪潜在客户可能会在潜在客户移交给销售时进行，或者在营销活动开始时进行。

电话跟踪

B2B营销中的电话跟踪方法是整个营销活动跟踪过程中的一部分，可以作为其他跟踪机制的补充。利用CallRail和Mediahawk等技术，你可以为每个营销活动分配一个电话号码，然后这个号码就会被纳入公司的自有媒体行列中。然后你就可以监控这个号码通话的音量和有效性，以了解这次活动的触达范围。

登录页

创建营销活动时,要确保设置的登录页是合适的,比如要与活动基调协调一致。一些登录页面承载着教育客户的功能,有一些承担着捕获潜在客户的功能,有一些则可以用来培育潜在客户。举个例子,如果营销活动是纯粹用来教育客户的话,那么你的登录页设计就应该跟这个目标一致,客户在这个登录页上可以留下详细信息然后才能获得进一步的信息或内容。

 实用技巧

为营销活动选择代理机构

如果你需要为你的营销活动选择代理商,你需要了解这些机构是否适合你的公司。比如,它们在行业中的擅长领域和关注点是否符合你的要求?它们是否了解B2B营销?或者它们是否具有客户营销方面的背景经验?

考察它们是否具有数字化经验非常重要,因为数字领域变化如此之快,这些机构应该跟上最新的数字技术和方法。另外,选择代理机构时,行业专业知识也是一个需要考虑的因素,例如如果你从事石油和天然气业务,那么就要了解这些代理机构是否了解该领域的营销?

你可能还需要考察它们执行营销活动效果跟踪的能力如何,以便你可以解读和评估营销活动是否完全成功。

 练 习
---

1. 反观一下之前的营销活动，看哪些资源推动了营销活动取得成功？在营销活动创建和实施的过程中，不同的资源是否会带来不同程度的成功？

2. 在下一次创建和实施营销活动时，对上一次的营销活动框架进行调整，改编成新的版本。

3. 使用ADAM细分模型，你的细分市场是否足够稳健？它们是否满足ADAM框架的每个标准？

13 B2B中的数字整合营销

你可以从这一节中了解到什么呢?

阅读本节后,你将了解以下内容:

- B2B中的数字整合营销。
- 什么是数字整合营销。
- 如何实现线下与数字化的融合。
- 公共关系(PR)和数字化的融合。
- 融合技术。

简 介

什么是数字整合营销

数字整合营销涉及3个关键领域:

(1)将数字营销整合到线下营销渠道,如印刷品、线下活动等。

(2)数字营销与其他职能部门的整合。

(3)数字营销与公关的整合。

我们将在下一节讨论第4点:销售和营销的整合。

数字整合营销是指,利用数字营销及相关技术为企业开发一种有凝聚力的方法,从而提升客户体验。在上一节中,我们已经了解到数字营销是如何一步步改善潜在客户培育过程的。

随着智能手机等新数字技术的出现,更高质量的内容创建平台、编辑软件和分发平台也都纷纷出现，任何人都可以发表和制作不同形式的内容，无论是文本、图像还是视频。但是，这种创造更多形式内容的能力也带来了海量的内容和碎片化内容。反过来讲，为客户提供信息和营销服务的公司比以往任何时候都要更懂数字营销整合。我们将在本节中探讨B2B营销人员面临的这一趋势和挑战性任务，以及如何真正地整合这些不同领域进行营销。

为什么要数字化整合

将数字化与其他领域进行整合，无论是与其他形式的数字化整合还是跟线下渠道整合，归根结底都是为了客户。现在，客户可以在短时间内横跨多个渠道消费内容，因此跨渠道整合数字内容可以提供更好、更无缝的客户体验。

数字化整合需要考虑的另一个因素是企业部门如何更广泛的利用数字化渠道。例如，客户服务部门的工作与市场营销部门的重叠程度更高，因为客户正在使用相同的渠道，这就会引起客户服务部门注意，反之亦然。

数字营销整合面临的挑战

下面是实施数字整合营销任务之初可能遇到的一些关键挑战。本节将为你提供一些解决这些问题的思路方法。

（1）要整合的内容是什么：使用多个数字渠道和多种形式的内容，不过难题是知道要整合哪些内容，有哪些渠道可利用。

（2）何时整合：了解什么时间是整合渠道的最佳时机可能比较难。对于这一点，最好考虑我们处在客户旅程的什么阶段，在哪些阶段最需要数字化整合。

（3）如何整合：由于整合的方法不同，了解哪些方法最适合你的内容，哪些方法最适合你的公司，这很重要。

（4）什么东西不需要整合：另外要了解，哪些渠道在客户旅程中是多余的、需要删除或忽略的。

（5）职能整合：了解如何进行部门间和职能方面的整合。

数字化与线下相结合

线下和数字化结合的前提是,潜在客户和客户并不是完全通过数字化的方式与企业进行交互的,也不是完全通过线上方式来进行一些活动。

在许多情况下,一些客户和企业仍然喜欢使用或需要使用线下渠道。也就是说,营销渠道已经向数字化方向发生了巨大的转变,这一转变只是使得我们更容易接触到客户、更容易定位到客户、更容易吸引客户和了解客户,并且一般情况下也更容易针对他们进行营销。因此,现在需要找到一种将线下活动整合到整体营销中的方法,无论是在内容层面的整合还是通过渠道整合,都是非常有益的。

在进一步探讨之前,我们快速了解一下什么是"线下"。所有不利用互联网或在线技术的营销渠道都可以视为线下渠道,包括印刷类杂志、印刷小册子、目录、传单、广告牌和线下活动等。

从哪里开始整合呢

一个比较好的整合起点就是客户旅程。B2B领域购买周期的早期大多使用的渠道更倾向于数字渠道,所以在这个阶段还不存在什么数字化和线下进行结合的问题。但是,随着客户在客户旅程中的过程进展,就会慢慢出现一些线下接触点。所以,你应该先了解在任何一个特定的客户旅程阶段,都有哪些线下接触点,然后重点对一些主要的线下接触点进行关注。创建一个类似于图5-6的地图可以帮助你直观地了解这个过程。

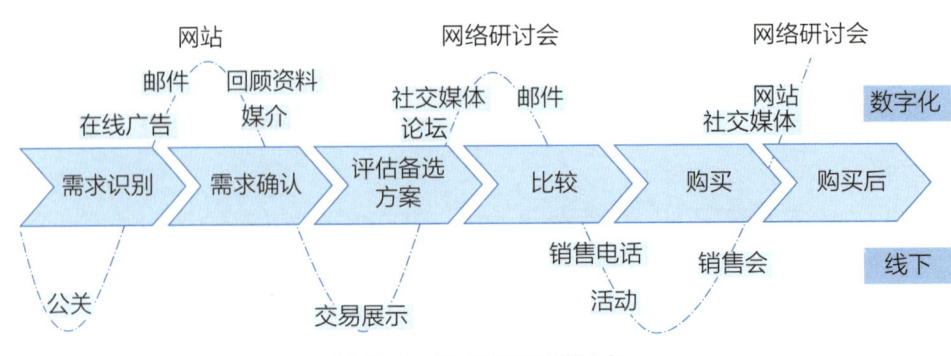

图 5-6　线上和线下接触点

数字整合规划

数字整合营销的规划是指，了解接触点并创建接触点地图的过程。客户服务最常用的接触点在哪里？什么是线下和数字接触点？有哪些常见的销售接触点？整合规划是为了达到一个主要目标：确保和优化客户体验。

数字整合营销的思考

• 如果按阶段划分，实际的接触点顺序是什么？如果客户正处于考虑阶段，他想做一些研究和评估现有的产品或服务，那么他会做哪些事呢？

• 如果按阶段划分，理想的接触点顺序是什么？

• 确定当前实际的接触点排序与理想顺序之间有哪些差别。

我们在前文已经讨论了如何优化接触点顺序以及如何绘制接触点地图。然而，如果你想通过梳理接触点来优化数字化整合，就是另外一回事了，因为我们也要考量客户服务、公关、销售以及线下营销接触点的情况。有时这个过程也被绘制成"客户体验"地图，而不是绘制成客户旅程地图。

线下整合技术

想要弄清楚如何整合可能是比较复杂的，因为对于B2B营销人员来说，有太多可选的可能了。一些市场部门或公司正在使用某些技术方式来提高整合能力，比如二维码、行动号召、网址缩写、标签、推特地址、个性化URL和搜索词。

我们可以详细地研究这些技术，因为它们可以实现线下营销和线上营销的整合，详情可查看表5-3。

二维码

从视觉上看，二维码是一幅正方形的图像，上面有许多弯弯曲曲的线条。想必今天每个人都已经经常使用二维码了，不管是在飞机上还是去电影院，到处可以看到二维码。二维码在零售营销和零售运营中的应用越来越多。

表 5-3　线下整合技能和技术

线下活动	如何整合
打电话（从网站打电话，一般通过数字技术进行电话追踪）	打电话追踪技术
事件（在事件中捕获潜在客户；在事件发生时追踪活动）	NFC技术（近场通信）；标记阅读器；标签；移动应用；短链接
直邮（利用数字整合进行直邮；捕获潜在客户）	标签；短链接；社交媒体地址；个性化URL
其他线下促销（广告牌、印刷传单和宣传册）	标签；短链接；社交媒体地址；二维码（QR codes）
会议（通过会议捕获联系方式）	名片阅读器

虽然二维码在B2C的各个领域的应用已经相当成熟，但现在才开始越来越多地在B2B中使用。二维码可以用于印刷广告中，也可以用在任何线下广告中，通过线下的二维码再将人们重新定向到社交媒体网站、案例研究、白皮书或其他适当的数字接触点中来。二维码也越来越多地应用于直邮营销中，为客户提供更全面的体验。

将线上CTA方法用于线下营销

使用CTA的一种方法是，将它们添加到印刷材料中，这会促使受众访问你的网站、社交媒体页面或特定的登录页面。CTA可以包含一些简单的信息，比如"关注我们"或"访问我们的网站了解更多信息"。

如果将受众引流到线上自有媒体中来，也可以更轻松地捕获信息。此外，这可能有助于引领潜在客户或客户到正确的媒介渠道和内容中来，进而优化客户培育的体验。

标签

这里的标签主要是指一种元数据标签，常用于社交网络，尤其是推特中用的多。2018年领英引入标签，并以类似于推特的方式对内容进行分类。

在离线内容中使用标签非常好，因为标签比网站地址更容易被人记住。也有一些工具可以跟踪标签，比如谷歌浏览器插件 Rite Tag，可以获取任何网站和移动设备上的字词或短文本等；比如专用于推特的智能标签营销工具Hashtagify；还有社交媒体分析平台Talkwalker，针对社交网络、新闻网站、博客以及论坛的在线会话提供监控和分析服务。

URL 短链接

URL短链接在线上营销中使用的比较多，应用的时间也比较久，如今在线下营销中也逐渐发挥了作用。URL短链接可以缩短网站网址的长度，从而在有限的线上空间中为营销信息留出更多空间，比如推特的推文有字符限制。

URL短链接在线下营销中也很有用，因为短的URL网址更容易被记住，这样就可以引流更多的网站流量。创建一个可以连接到线下活动或内容的URL短链接，企业就可以跟踪浏览过这个网址的用户。

一些有代表性的URL短链接包括：专门提供缩略网址服务的网站TinyURL；提供免费域名缩短服务工具的is.gd。大多数URL短链接技术还可以提供一些汇总数据，比如点击网站短链接的数量情况。此外，大多数URL短链接技术也可以将网址转换为二维码，所以我们可以同时使用这两种技术。

> **实用技巧**
>
> #### 使用自定义 URL 链接实现可跟踪性
>
> 跟踪线下流量的一种方法就是使用自定义URL链接。没有自定义URL链接的话，就无法全面监控你的市场营销情况，重要的洞察数据或网络流量就会无法获取到。
>
> 运行一个URL链接就意味着，你在将一个网络页面或不同的网络页面专门绑定到某个营销活动或某个客户角色上。如果同时运行多个营销活动，那就需要为不同的营销活动运行不同的URL链接。

为邮件营销制定的个性化 URL

个性化URL是根据用户角色或某种类型的人专门创建的。个性化URL对直邮营销来说非常有用，因为链接可以打印在传单或邮件上，通过这种方式，企业可以跟踪用户参与营销的情况并捕获信息。

可追踪的电话号码和 UTM 参数

除了URL链接外，电话号码也可以印刷在营销材料中，与上面不同的是，电话号码是与特定的广告对应起来的。跟踪电话号码的通话情况或者URL网址的访问情况，都可以让我们捕捉到营销活动的进展信息。另外，还有其他技术可用，比如UTM参数，它是附加在URL链接上的简单代码，可用于跟踪源代码、渠道或营销活动信息。当我们设定好UTM参数，即可追踪网站活动的流量来源，不同流量来源所占的比例等。有了UTM参数，谷歌分析工具就可以分析搜索来源。

整合直邮

直邮是指通过投递方式而进行的任何形式的商业推广活动。2010年初期，由于电子邮件营销的出现，直邮的使用量有所下降，但对于一些B2B营销人员来说，直邮仍然是一种有效的工具。

在一项针对1000多家B2B营销人员的调查中发现，57%的企业营销人员认为，直邮营销在某种程度上是有效的，22%的人表示，他们觉得这种方式非常有效（物资需求计划，2016）。随着电子邮件的广泛普及和B2B通信向数字化转移，在过去的几年里，人们收到的线下邮件数量急剧减少。如今，直邮的营销方式已经比较少使用了，不过也可以把直邮当作是一个有趣的营销渠道再度利用起来，因为有时候它的效果比其他营销渠道更突出。

通过技术整合直邮

直邮可以让营销人员触达用户并吸引用户的注意力，但直邮的成本也非常高。为了让直邮营销达到效果，并且让直邮方式适当地整合到整个营销活动中，以下方法可以参考使用：

• 提供二维码、推特地址、标签，或者同时提供这些，让客户有更多参与数字化渠道的机会。

• 给客户展示一些信息内容，让他们有机会参与到线上活动中来，在这个过程中，客户就会发现很有意思。

• 给客户提供个性化的URL网址，让客户感觉到有一种专属的优待。

• 使用NFC技术，这项技术可以让潜在客户及时参与到数字内容中。NFC技术的工作原理是在发送短程无线电波的邮件中嵌入一个小芯片。如果客户有一部支持NFC的移动电话，当电话靠近芯片上方时就可以激活数字体验。

将社交媒体与直邮相结合

直邮和社交媒体可以通过以下不同方式进行整合：

• 在社交媒体上发布直邮的内容或者其他与直邮相关的形式，然后使用社交媒体目标定位技术，获取到与直邮目标客户样本一致的客户群。

• 当所需的材料设备等确定并制作完成后，在社交媒体平台上展示直邮内容，确保这些内容尽可能广泛地传播和浏览。

• 在直邮所需的材料中添加社交媒体账号图标。

• 在直邮营销活动中学会利用社交媒体数据和客户洞察数据。

整合事件

事件的作用

当大家提到"事件"这个词时，有些人往往会想到针对消费者的户外娱乐活动或与此相关的营销活动和事情。在B2B营销中，为了满足市场营销和商业需求，事件的风格可以有数百种。我们可以制造某些事件或活动来调查和了解客户信息，从而提高客户对产品或服务的认识，吸引客户，留住客户和培育客户。

当然了，当我们谈论事件活动时，更多地认为它是线下实体的那种事件活动，那么数字化体现在哪里呢？以下是一些可以在事件中使用数字化的方法。

移动应用程序

我们可以为事件活动创建移动应用程序，以此来促进客户的参与度。人们可以在移动应用程序上跟随着事件活动的主题和内容安排的流程走，同时他们也可以在其中跟其他参会者互动，比如发表自己的评论、发布照片或其他形式的互动。对于B2B营销来说，这种方法也可以作为UGC内容生成的一种模式。

拍摄活动视频

之前做过的营销活动也是有用的，比如可以把之前的活动视频内容进行剪辑，做成一个花絮摘要形式的，然后用这个花絮视频来预告接下来即将要开展的活动。所以，对前期活动的摘要式视频可以激发用户的兴奋点，从而提高活动的出席率。除此之外，还可以把活动当天的视频剪辑成一个回顾性的视频，这个方法也有效果，会激发人们更强的认同感。

与有影响力的人合作

数字化整合其实还有其他方法，比如利用那些在数字平台上比较活跃的有影响力的人或行业专家。他们不但会活跃在社交媒体上，而且也可能有自己的博客。通过与这些有影响力的人合作，来扩大活动营销的影响范围。跟这些有影响力的人合作，方式有很多种，比如把活动链接和推特内容分享给他们，邀请他们发表演讲和参与此活动。

在活动中善用社交媒体

在事件活动中可以运用社交媒体，但同时也创建一个与社交媒体同步消息的网络和讨论板块，这两者并行就可以提升客户体验。如果回归到技术基本层面，那就是在你自有的社交媒体账户上创建一个事件活动标签或发一个活动帖子。

事件活动前数字营销

在活动开始前，可以利用数字技术先来确定哪些客户是我们的最佳选择，当然我们要先判断这些客户是潜在客户还是客户。在客户定位方面，我们可以使用不同类型的定位方式，广告定位也可以，基于行业或话题而进行的更为详细的细分也可以。

第 5 章
数字活动管理与整合

事件数字化营销的类型可以包括信息传播或通过电子邮件进行提醒。针对事件活动也可以根据相关主题和话题来创建博客内容，或者在自有媒体网站上发布信息，或作为搜索引擎优化战略的一部分以促进潜在客户关注。如图5-7所示。

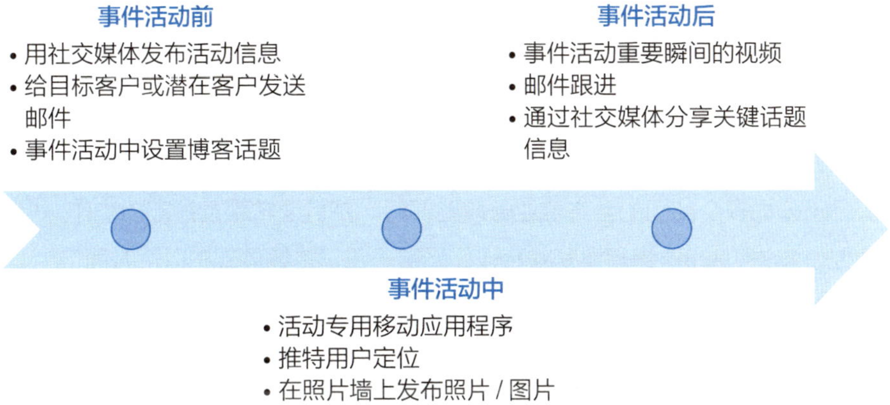

事件活动前
- 用社交媒体发布活动信息
- 给目标客户或潜在客户发送邮件
- 事件活动中设置博客话题

事件活动后
- 事件活动重要瞬间的视频
- 邮件跟进
- 通过社交媒体分享关键话题信息

事件活动中
- 活动专用移动应用程序
- 推特用户定位
- 在照片墙上发布照片/图片

图 5-7　事件和数字化营销

事件活动中数字营销

在事件活动中进行营销的话，推特这种类型的社交媒体无疑是最适合的渠道选择之一。当然，这是由推特本身的推文性质决定的，因为短小精悍，推文可以在移动设备上轻松地编辑和阅读。所以，可以利用此类社交媒体进行事件活动信息的更新以及发布活动亮点信息。

在活动中，可以设置一些官方标签，以此吸引参与者进行更多的内容分享、回答问题、与他人互动交流。移动渠道也是事件活动中最受欢迎的数字渠道，这样就可以在活动时轻松地联络到参会代表。

活动类型也多样，比如可使用短视频、与会者问答和演讲者访谈等，这些方式都可以用来创作丰富多样的内容，就算在活动结束后，这些方式也都可以延续出很多的内容话题。

事件活动后数字营销

活动结束后，分享和生产的信息内容不用删除。你可以重新调整这些内容，放在

207

新的博客文章中、白皮书中、电子书中和其他互动项目的内容中。

活动统计出来的数据可以创建新的信息图形或图表，可以让没参与活动的客户或潜在客户进一步参与其中。

公关与数字整合

在企业的营销团队中设置公关部门是非常正常的一件事。在许多公司，公关被认为是服务于公司多个部门的全方位业务职能部门，并且通常跟营销部门协作，位居于次要地位。公关和B2B营销需要紧密合作，团结一致，主要体现在以下方面：

• 公关可以帮助内容营销创建活动，帮助确定内容主题、内容活动、安排内容渠道路径和生产内容。

• 公关可以确保信息通畅、维护企业声誉和思想领导力，为B2B营销的媒介资源助力。

• 公关可以成为搜索引擎优化的重要组成部分，比如构建链接，通过链接联系到有影响力的人、行业专家、记者和博主。

• 公关可以为营销活动确定出关键的合作伙伴都有哪些，也可以帮助管理这些关系。

赢取的媒体

我们在前几节中也介绍过，赢取来的媒体可以弥补媒介渠道，成为一个强大的免费报道资源，赢取的媒体可以最大限度地接触到受众，并且也容易获得客户的信任。此外，赢取的媒体始终被业界认为，比自媒体更有效率[1]。

通过将公关与其他营销方法相结合，所有的信息就可以统一运作了。由于B2B客户在客户旅程早期和中期会使用各种媒介渠道对产品或服务进行研究，所有在这些阶段，对外宣传的信息应该确保一致性，而且这些信息还要容易被人记住。信息的一致

---

[1] 史密斯（2019），《2019年市场营销宣传展望：谁掌握了先进技术谁就掌握了成功的关键》，来自营销技术新闻网，访问时间2019年12月18日。

性也会给用户带来信任感。当潜在客户看到信息都保持一致时，他们会愿意相信你，并相信你对这个领域比较了解，有权威。

如何整合公关

提到这个问题，那我们的答案就是，先从受众开始着手。与你的公关部门或公关代理机构分享客户资料，分享客户角色信息。这样他们就可以帮助你识别出那些正在使用公关媒介渠道的受众。将公关纳入内容生产计划的一部分，了解公关可以在哪些方面为其他部分提供支持以及如何为其提供支持。比如，公关提供一些基于UGC的内容活动。

将公关部门的同事纳入内容分发或推广工作中来。例如，大多数公关部门或公关机构都可以提供影响力营销方面的服务，他们可以确定哪些人是关键参与者，或者可以管理营销活动的触及范围，甚至对舆论领袖进行活动管理。提到信息分发，在公关领域有很多可赢取的媒体渠道可用。

最后，在你的新闻稿、新闻报道和任何公关内容中都加入关键词设置，这都意味着可以触达到更多的受众，并且提供了更多反向链接的机会，帮助搜索引擎优化和产生网站流量。

数字化和客户服务

过去，很多客户服务更多地通过电子邮件和电话进行，如今客户服务这部分工作也越来越多地采用数字技术和渠道来进行了。现在，很多公司通常会专门设立一个客户服务社交媒体账号，比如推特用户定位功能，或者建立一个客户服务博客，并在网站上留出空间专门供客户讨论服务方面的问题。

形势不断发展，如今数字化发展也越来越明确地告诉我们，客户服务工作需要与市场部更紧密地合作，主要原因如下：

（1）客户服务的痛点：这个问题在以前的产品或服务营销中没有过多涉及，但在将来的营销中会得到解决，减少客户服务咨询量。

（2）管理客户对品牌的感知问题：一个糟糕的客户体验可能导致客户对公司有

错误的看法。因此，客户服务应该与市场营销一起通过正确一致的沟通途径解决这一问题。

（3）一致性问题：这一点尤其跟通过市场营销捕获到的客户洞察资料有关。营销和客户服务应该协调起来，无论在线下还是线上营销中，都要保持信息的一致性。

客户服务可以按以下方式整合到数字化营销当中：比如，公司网站页面中间要有关联，尤其是针对复杂产品设计的多个网页，这些网页可以设计帮助窗口、简短的问答框和聊天服务。

此外，还可以在客户服务电子邮件中或推特上提供链接以引导客户获取信息。

将数字化营销和客户服务整合起来有很大好处，可以减少运营成本，提高客户忠诚度。如果想把数字化与其他领域整合，你应该考虑以下几点：

• 如何利用内容将不同的数字化渠道整合在一起，营销内容是否可以提供更加无缝衔接的客户体验？

• 如何将任何潜在的线下接触点整合到数字化体验中？除了客户旅程之外，还应该考虑所有环节该怎么过渡，找到整合的机会点在哪里。过渡点就是数字化和非数字化渠道之间衔接的点。

我们虽然可以通过客户洞察研究来了解到上述信息，但不如跟客户一起针对这些接触点进行一遍模拟，虚拟走一遍流程也是很重要的，这样就可以了解事情之间是如何整合的。这样的模拟过程有助于找到哪些地方或环节存在最大的弱点。

数字化整合过程

数字化整合过程可概括为以下步骤（详情请参见图5-8）：

（1）确定面临的挑战是什么？目标是什么？为什么要解决这些问题？例如，你想优化培育过程，想提高用户认知，想改善整体的客户体验。

（2）确定与实现目标相关的渠道有哪些，了解哪些渠道有助于客户体验或有助于目标达成，因此要确定哪些人有最大的影响力，同时也要考虑到技术的问题。

（3）审查活动中要使用的内容。核查正在使用的信息和买家角色是否匹配，内容一定要最合适。

（4）创建相应的内容，内容要与渠道整合相关。创建内容或整合内容时要考虑内容的角色是什么，希望发挥什么样的作用以及与其他渠道有什么关系。

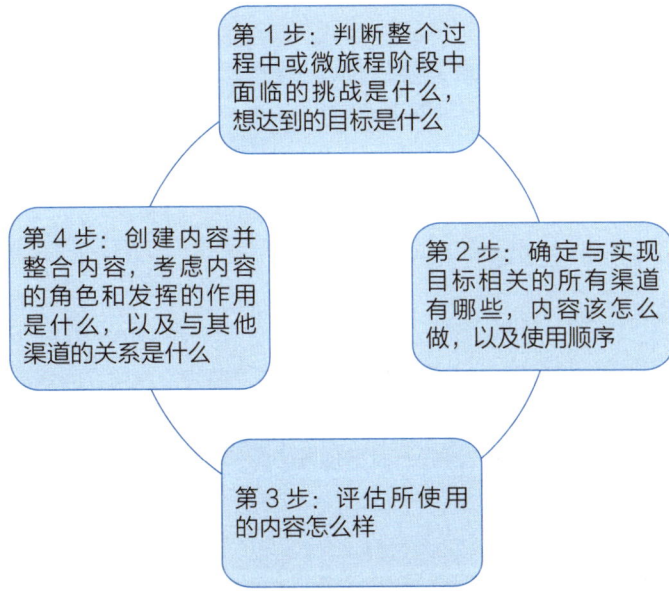

图 5-8 数字化整合过程

练 习

1. 选择一个客户细分群体,并截取他们购买旅程中的一个阶段,然后画出他们的接触点在哪里,标记出数字化接触点和线下接触点的位置。
2. 分析线下接触点在其中所起的作用以及接触点前后位置处于什么样的角色,想一想哪些方法可以更好地促进和支撑线下接触点和线上接触点之间的过程阶段。
3. 评估能够完成整合的不同方法,例如,个人网址(PURLs)、二维码和标签,看看哪些技术适合哪些类型的接触点?

14 数字营销与销售

你可以从这一节中了解到什么呢？

阅读本节后，你将了解以下内容：

- 如何进行销售？
- 如何为销售助力？
- 如何评估销售？
- 如何考察电子邮件和销售电子邮件跟踪？
- 社交媒体和销售。
- 基于账户的营销。

简 介

参与销售和营销

在过去，销售和市场营销往往被视为相对完全独立的角色。销售和营销的区别在于，市场营销通常重点根据营销组合的4P（产品、价格、渠道、宣传）进行，而销售则更多负责从购买过程的早期到客户关系的持续管理。因为客户经常会更早地进行决策考虑，所以销售人员也有很多机会引导客户完成他们的客户旅程，培养潜在客户的兴趣。以前，大家甚至认为营销的作用非常有限，比如仅仅限于营销传播，在4P营销组合里只是在"渠道"这个环节发挥作用。

但今天，这一切都改变了，正如大多数B2B营销人员所经历的那样，营销的角色变得更加广泛，以至于与销售人员的工作有很多重叠之处。从图5-9可以看出，销售和市场营销之间有很多交叉，交叉通常发生在购买旅程中间阶段的某个地方，虽然因为企业和行业不同会有些许差异，但大多数情况都是如此。

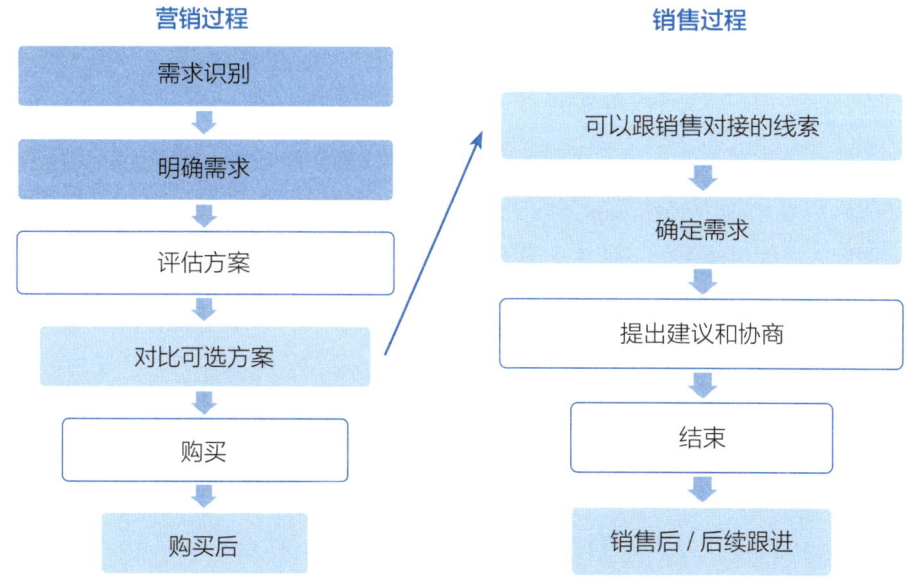

图 5-9 销售和营销过程

为什么 B2B 销售和营销需要合作

那么为什么B2B销售和市场营销要合作呢？简言之，他们需要彼此都把工作做好。销售和市场营销可以通过不同的方式互相帮助。与以往相比，营销部门如今有许多技术可用，比如，数字化技术可以帮助营销人员确定客户的兴趣和在线行为。营销部门还可以通过在线监控的方式识别客户的情绪。

总体而言，由于数字化和数字技术的发展，今天的营销人员与10年前、20年前相比，与客户接触的机会要多得多。以前，我们只能通过对客户进行调查研究才能获取客户数据，但现在，营销人员可以通过网站、社交媒体渠道或其他数字分析技术获取到数据，在购买前和购买后持续不断地捕捉到客户的行为数据。

无论是潜在客户还是既定客户，他们也越来越多的使用数字化内容和数字渠道。这意味着，营销部门和销售部门越来越需要了解如何更好地利用数字化媒介、数字化内容和数字化技术，如何利用这些技术来改善用户体验。

市场营销部门现在可以拥有大量的与客户、企业有关的数据，正是因为有了数字技术和应用程序工具的存在，才会让营销人员慢慢变成数据专家。并且，营销人员不仅要有能力存储数据，而且还要通过挖掘数据和应用数据分析结果，将数据应用到生活中。

销售的角色和职责范围也发生了变化，比如，一些销售人员意识到他们的角色越来越广泛，越来越多的市场需求要求他们采用更软的销售方式，如利用在线社交媒体活动等。随着销售人员越来越多地了解了社交媒体和其他形式数字化营销方式的使用，营销人员很可能需要在销售人员的帮助下拓展学习如何利用其他数字渠道。

B2B 销售面临的挑战

如今，B2B的客户也有更多机会可以参与到销售过程中了。他们会研究和评估企业给出的不同解决方案和可替代性方案，他们往往在此阶段不喜欢被一些供应商打扰，而是自己先去做一些关于产品或服务的前期调查研究工作。

信息到处随手可得，这会让潜在客户在购买旅程中的后期阶段才会跟企业接触和产生互动。原来的所谓销售周期如今变成了融合营销和销售两个阶段的周期，市场营销在其中更多承担了识别、吸引和引导潜在客户的责任，直到这些客户能够与B2B销售人员对接为止。

有研究表明，买家前期花费在研究产品或服务上的时间变长，他们购买计划的制订时间也增加了，这整体导致了整个购买周期变长。市场调研公司弗雷斯特的数据研究表明，74%的商业买家在进行线下购买之前，会先在网上花费一半以上的时间去做调查[1]。

此外，从整个购买旅程来看，如今销售人员与客户开始接触和互动的时间都变得靠后了很多。而客户也期待企业的销售团队已经完全准备好了各方面的工作，已经很了解客户和支持客户。所以这样看来，这两者之间似乎是对立的。

销售人员冷不丁地给潜在客户打电话，这种冷电话的方式不再奏效了。我们也已经看到，销售人员可能打8~10个电话才会有一个人接听。但在10年前，销售人员打2~3个电话就有一个人接听[2]。所以，客户在跟销售人员接触时，他们已经掌握了很多

---

[1] 威兹多（2015），《B2B买家旅程地图基础》，来自Forrester网站的博客数据，访问时间2019年8月1日。
[2] 克拉克（2018），《21种重要的B2B电话推销统计数据》，来自ZoomInfo网站，访问时间2019年8月1日。

信息，这意味着销售人员要改变以往的销售方式，用全新的方式迎接客户。销售人员不要太过依赖销售宣传，而是更多地有针对性地了解客户到底面临哪些特定的问题，并引导更多的客户进入购买阶段。

鉴于上述这些变化发生得如此快，销售和市场营销部门之间的工作需要更加顺畅。销售和市场营销部门共同掌握市场和客户的信息，并将这些信息结合起来让两个部门在各自分工的领域内更有效地发挥作用。

提升销售和营销参与度

为了提高销售和营销参与度，公司应该先着手看看销售和营销部门是否针对的目标市场是正确的，方式是否正确。理想情况下，你需要对互动的层次和质量进行评级。

在审查销售和营销工作中，你可能需要考察不同方面的内容。首先针对营销部门的情况进行评估，可以分解为以下方面：

- 分享客户洞察数据。
- 分享营销活动的背景。
- 沟通频率。
- 信息的可用性。
- 信息质量。
- 提供的销售线索质量。
- 与销售人员进行适当的沟通。
- 培养潜在客户和客户的内容。

然后是销售部门进行回顾，评估营销方面的工作：

- 分享客户洞察数据。
- 账户信息共享。
- 跟踪线索。
- 及时反馈。
- 及时请求信息。

- 内容的使用情况。

以上只是举了一个例子，你可以用1~5分来评价这些方面做得怎么样，其中1分为差，5分为优。

可让销售和市场营销协调成功的关键点

- 通用KPI：用销售和营销通用的标准来制定目标和KPI考核指标，这样两个团队都可以朝着一个共同目标努力，并跟踪绩效情况。应向销售和营销人员传达和解释KPI数字都是什么意思，这些数字跟他们的目标之间有什么关系。

那么，哪些是关键绩效指标呢？比如，绩效指标可以是已经准备好的客户线索数量，存在销售机会的数量，与营销线索有关的渠道和收入有哪些等。

- 共享技术：销售和市场营销之间面临的挑战之一是，如何提升信息共享和任务协作的效率。随着各种数字技术的发展，这些挑战可能会很大程度上被解决掉。比如，一些工具就可以解决这些问题，比如，可以提供超大文件临时中转服务的网站WeTransfer，还有提供云端存储服务的Dropbox（多宝箱），另外谷歌硬盘（Google Drive）也可以实现存储和共享功能。

- 协作工具：可以提供实时协作的工具有很多种，比如Slack就是一种聊天式协作工具，可让员工之间进行交流和传输文件。另外，像印象笔记（Evernote）、谷歌Hangouts和Fuze都可以实现类似功能。

- 使用客户角色：通过使用和分享客户角色信息，销售人员可以了解市场营销重点活动和计划背后的更多背景信息。相反，随着时间的推移，市场营销可能会将得到的反馈信息再次输入到客户角色中，从而补充客户角色数据库。

数字销售和营销的 3E

除了上面的概述外，我们还可以利用数字化的3个核心方面来提高销售和营销效率，以及解决它们之间如何协同工作的问题。这3个核心方面可以分为：如何给销售赋权、如何为销售赋能、如何对销售进行评估。我们可以将这3个方面称为数字销售和营销的3E，如图5-10所示。

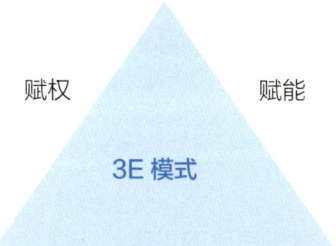

- 社交媒体使用培训
- 公司博客销售
- 网络研讨会平台
- 强化社交媒体上的简介

- 易于访问的内容
- 内容分发软件或平台
- 面向销售的沟通应用程序
- 内部社交媒体应用程序
- 内容调度平台

- 跟踪销售"参与度"
- 跟踪销售活动
- 跟踪潜在客户跟进或接受度-CRM
- 促进反馈
- 社交媒体活动

图 5-10　数字销售和营销 3E 模式

给销售赋权

大家可能忘了，销售专家和他们所拥有的销售知识有多么大的价值，可能也会忽略销售对企业和营销的意义是什么。

为了增强销售能力，可以允许销售接触和使用公司的自有媒体平台，为他们提供更多的机会去使用社交媒体，让他们能更多地接触和吸引到客户或潜在客户，并且给他们足够的权限去写一些话题类文章或分享他们所属领域的行业知识。

与此对应的做法就是，对销售人员进行结构化的、更先进的社交媒体培训，内容包括：如何以恰当的方式合理合规合法的使用社交媒体。虽然社交媒体活动在本质上应该提供真实的信息，但当使用社交媒体来代表一个企业时，也有一些应该做的和不应该做的事情。有些销售人员自己也在其他平台上有自己的社交媒体账号，也可能凭自己的能力成为某个领域的专家了。

为中小企业提供一场与营销活动主题相关的网络研讨会可能也是非常有趣的事情。一些公司希望他们某个领域专家在内部创建搜索引擎优化内容，例如创作一些短视频或文章，或其他形式的内容，然后发布在媒介平台上。这样的话，销售人员才会真正为你所用，支持你的搜索引擎营销工作。

通过口碑、电子邮件和社交网站发布内容时，你的销售团队就可以变成营销信息和内容的超强放大器。所以，在适当的时间为他们提供合适的内容让他们去广泛传播，这是非常关键一点。

为销售赋能

第2个E就是为销售赋能，促进销售的工作。在这个过程中，需要为销售提供信息、内容和工具，这些信息、内容和工具有助于销售人员更有效地完成销售工作，帮助他们在客户整个购买过程中用恰当的方式成功地吸引客户。可以通过以下方法为销售赋能：

• 内部社交媒体：用最新的信息更新销售的头脑，确保他们始终接触到最新信息。比如，可以帮助企业加快社交媒体触达率的内部社交媒体应用程序GaggleAMP，就可以确保销售人员接触到最新的话题，内容也易懂易得。还有一些其他应用程序，比如，社交媒体管理平台Hootsuite可以帮助企业员工进行宣传沟通。

• 内容调度平台：通过内容调度平台，销售人员可以根据时间按时接收到内容。这可以让大家对不同阶段的信息有一致性的了解。有研究人员表示，65%的销售代表说他们在给潜在客户发送信息时找不到要发的内容[1]。所以，解决这一问题，就可以改善销售和营销团队之间的动态协调。

• 内容共享：企业可以建一个在线公共空间，这个空间就像是内容访问中心，在这里，销售人员可以获得结构化的标准的内容，这种方式对他们大有益处。不过，要确保销售人员明白怎么使用在线内容中心。尽管这些内容还可以通过在线门户网站分发给他们，但电子邮件或支持社交媒体链接植入的电子邮件分发信息，也是可用的方法，或者发布一些带内容链接的帖子也可以。

有一些工具可以帮助我们进行内容规划和安排，比如可以提供协作服务的工具Trello，社交媒体管理平台Hootsuite，还有提供内容分发计划的平台GaggleAMP，另外工具Circulate.it和 list.ly也都可以提供一些调度方面的功能。

• 辅助电子邮件：与其机械地让销售人员发送那些自动电子邮件，不如给他们提

---

[1] 墨菲（2015），《营销活动和销售策略一致会带来哪些业务影响？这里有10项统计数据可以说明》，来自Kapost网站，访问时间2019年8月1日。

供一些抹去私人信息的电子邮件模板，让他们有更大空间。销售人员可以决定何时以及如何发送这些电子邮件，他们也可以自己安排在邮件中添加多少个性化设置。所以，这种方式是一种辅助数字营销的形式，销售人员虽然是手动使用数字营销，但他们却以更适合的参与方式进行这项工作。通过这种方式，销售人员在给客户打电话之前，甚至在打电话时直接发送电子邮件。

使用电子邮件签名

还有一种方法可以帮助销售人员与客户进行沟通，那就是在电子邮件中添加电子邮件签名以及相关注解。在电子邮件签名中，公司可以在电子邮件内容底部添加行动号召按钮或一些提醒信息。

电子邮件签名的解决方案可以帮助销售人员"推动"收件人进一步行动。作为一种赋能形式，这些方法可以让销售更加专注于销售和营销合作进行的一些活动。例如，提醒销售人员注意哪些最新的信息内容、客户洞察数据可用，哪些新报告可用，或者提醒他们哪些潜在客户需要跟进。其实也有技术可以用的上，比如工具Rocketseed（火箭）就可以为企业之间的通信提供电子邮件签名解决方案，也可以为客户和潜在客户营销提供一些功能上的支持。

使用过Rocketseed电子签名邮件的客户，他们的参与度提高了20%～30%，所以他们既可以积极参与到销售活动中来又不会产生什么不适，这一点是非常强大的[1]。

对销售评估

对销售进行评估就是我们要讲的第3个E，这个E和数字化有关，主要是跟踪销售人员如何使用和参与到数字化平台中来。

- 跟踪数字平台的使用情况：如果你建立了内容共享平台，那么你就可以跟踪该平台上的销售活动。你可以看到当销售人员登录时，他们看了什么，他们看了哪些页面，他们下载了什么内容等。一些内容平台还提供问题解答或简短测试来帮助销售人员理解平台上的内容讲的都是什么。为每个销售人员分配一个独立的ID，也可以帮助

---

[1] 汉普·亚当斯（2017），《"火箭种子"概要：新闻、评论和一些必做的重要提示》，来自火箭种子网站，访问时间2019年8月3日。

销售主管跟踪团队的销售参与度情况。

• 跟踪线索和线索移交：像CRM或营销自动化类的数字应用程序，可以帮助销售跟踪潜在客户的接收和后续跟进情况，从潜在客户热度较高开始直到周期结束的过程中都可以一直跟踪。有一些CRM应用程序还可以发现我们对潜在客户的沟通是否足够，如果发现潜在客户跟进不足，就可以设置电子邮件触发器。例如，如果系统发现两天内未跟进潜在客户，就会触发电子邮件的提醒时间，然后提醒通知销售人员该跟进潜在客户了。

• 内容消费：评估一下哪些内容是客户正在下载的。可以在内容中心的区域设置评论区功能，让销售参与讨论，看这些内容他们是否喜欢，或者他们认为该如何优化这些内容。另外，我们也还可以通过内容分析方法来跟踪下载速率、点击率和页面浏览量。这些指标和其他指标也可以一起作为评估内容质量的指标。

• 对销售人员进行调查或测验：对销售人员进行调查可以帮助我们评估与营销推广活动有关的事情开展的质量怎么样。当然，也可以利用到一些应用程序，它们还可以跟踪电子邮件的使用情况。像Sidekick（助手）和Mixmax（最大化混合）这些工具还可以跟踪销售使用了哪些电子邮件模板作为常规性的内容电子邮件营销活动。跟踪电子邮件的软件会在发送的邮件中放置一个我们用肉眼看不到的微小图像像素，此像素可以帮助销售监控，收到邮件的客户打开电子邮件的时间和地点、打开的次数、在什么类型的设备上打开邮件等信息。

 案例研究

马士基钻井公司

马士基钻井公司（Maersk Drilling）是一家全球领先的海上钻井承包商，该公司通过采用SaaS销售软件Showpad（展示台）的技术支持，不仅改善了销售和营销运营，还提高了与客户的接触频率。

主要解决的问题和得到的益处

马士基钻井公司自己的营销部门利用Showpad技术解决了许多棘手的问题。比如，它面临的主要挑战问题之一是，他们的客户可能在偏远地区，但在信息相对不发达的时候，仍然要为他们提供高质量的信息内容，因为客户有强烈的需求。所以这就是给销售提供在线和离线内容时要考虑的问题的方向，不仅要把信息给到销售，还要考虑这些信息如何到达客户。第二个面临的挑战是，超大文件如何通过云的方式让客户获取到，比如视频文件、丰富文本内容、交互式小册子内容，这些文件都比较大。他们通过使用Showpad就可以解决这些问题，大型文件不仅可以让自己的销售人员轻松访问，也可以被客户轻松访问，所以该公司需要寻找专业性高的、能提供高质量解决方案的公司一起合作。

马士基钻井公司授权给Showpad的内容解决方案就像是一个专业的内容中心，可以同时满足内部和外部的所有请求。如果销售人员需要产品信息、视频等文件，都可以在一个地方找到所有内容。当然，马士基钻井公司的市场部门需要定期更新内容并上传到Showpad网站上。

Showpad 如何给营销带来益处

销售人员从Showpad中受益匪浅，而且还支持了他们的市场营销工作，因为市场部能够了解到每个销售人员使用Showpad的行为。比如，市场部可以看到他们使用了哪些内容，以及使用的频率，哪些内容可以用来指导内容策略的制定，哪些可以对营销部门的预算决策起到作用。

Showpad平台提供的数据分析可谓非常详细，市场营销人员可以就内容使用情况与销售人员进行更为顺畅的沟通。他们不需要担心通过电子邮件发送信息时出现不清楚等情况，也不需要再通过电子邮件彼此发送信息。Showpad平台还具有多功能特点，任何类型的视频或丰富的内容（如CAD图纸）都可以嵌入到文档中或保存在平台上。

所以，通过利用Showpad平台，工作的透明度大大增加了，也成为销售人员和营销人员的中心枢纽，他们之间可以更大程度实现工作的协调一致。

销售流程和 Showpad 的融合

Showpad平台不仅帮助营销人员分发内容，而且可以帮助销售人员提高客户的参与度和会议效果。Showpad平台提供的分析数据，可以帮助销售人员了解客户何时在查看文档或内容，客户查看了哪些区域、哪些页面，哪些内容是他们点击的，哪些是未点击的。销售人员根据这些信息就可以了解客户的兴趣点。

此外，当客户查看文档内容时，Showpad平台会给销售人员发送通知提醒。马士基钻井公司比较注重的会议场景是，如果与一位客户会面，会议有7个人参加，那么这7位决策者都可以使用Showpad平台。通过了解看内容的人，销售人员就可以了解该群体的动态、兴趣情况，从而了解他们需要更多关注哪些人。

同时，该平台还可以让会议变得更加动态，帮助销售人员最大限度地提高会议的产出。

Showpad平台已成为销售环节的必要支持系统，马士基钻井公司的市场部能够更好地开展销售活动，且更好地支持销售人员。

销售电子邮件跟踪

与传统的营销电子邮件相比，销售电子邮件管理和跟踪有一些不同之处。营销电子邮件通常是一对多的发送，而销售电子邮件的沟通则更为个人化，往往是一对一的发送。

自动拨号和线索跟踪

现在的销售电子邮件跟踪技术大部分都包含自动拨号器功能，这样就可以把线索管理和对外联络融合到一个工具中了。自动拨号器是一种电子设备或软件，它可以自动拨打电话号码，一旦电话被接听，自动拨号程序要么播放录音信息，要么将电话连接到销售人员。

跟踪报告

销售电子邮件跟踪器通常针对个人的电子邮件出具一系列报告指标。例如电子邮件的打开时间和打开次数。另外，还可以跟踪其他更详细的信息，例如内容参与度（收件人在电子邮件中查看附件或PPT的时间）。目前市面上有各种销售跟踪软件可用，其中最受欢迎的有Outreach、Yesware、Sidekick和Mixmax。

销售和营销如何利用 CRM

CRM是一种客户关系管理技术，提到CRM时多数情况下都与销售有关，但CRM也可以为市场营销提供许多帮助，比如可以改善销售和营销的合作方式。

CRM通常是销售人员主要使用的技术，因为它很方便，可以跟踪客户的方方面面信息。但是，关于营销活动来说，CRM有什么用呢？销售人员可以利用CRM更好地跟踪市场营销活动中产生的销售线索，并且可以帮助销售人员确定哪些客户可能会进行下一阶段的采购。

CRM可以为市场营销带来一些切实的好处，比如，可以利用CRM管理系统中的数据对客户进行细分。它还可以支持基于数据驱动的营销活动，通过对客户购买情况的洞察数据来了解客户过去和现在的行为。当然了，市场营销也可以使用CRM管理系统来跟踪线上的营销活动和销售活动。

销售和社交媒体

B2B销售的全部工作就是接触到潜在客户，并建立与潜在客户之间的联系和关系，以引导潜在客户逐步朝着购买产品的方向发展。在这个过程中，如果能利用好社交媒体，事情就会变得有趣很多。因为，经过培训的销售人员手中掌握的社交媒体资源可以帮助他们更全面地理解客户，也可以帮他们更好地评估潜在客户都有哪些兴趣，从而可以使用适当的方法来捕捉和培养这种兴趣。

社交销售工具

提到社交销售工具，也有一系列可选项，比如领英销售导航（LinkedIn Sales Navigator）等工具都可以帮助销售人员监控潜在客户。领英销售导航工具允许销售人员将客户联系人和业务信息从CRM账户导入到该工具中，然后利用导航跟踪领英中的账户信息和客户行为。

在分析账户、确定细分领域、确定行业和产品等一系列工作后，领英销售导航就可以为潜在的客户和可发展的潜在客户推荐产品或服务。

另外，还有一些其他的可用于监控客户或潜在客户的工具，这些工具往往是基于客户的管理软件技术。这些技术通常是一些专用软件，可跟踪针对目标客户企业内多个利益相关者所进行的营销活动情况。

参加小组活动

使用社交媒体平台的一个很好的方法是跟踪潜在客户或客户比较活跃的论坛和小组，或者参与到其中。对销售人员来说，这是一个很好的研究来源，因为客户会在一个非常公开和透明的渠道中提出问题、收集信息并提醒自己。不过需要注意的是，有些社交媒体论坛是需要会员身份才能加入的。

最常用的产品研究工具有问答社交网站Quora、脸书群组、领英群组和社交新闻站点Reddit上面的子板块。当然还有很多其他的工具，比如特定行业的在线论坛等。

通过这些社交媒体组，你的销售团队可以了解客户或潜在客户的需求是什么，并且也可以向他们推送后续的会议信息，更好地了解他们咨询的问题。

销售支持成熟度模型

销售支持成熟度模型是了解整个企业销售支持水平的一种有趣的方法。图5-11是开发的模型中与营销相关的销售支持成熟度。以下是成熟的关键阶段。

- 临时阶段：在这一阶段，可能会没有销售支持材料。通常，没有针对销售进行的一些结构化的工作，很少或没有专门支持销售的内容。销售或市场部往往只是通过调整现有的材料，来支持与市场营销相关的销售活动。
- 战术阶段：战术销售支持是指正在进行的短期战术活动。同样，这个环节没有既定的流程，但预算或资源有时还是会有一些，用于支持一些关键的销售活动。
- 基础阶段：在关键领域提供核心的销售支持材料，并建立这些材料的共享系统。

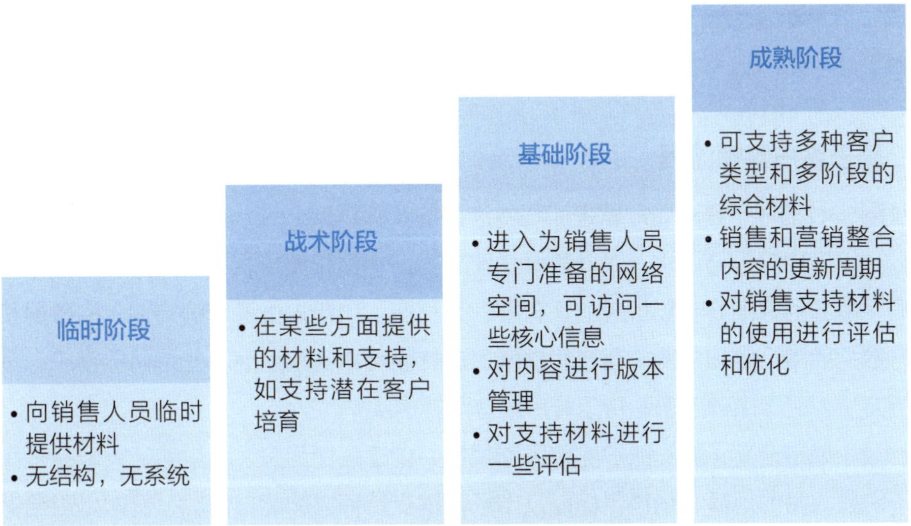

图 5-11 销售支持成熟度模型

这个时候，营销预算中会拿出一部分分配给销售，当需要关键信息时，销售人员可以有权获得。

• 成熟阶段：这是一个更复杂的系统过程，用于为不同类型的客户和客户旅程的不同阶段提供销售支持材料。在这个系统中，有更新和反馈机制，也有更详细的使用情况统计数据，例如销售下载了多少数量的材料，多少比例的销售人员使用了材料等。

ABM（基于客户的营销）

ABM这一概念其实已经提出来有一段时间了，但直到现在，只有较大型的企业在使用它。原因在于，基于客户营销的工作往往是资源密集型和手动性质的工作。

不过如今，由于有了基于客户营销软件的出现，大大小小的数字技术公司都可以进行这种类型的营销了。

ABM是将整个客户组织视为一个账户，而不是只跟其中某个联系人联系。ABM往往使用客户洞察数据来提高与客户和客户中不同人员的接触度。针对特定的账户，可以更好地安排系列流程和资源。ABM的一个重要成功法宝就是，销售和市场营销之间可以产生很多协作。事实上，如果没有这种合作，ABM的方法就不能真正发挥作用。

基于客户营销流程

图5-12描述了基于账户营销流程所涉及的步骤框架。

（1）客户分析与识别：第一阶段是建立客户情报和资料，并利用现有的销售洞察数据了解与目标细分市场相关的现有客户有哪些。销售人员通过销售输入的数据和第三方数据库就会跟很多账户有密切接触，这样就可以确定到底哪些是目标客户。预测分析方法也可用来确定哪些特定账户最有可能购买。

（2）确定范围：定义账户的范围和规模，创建账户列表。账户的范围能有多大取决于销售人员的规模、销售目标以及市场营销支持销售的能力情况，例如是否给销售提供充足内容。

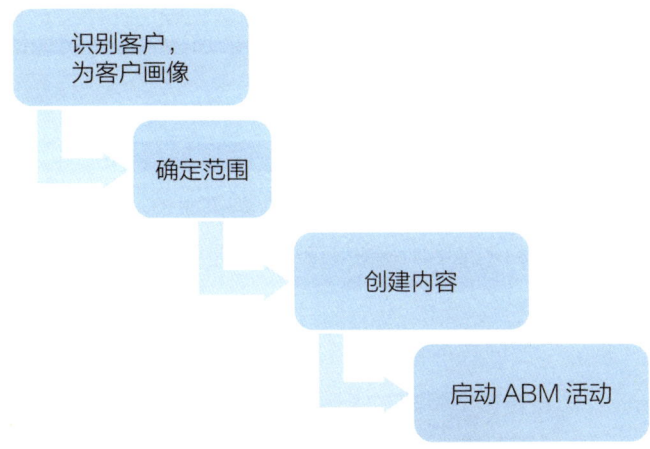

图 5-12　基于客户营销流程

（3）资源和活动准备：营销部门应该为客户营销计划构建相关资源和信息，如确认哪些账户是可能的潜在客户，提供白皮书、相关信息图或可能的相关促销活动。这就好比为活动创建内容库一样，此环节通常要为基于客户营销的计划制订一套内容。

（4）启动ABM计划并推广：客户数据通常加载到CRM应用程序中，ABM活动常常是根据预先安排好的计划来启动和执行的。那么在这一步，就要有相应的对销售人员的指导或培训，帮助他们使用营销资源和工具以进行销售工作。销售人员针对ABM中一部分的潜在客户进行销售跟进，或者为提前确定好的一系列账户进行电话跟进。

基于账户营销成功的关键因素

那么，ABM活动怎么才算是成功呢？或者说，什么才是成功的ABM活动策略？下面我们就从最佳实践案例中总结了一系列比较好的ABM做法。

• 销售兼容性：在前期ABM流程中和销售部门共同合作引领活动进程，或者让销售人员参与其中，这种兼容的合作有助于提升客户账户选择的精准性，也会提高跟进重点客户的效率。

• 洞察能力：要有一定程度的洞察力，这将在确认和识别过程中起到很大作用。

尽管销售人员参与进来可以帮助我们对客户进行筛选和确定，不过这重点应该用在对用户选择和信息输入标准上，而不是临时行为。

- 以业务为中心：使ABM计划与业务领域保持一致，这样的话就可以让更多的业务跟ABM计划结合起来，取得成功。
- 制订计划：应该针对特定的业务问题或业务需求制订计划，这样才能增加业务的价值。应该在潜在客户的不同接触点环节都提供内容，包括线下内容和线上内容。
- 技术支持：营销与客户关系管理系统应该整合起来，无论是不是通过市场营销自动化技术来实现，整合将有所帮助，比如定期提供报告和跟踪业绩的情况。数字应用，如IP或基于受众的应用程序、社交媒体等数字应用技术，都可以进一步为ABM提供补充。
- 沟通：在ABM过程中如何与销售人员沟通和再沟通是很关键的。营销活动背后的目的必须要向他们强调。

设置基于账户的营销活动

可以使用专用软件和数字应用程序来实现基于账户的营销活动，如B2B营销平台Demandbase可以为企业提供基于账户的营销活动；如专注于营销的软件Engagio可帮助企业在营销活动中更好地满足潜在客户群的具体需求；另外，还有软件Vendermore也可以实现类似的功能。从技术上讲，基于账户的营销活动也可以通过使用CRM或营销自动化平台进行管理。档案，你也可以考虑在社交网站上进行基于账户的营销活动。

练 习

1. 梳理一下可以为销售赋能的可选方法。你今天在使用哪一种？你将来会考虑使用哪些，为什么？

2. 考虑一下你目前面临的一些营销挑战。销售和市场营销能够更好地合作以应对企业面临的挑战和迎接可能的机会，这一点你看到了吗？

3. 对你的一些销售人员进行调查研究，了解他们的主要需求以及他们需要市场营销方面哪些支持。
4. 在销售和市场营销部门之间进行问卷调查，以了解两个部门在协调方面存在什么样的问题。

15 如何衡量数字营销

你可以从这一节中了解到什么呢?

阅读本节后,你将了解以下内容:

- 如何衡量营销效果。
- 如何衡量客户旅程购买前和购买后的不同阶段。
- 营销净指标。
- 营销归因模型。
- 如何沟通指标。

简 介

衡量数字营销的有效性

想要衡量数字营销的有效性并不难。因为,我们可以通过很多种数据搜集、数据查找的方式来得到一些衡量指标数据。但问题在于,随着各种形式的大量营销数据在我们手里,挑战也随之而来,该怎么选择数据呢,该选择哪些数据呢,怎么分析数据,如何解读数据,等等,理解选择哪些数据、如何分析以及如何解释这些数据。营销有效性是衡量数字营销人员的营销活动是否达到了预期目标的一种方法。它也与营销投资回报紧密相关。

如果要衡量营销的有效性或价值时,你首先要明白,所谓的"有效"到底是什么意思。你是否认为有效性就是提高参与度、增加留存率、提高知名度、塑造客户旅程或其他相关方面?

对于某些营销活动来说,衡量它的价值或产生的贡献就比较容易,比如致力于产生潜在客户的营销活动,或一些目标是创造更多营销机会或回报率的营销活动,因为

第 5 章 数字活动管理与整合

这些活动更容易被量化。但如果要衡量提高认知、提高意向度的营销活动有效性的话，就比较有挑战了，因为这些都不容易量化。因此，要更仔细地思考价值到底是什么，以及思考在"提高认知""提高意向度"类营销活动中"有效性"到底指什么方面。

创建数字衡量框架

营销影响因素矩阵

在本节中，我将讨论各种衡量营销效果的方法。第一个方法就是影响因素矩阵，如图5-13所示。该图呈现了营销有效性的一些影响因素以及成本因素，确定了对营销价值产生最大影响的关联因素，也提供了衡量当前绩效的一些标准。

例如，一项营销活动需要大量的努力或成本，并且也会产生很高的影响力，那么它可能就是有效的。通过矩阵可以看出，成本较低但会产生高影响力的营销活动，有效性会更好。有4个方面可以评估数字营销的有效性。

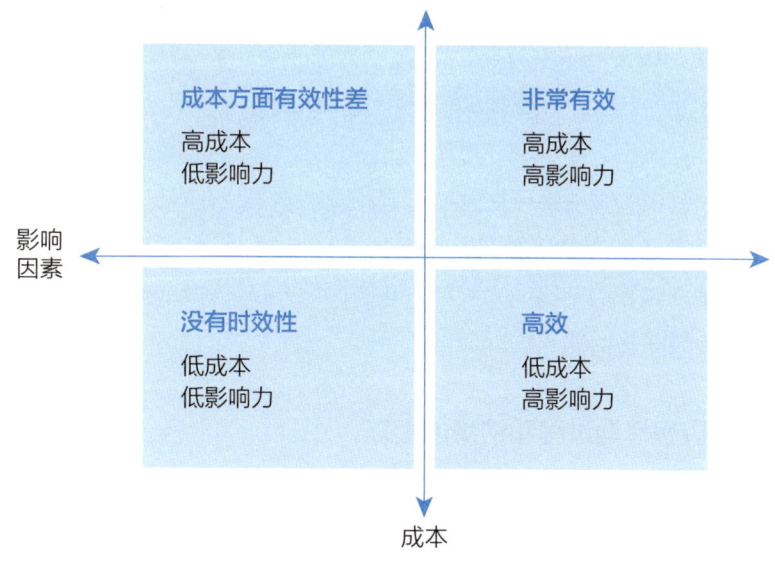

图 5-13 影响因素矩阵

（1）低影响力、高成本：这些营销活动往往可借用的措施或资源不在手边，所以需要投入更多的人力、技术等，而且在短期内还不能充分发挥作用。这些可能主要指过程中包含大量内容的营销活动，其影响将在短期内可考量，但从长期来看，内容产生的影响和好处尚待观察。

（2）低影响力、低成本：这些营销活动都是很容易去做或分发，不需要太多资源来实现。例如，基于电子邮件的营销活动、演示活动就属于此类，或者可以使用手头资源就能达成的，如自有媒体频道。

（3）高影响力、低成本：这些项目的成本不高，但影响力很大。就营销活动而言，这些项目可能是跟合作伙伴一起推出的营销计划，合作伙伴可能还会投入人力和财力，从而帮助开展和实施营销活动。还有一些其他的案例，比如一些基于现有内部系统、技术、人员或知识而进行的市场营销，相对来说营销预算投入较小，但影响力很大。借助员工的力量，通过社交媒体来推广品牌或产品，这种方式就属于高影响力、低成本的方法。

（4）高影响力、高成本：比如基于付费媒体的营销活动就属于此类，如广告或其他付费营销活动通常就是高影响力、高成本。虽然成本高，但产生的影响也相应比较高。

评估营销过程和结果

另一种衡量营销的方法是评估营销过程和营销结果。在看这个方法之前，首先要确定你要衡量的范畴到底是什么，这很重要。例如，你要衡量触达率、认知、意向、留存率或购买情况吗？以不同的方式确定要衡量的范畴，你就会慢慢勾勒出针对营销过程和营销结果的衡量指标。

衡量客户旅程早期过程和结果的指标

衡量基于认知的营销活动有什么效果，往往是比较困难的，比如客户旅程早期阶段就属于基于认知的阶段，此阶段有些衡量指标并不能真正传达出营销活动带来的影响或结果怎么样。我们可以把这些衡量指标称之为"过程衡量"，甚至可称为是"虚化的衡量"。例如，这些指标往往可能都是一些基于"印象"的描述，这些只能描述你的营销活动是如何进展的，但并不能显示最终的结果如何。

基于过程的评估和衡量就是要测量正在进行的营销活动中一些要素的情况如何，通常包括定性和定量的数据收集。

早期客户旅程中能够体现活动效果和结果的指标包括：广告占有率、认知或感知的改变。对结果的评估可以来评定营销活动或计划的最终效果，也能衡量态度和行为变化。

有了过程和结果的衡量思维以及购买前后阶段的情况，现在就可以根据表5-4构建一个衡量框架。这里涉及两个主要部分：基于客户生命周期的衡量指标，或购买阶段早期旅程到客户留存阶段的衡量指标，以及基于过程和结果的衡量指标。我们可以把购买后汇总成一个阶段，但也可以进一步分解为不同的阶段，本章节后面的内容就会讲到。

如果想要衡量客户旅程，你可以单独衡量客户旅程的不同阶段，或者从整个旅程的角度来衡量。如果用总的方法去衡量客户旅程购买前阶段的话，那衡量的结果就是客户是否最后纳入进来了，或者潜在客户是否转化成功了。所以过程指标和结果指标也可以按购买阶段划分为早期购买阶段、中期购买阶段和后期购买阶段。

表 5-4　数字营销衡量框架

	早期购买阶段	中期购买阶段	后期购买阶段	购买后阶段
过程衡量指标	印象 网站流量 社交媒体认知度	内容参与度 邮件打开率 网站参与度指标 社交媒体参与度指标	内容参与度 邮件打开率	内容参与度 邮件打开率 用户点击率
结果衡量指标	品牌认知提升度 广告占有率 触达率	意向提升度 将MRL文件转换成SRL格式文件 潜在客户质量指标	意向提升度 将MRL文件转换成SRL格式文件	重复购买率 客户留存率

衡量早期购买旅程

如前所述，我们可以使用许多指标来衡量早期购买旅程，例如网站引荐率、广告占有率、印象、品牌提升、触达率、品牌指标和参与率。

 实用技巧

"潜在客户在哪里"的问题

在B2B营销人员执行一个提高客户认知的营销活动时，常见的一个问题就是："潜在客户在哪里？"或者"这个营销活动会带来多少潜在客户？"

如果想要避免这种情况发生，有一种方法是根据潜在客户的购买周期长短，提前给营销人员强调提高认知的营销活动大概需要多长的时间。例如，如果购买周期超过一年，并且只在提高认知的营销活动持续了两个季度，那么每个人都应该清楚，这个计划可能不会带来任何线索。因此，在过程和结果指标方面，预先明确设定期望目标是很重要的。

此外，大多数企业都想知道，营销宣传活动推广之后，潜在客户看到这些活动后有什么反应呢？比较好的做法就是，创建一个认知活动后续计划，向营销人员阐明如何以及何时进一步培育这些潜在客户。

网站流量

通过分析网站流量，你可以构建出一些对早期购买旅程有价值的洞察数据，这样就可以深入了解这个阶段。谷歌分析工具可以把衡量指标分解为流量来源，如表5-5所示。

表 5-5 谷歌分析的流量源

谷歌分析中的流量源	指标解析
有机搜索	从搜索引擎的有机搜索结果访问
直接搜索	访问者输入你的URL网址访问你，这说明这些流量背后的客户比较了解你
社交媒体	来自社交媒体平台的访问
引荐	点击其他网站的链接进行访问，这恰好是你在搜索引擎优化策略中能发挥作用的地方
邮件	点击电子邮件中的链接访问
展示	来自展示广告的导流，如二次营销或横幅广告
付费搜索	搜索点击付费广告产生的访问量
其他	谷歌无法追踪到的访问来源，很可能是垃圾邮件

你还可以分析直接流量中的一些变化，看看是否某些投资得到了回报。特别值得注意的是，网站流量往往与某些潜在客户有关，他们会在认知阶段访问你的网站，并查询一些关于你公司的各种信息。当然，也有一些潜在客户并不会这样做，所以需要查看其他的指标来判断网站流量信息。

宏观和微观转化

在B2B营销中，转化的角度可能会有所不同，尤其是对于宏观转化而言更是如此。因为B2B营销中的销售周期和潜在客户培育过程比B2C要长得多。我们可以这样理解B2B宏观转化：能帮助获取潜在客户有关信息的因素。对于那些以交易电子商务模式为主的B2B企业来说，微观层面的转化主要是指，捕捉到一个客户机会或捕获到一个热度较高的潜在客户，甚至是结束一个销售周期，这都是微观转化。

微转化可能是在营销过程中产生的一系列小的动作，可能不会带来最后的转化，往往对应的是过程衡量指标，但宏观转化往往对应的是结果衡量指标。

比如，潜在客户在网站上浏览一篇文章或者注册了一个新闻网站，都是典型的微转化指标。

印象

印象，也是一个很有趣的指标。印象是指，广告或其他形式的数字媒体在用户屏幕上呈现的情况，也就是说广告接触到用户的机会。

印象通常使用CPM指标来衡量。CPM主要是指，与其他媒体比较，为获得在用户面前显示而付出的成本。印象有两种形式：可视印象和有服务的印象。

可视印象是衡量广告可视性的一种度量指标。根据国际广告局（IAB）的界定，如果一个广告在屏幕上超过一半的比例会展示1秒及更长的时间，那么这就算是可视印象[1]。有服务的印象是指，广告已发送给在线发布平台。因为印象是指你的内容显示的次数，所以不管广告是否被点击只要接触到用户就算是广告产生了印象，所以只使用印象作为一个指标可能比较局限。

印象不是基于用户的动作和行为来界定，而是由看到广告的用户来界定。也就是说，一个用户可能根本不需要参与到广告中来，只要看到了广告，就算是广告印象。

总而言之，你的"广告印象"可能给人留下深刻印象，但事实并非如此，印象并不意味着你的广告或内容是有人参与的或有人点击的。不过，这个指标可以告诉你，大多数潜在客户何时在线，什么时间是发帖子或发广告的最佳时机。

声音份额

声音份额（SOV）是衡量品牌知名度的一个非常常用的指标。它主要是指，某一品牌广告在同类广告投放中所占的比例，比例越大，越能清晰传递广告信息，有效突出品牌形象。广告占有率可以用以下方式衡量：

• 在指定的时间范围内，计算同类品牌被提及的总次数（你的品牌和竞争品牌的），然后除以100。

• 将你的品牌被提及的总次数提取出来，然后再除以上一步计算出来的数字。

声音份额可以用来衡量SEO、PPC、社交媒体以及常规广告的效果怎么样。但声音份额只能衡量广告的覆盖量，而不是覆盖质量。

如果想测量社交媒体的SOV指标，可以结合一个品牌被提及监控工具来手动完成。针对你在上面推广内容的所有平台，进行一个跟踪，跟踪你的品牌在一个指定的

---

[1] 互动广告局（2014），《2015美国可视化交易》，来自互动广告局网站。

时间内被提及的次数。当然，竞争对手也可以这样做。这样的监控工具有很多，如美通社母公司Cision推出的服务就是专门跟踪这个过程的，公关分析服务公司TrendKite也可以为企业提供这样的服务。

触达率

触达率是指，查看广告信息内容的总人数。触达率也是社交媒体的一个衡量指标，它可以显示出，社交媒体帖子接触到的用户是多少，帖子被提及的次数是多少。当然，触达的人数总是要比实际参与其中的人数要多得多。目前，行业也有一个基准目标，在总体触达率的基础上，实现2%~5%的参与率。

还有一个比较宝贵且较为具体的指标就是"独特触达率"（unique reach），它衡量广告被人看到的次数。这些指标往往不通过Cookie进行测量，也超出了Cookie的跟踪范围，它们可以帮助你了解人们在不同的设备上看到广告的次数、广告的形式和所使用的网络情况。你可以通过谷歌广告词工具或社交媒体来衡量触达率。

衡量品牌的指标

品牌提升是指，由于广告活动而带来的用户与品牌的互动情况，品牌提升度指标可以通过调查研究和民意测验来衡量，但如今各种数字平台也都可以衡量品牌提升度。例如，衡量YouTube广告所带来的品牌提升度就是要计算广告对消费者的感知和行为产生了多大影响。

对品牌提升进行衡量，可以让公司深入了解自己的品牌认知度情况、广告号召力、意向度、好感度和购买意图，这些指标可以通过有机搜索活动进行测量。

品牌提升度可能是基于民意测验或调查研究而得出的一个数字，当然也可以把它分解为其他指标，比如广告占有率情况、思想认知情况等。思想认知情况指的是，当消费者想到某一特定行业或类别时，某个品牌或某一特定产品在消费者心目中是处于第一位的。

参与度

参与度是指，基于某些行为而产生的互动数量。这些行为可能是单击行为、分享行为、点赞行为或转发行为，在这些动作发生时而产生的交互数量占消息总量的情况。一篇文章的参与度可以很好地体现出，这篇文章是如何引起人们共鸣的。在社交媒体上，参与度可以通过评论、喜欢、分享、与帖子的互动情况来衡量。

衡量中期购买旅程

在前面章节中我们也讲过，中期购买旅程通常是客户最初需求识别和需求量化的阶段，也可以成为认知阶段。当潜在客户准备好移交给销售人员时，这个阶段就可以结束了，理想情况下移交的是销售已就绪的潜在线索。

当然了，中期购买阶段到底什么时间结束，会因行业、公司以及潜在客户捕获情况而定，也跟潜在客户培育活动的进程有关。在某些行业，客户购买旅程可以持续数年，那么这个中期旅程阶段就变得更为重要了，因为这个过程中对潜在客户的培育发挥着很大的作用。

如何衡量中期客户购买旅程阶段是非常重要的，通过衡量，你就可以了解潜在客户的进展情况，以及跟潜在客户之间的相互了解程度情况。如果能够更好地衡量中期客户购买旅程阶段，就可以提高响应率、营销效果以及最终潜在客户的转化率。

探索中期客户购买旅程衡量指标

首先，我们将中期购买过程的起始点定义为"获取到潜在客户的时间"，然后把潜在客户移交给销售人员这个时间点定义为"结束时间"，那么接下来我们可以使用一些流程指标来对这个阶段进行衡量。这些衡量指标包括：客户的重复访问、基于电子邮件的各种形式指标、已知流量的参与度、点击率和网站参与行为。

衡量结果的指标可以包括：意向度提升、销售就绪的销售线索最终的转化数量、从营销移交到销售部门的潜在线索最终的转化率。你还可以使用以下指标来衡量：

- 高质量潜在客户占总客户的百分比。
- 销售已确认合格的潜在客户数量（SQL）。
- 营销已确认合格的潜在客户数量（MQL）到SQL的转化率。
- 电子邮件点击率（CTR）和打开率。
- 潜在客户培育过程中的点击率和打开率。

- 直接访客重新访问的情况。
- 重定目标列表。

社交媒体

在社交媒体上衡量中期购买过程，主要是衡量客户对你的信息内容的参与度情况。如果他们分享你的内容，说明他们对你有意向，肯定会在购买时想到你的品牌。

其他的衡量指标包括：喜欢（点赞）和评论，这两个指标表明他们是否对你的业务更感兴趣。

网站

如果有访客访问你的网站，说明他们很有可能对你的品牌有了一定的意向度。但也有一些其他指标可以衡量访客参与度的情况，比如重复访问率、页面或会话计时、下载次数等。

电子邮件

大多数电子邮件都是发给指定的人，而且这个过程是基于捕获到的潜在客户邮件地址而进行的，所以，在中期购买旅程阶段，电子邮件是使用最多的渠道之一。

我们比较感兴趣哪些潜在客户参与邮件的参与度更高，所以邮件打开率和点击率就是帮助我们了解客户参与度水平以及客户意向程度的关键指标。

衡量后期购买旅程

后期购买旅程基本上是最后阶段了，也包括一系列的活动和步骤，比如采购阶段就发生在这个过程，所以后期购买旅程可能会持续很长时间。不过，这个阶段相对来说可能是最容易衡量的，因为它是最接近购买的阶段。首先，我们可以把后期购买阶段的起始点定义为"销售线索交给销售人员的时间"或"销售人员开始确认销售线索的时间"，然后把"销售线索转化为实际购买的时间"定义为结束点。

与后期购买旅程或购买过程相关的一些衡量指标包括：更高的内容参与度、每一个潜在客户的成本、潜在客户转化情况、机会客户转化率等。其他的一些指标还包括：整体转化率、每次访问的回报率、目标。

潜在客户和机会客户转化

根据业务的不同，潜在客户转化和机会客户转化的概念也是不一样的。潜在客户转化主要是指，那些可以转化成实际收入的潜在线索，或者从潜在客户转化为机会客户，而机会客户往往跟预期收入水平（或渠道）是相关的。对某些业务来说，渠道（Pipeline）这个指标也是一种度量标准，在这些业务中，销售可能介入的阶段稍晚，那么有哪些途径可以带来潜在业务的机会就成了一个衡量方式。"机会"也通常称为"渠道"，当然直到可能的机会都结束为止。

机会转化可以作为衡量结果的度量指标，当然这要取决于你如何看待机会转化所起的作用，也取决于中期购买旅程阶段和后期购买旅程的周期范围。如果市场营销的角色是将优质潜在客户最终移交给销售，那么你就要衡量有多少销售就绪的潜在客户可以转化成机会客户。

每潜在客户成本（下文简称 CPL）

CPL是指获得一个潜在客户所付出的相关成本总和。通常情况下，大家只计算与营销相关的成本，但没有计算运营费用和人工成本。当然了，如果要计算CPL，还需要清晰地界定什么类型的潜在客户是被纳入进来计算的。这样的话，CPL中涉及的潜在客户质量和花费的成本可能会有很大的不同，例如，对市场营销来说已经就绪的潜在客户跟销售就绪的潜在客户之间可能有不同，客户质量不一样，成本可能也不一样。

产生一个潜在客户花费的成本变动性非常强，影响成本多少的因素包括：营销目标、营销渠道和营销内容，营销创意也是一个很大的影响因素。

计算 CPL

假设一个营销活动包括一个事件活动、一个网络研讨会、一些广告和一些付费的社交推文，这些所花费的费用总额为5000英镑。然后，假设营销活动产生了50条线索。那么CPL=5000英镑/50=100英镑。

但在此刻，我们不知道这些线索是否已经是可以进行营销跟进的潜在客户，也不知道是否可以销售跟进的潜在客户。接下来，我们可以使用前文中讲到的BANT限定条件。比如，先看捕获到的潜在客户线索，基本上捕获到的信息就只是姓名和邮件地址，然后通过这些信息来判断哪条线索是BANT限定条件里的A。A就表明这些线索都是市场营销可以跟进的潜在客户。

衡量购买后阶段

针对购买后阶段的营销有时被称为留存营销（retention marketing）。好在衡量购买后阶段更容易一些，只要衡量参与度、购买行为这些指标就可以了，你手里也会掌握更多的数据。因此，购买后阶段的参与度可以通过中期购买阶段和后期购买阶段的一些指标来衡量，因为此时客户已经意识到你的存在，并且可能正在考虑下一次购买时是否会选择你。

除此之外，数字营销专家还经常使用许多营销或商业指标来衡量留存营销的有效性，其中包括流失率指标，流失率指的是客户组中丢失的客户数量。其他指标还包括购买情况指标，也可能是留存营销渠道和内容的参与度情况指标。

营销净指标

我们已经根据购买旅程的不同阶段介绍了不同的衡量指标，现在我们可以将注意力转向那些可以体现营销价值或体现出整个营销产生贡献的营销指标上来，这些指标我们就称之为营销净指标。

想要进行营销投资，那最好的方法之一就是先了解公司以往的营销投资回报率怎么样。将市场营销视为一系列投资活动，了解那些能真正给业务带来价值的营销指标，如果这种增值最后不符合预期目标，那么营销部门就可以采取一些行动来改进指标，或找到另外一种能够体现增值情况的指标方式。

广告投资回报率

广告投资回报率（ROAS）也是用来界定营销花费所带来的回报情况的指标，尽管严格来说这里的营销并不能全叫作广告。

在B2B中，广告投资回报率很难用什么财务术语来定义，就像销售一样，因为持续的时间久，所以回报可能会在一年之后才会看到。广告投资回报率的计算方法是，总的活动收入除以总的活动成本。

营销投资回报率

营销投资回报率（ROMI）有许多不同的定义和潜在内涵。在这里，我们将其定义为基于任何形式的营销投资所带来的回报，无论是收入还是利润都可以计算其内。

营销投资回报率可以作为衡量市场营销或营销活动有效性的指标。它通常是一个总的数字，其中会涵盖一系列营销活动所产生的回报。

营销贡献率

如果想取得好的营销贡献率，最好的方法是先获得潜在客户的主要来源。然后，可以通过CRM等技术来跟踪合格的潜在客户，直到这些潜在客户有转化的机会或最终产生了实际购买。

渠道贡献率

渠道贡献率主要是衡量由营销带来的线索能够多大程度上转化为销售机会。这个指标可以帮助我们识别，哪些营销活动可以带来业务渠道，以及带来的其他相关贡献。这也是一个很好的衡量营销附加值的指标。

虚化的衡量指标和可操作衡量指标

虚化的衡量指标比较关注数量或高数字，但实际上与你的业务目标没有多大关系。这是数字营销特别需要关注的一个点，因为虚化的衡量指标虽然显示出了一个令人振奋的结果，但并没有为营销决策提供什么背景参考。虚化的衡量指标包括：印象、关键词排名和整体网站流量,但该指标并不去深究指标背后代表了什么或者有什么更多的细节信息。

正因为虚化的指标有这些缺点,所以才有了可操作衡量指标的用武之地。这些实际的指标可以指导营销人员采取后续行动并做出营销决定。与客户旅程各个阶段相关的大部分过程中涉及的指标基本上都可以看作是可操作的衡量指标,因为它们可以告诉营销人员哪些指标显示的结果是有效的或者是无效的,并且可为我们接下来需要做什么提供切实的线索和建议。

营销指标体系

一旦确定了营销活动的目标和关键绩效指标,接下来就是要建立一个指标体系,如图5-14所示:

• 战术指标,有时也称为可执行的指标,可以是战术营销活动的系列支出指标,也可以是与营销渠道有关的指标。

• 战略营销指标,主要指那些跟战略目标有关的营销指标,比如,客户细分市场渗透率或业务发展指标。与战术指标相比,这些指标通常更具有跨营销渠道的特点,因为战略举措可能涉及营销的多个方面。

• 业务影响指标,主要是衡量对收入、利润和渠道方面业务产生多大的营销贡献率。

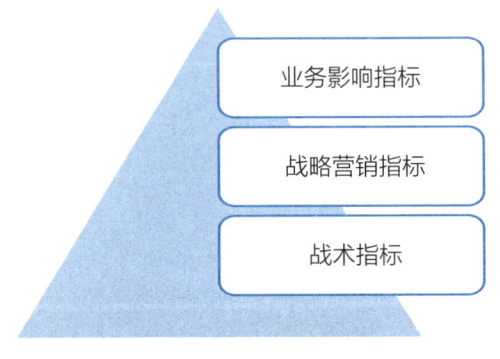

图 5-14 营销指标体系

营销归因模型

衡量营销是否具有有效性的最后一种方法是，要先认清楚客户旅程是不断变化的，而且经常同时使用多个内容和渠道，动态变化明显。由于客户越来越多地使用数字渠道、消费信息，所以需要一种新的方式来计算营销效果，并了解不同渠道和内容对产出的贡献情况。

这恰恰就是归因模型可以做的事情。营销归因模型可以为不同的营销传播渠道提供一种更集中精准的衡量方法。

归因模型就是一种规则或多种规则，它可以给客户旅程的不同接触点分配积分，以此为基础给销售打分。这里的积分指标主要是指投资回报率，包括渠道、收入、利润等方面，实际上它就是你要选择重点关注的衡量指标。图5-15显示了营销归因建模的5种不同执行方法：

（1）最后互动（Last-click）或最后接触归因，主要是指，只给用户在购买前接触的最后一个渠道分配积分，虽然最后互动归因分析法应用起来非常简单，但它不能提供一个准确的归因分析结果。

（2）首次互动（First-click）或首次接触归因，就是指，把所有的积分都分给首次

最后互动归因
所有的功劳都分配给最后的接触点

非权重归因
把功劳价值平均分配给每个接触点

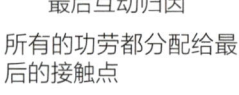

首次互动归因
把功劳价值都分给首次接触点

线性归因
把功劳价值分配给最接近转化的接触点

基于位置的归因
把大多功劳价值分配给首次和末次接触点

图 5-15　归因模型

接触的渠道。

（3）基于位置的归因模型，实质上是一种重视最初带来线索和最终促成成交渠道的模型，一般它会给首次互动渠道和最后互动渠道各分配40%的权重，剩下的分配给中间过程。这个方法可以让你更关注重要的接触点，同时也能够掌握大局并为中间阶段做准备。

（4）非权重归因模型，该模型根据接触点离转换的距离远近来分配权重，接触点越接近转化，对转化的影响力就越大，所以可以获得越多的功劳权重。

（5）线性归因模型，对旅程中所有的接触点，平等地分配贡献权重。也就是说，最后互动和中间过程的接触点渠道都同样重要。比如，使用线性归因模型分析，接触是10次的话，那就给每个接触点10%的功劳权重，如果一共有5次接触点，那就给每个接触点20%的功劳权重。

 实用技巧

营销沟通指标

当提到市场营销沟通指标和数字营销指标时，先来想想，这些指标的接受者是谁呢？可能分为3个主要的接收方。

营销

当与营销人员沟通时，可以考虑去掉虚化的指标，不过要了解这些虚化指标到底都是什么。还要考虑沟通过程中的效率和有效性。

在文档里列出这些指标框架，并标注哪些是衡量结果的指标，哪些是衡量过程的指标。对于每个不同的目标，你需要提出3~5个最重要的指标来进行沟通。有些指标可能主要衡量产出效果的，而其他指标可能衡量前后过程的。

销售额

与销售人员沟通时，要注意他们对哪些事情感兴趣。在纯数字化和 B2B 交易环境中，衡量指标可能更多地与流量和点击量相关。还要考虑一下前后过程和背景因素，看指标是与潜在客户相关，是与最终渠道相关，还是与收入相关？

高级管理人员

最后，当涉及高级管理人员时，想想衡量指标怎么跟收入、利润和企业联系在一起。即使我们提到的是品牌认知方面的营销活动，也应该展示这些活动是如何与最高目标相联系的。

例如，如果业务目标是在新的领域开拓市场，那么品牌认知活动就可以着重放在如何让这个新的细分市场认识品牌和产品，然后再进一步让目标市场客户参与进来以支持业务发展。所以，品牌知名度就可以用触达率、前后认知度变化及其他相关指标来衡量。

练 习

1. 在购买前和购买后，根据客户旅程的阶段来创建仪表盘，注重过程指标和结果指标。
2. 从营销投资回报率、营销贡献率和渠道贡献率等指标中确定最适合营销部门的营销净指标是哪些，并为下一阶段制定KPI考核指标。
3. 为你的营销团队或营销区域，创建一个指标体系结构视图。

第 6 章
留存客户的数字化方法

如今,大多数营销资料都重点讲解如何获得客户,但一旦获得客户之后怎么留住客户方面的建议或资料就比较少了。

因此,第 6 章内容我们将介绍留存营销的一些具体内容和方法,例如,如何留住客户、如何利用数字营销和数字技术发展跟进客户的业务、如何提高忠诚度以及留存营销的数字渠道组合是什么等。

16 留存营销的数字化方法类型

你可以从这一节中了解到什么呢？
阅读本节后，你将了解以下内容：
- 留存营销和数字化的作用。
- 除去购买过程之外的客户旅程。
- 主要的留存营销类型。
- 留存营销开发。
- 预防流失的营销。
- 联系客户策略。

简 介

留存营销 vs 纳新营销

留存客户的营销主要涉及一些营销行为、活动和策略，而这些都要利用市场营销来完成，以维护现有的客户。

过去10年里，一个很大的变化就是B2B营销人员对现有市场的客户所肩负的责任越来越大了。如今，B2B营销人员在获取客户和留住客户之间的时间和预算基本上是平均分配了，有些公司甚至把大部分的营销资源、时间和预算都投入到现有客户身上。

为什么会出现这样的情况呢？原因很简单，因为现有客户作为营销目标更容易，而且可能更容易吸引新客户。现有客户也可能在大多数情况下产生的第一次购买只是潜在购买行为的开端，他们可能会在随后的购买中花费更多的费用，这样就能够产生更多的盈利业务。

购买过程之外的客户旅程

正如本书前面所讨论的，客户旅程有多个阶段，这一阶段将持续到购买阶段之后。事实上，教育客户、培育客户、告知信息和更新内容等这些阶段的许多互动行为，都是同等重要的。

那么，这跟留存营销有什么区别呢？首先，在留存营销中，我们起码知道客户是谁以及客户公司里的人名。我们还有他们的联系方式，知道他们买了什么，他们的行业是什么等。

数字技术和留存客户洞察

数字营销和数字技术在留存营销中发挥着重要作用，并且为我们提供了许多深入探究客户和洞察客户的能力，但在20年前，想要了解客户和纳入新客户是不可能完成的挑战。

如今，营销人员能够很轻松地跟踪客户，并且了解他们是什么人，在做什么事，在看什么信息，对什么感兴趣。这一切甚至都不需要和客户交谈或互动就能得到。正如前面所讨论的那样，数字技术可以让营销人员收集更多的客户信息，从而瞄准和接近潜在客户。

数字口碑

数字化发展也让数字营销人员能够最大化利用手中最满意的客户。比如，营销人员可以在客户需要的时候，以合适的方式向客户提供信息内容，这会让客户非常高兴。在点对点论坛上，客户之间彼此交流也会让信息变得更加透明，客户也能直观地感受到企业是如何吸引客户的。如果客户体验不错的话，也更有机会表达自己的心声，从而最大程度向潜在客户表达他们对公司的期望。

客户细分

如果想让留存营销产生效果，那么一个可以成功的关键因素就是将现有客户细分。当然，可以用不同的标准去细分，比如，基于客户地理位置进行细分，根据企业或行业规模大小进行细分等。除此之外，还要好好分析一下，客户目前处于购买后阶段的什么阶段。我们可以将这些阶段明确为以下方面：

- 最新纳入进来的客户。
- 最主要的留存客户。
- 有待开发的客户，或已经开发完的客户。
- 品牌拥护者和顶层客户。

客户处于不同的留存阶段，那么我们就需要不同的方法来向他们进行销售和营销。例如，最新纳入的客户可能希望了解有关产品使用或服务方面的信息，他们可能需要通过供应商提供的内容和信息才能了解到这些新产品和服务。

对于那些有待开发的新客户，好好分析一下我们可以针对他们的业务提供什么样的帮助才有用，所以，要了解他们的需求以及他们的业务和你下一个阶段的业务之间可能存在什么关系。那么在这个阶段，可能就要通过思想领袖提供一些围绕客户感兴趣的营销建议，或者与采购相关的建议。你还可以为客户销售经理提供一些与客户见面、接触和协商的机会。

那些极其优质的顶层客户，可能期望能够更大程度地参与到你团队进行的营销活动中。他们可能希望能够获得某些优先权或优待，如在获得信息、访问独立网站或在某个网站区域上有些权限。他们可能还需要获取一些咨询报告和战略层面的信息，例如企业的长期计划或路线图等，这会让他们感觉到自己受重视。

预测分析和留存营销

预测分析是高级分析的一种形式，用于预测未来事件如何发展。在市场营销中，预测分析更多涉及如何使用数据挖掘、统计建模、机器学习和其他技术来预测未来的销售额。

营销中的预测分析可用于以下5方面。

（1）预测客户行为：前面我们讲过，预测客户行为可能是识别出客户下一次购买大概会是什么时候以及哪些客户有购买倾向。

（2）更好地对潜在线索进行评分：通过预测分析，可以根据预先确定的标准对销售线索更好地进行评分，这样才能更好地支持后续客户培育工作。

（3）提高销售业绩和预测：通过识别客户行为模式和预测模式，就可以预测到未来客户可能有哪些采购，预测变得更加准确，销售业绩也会有所改善。

（4）对客户进行细分，筛选出理想客户：想要使用更详细的准确分析，也意味着细分模型要更好，更复杂。

（5）内容营销：预测技术能帮助营销人员定制内容营销策略，内容可以适应每个客户的需求和偏好。

预测分析有很多不同的方法，包括以下方面：

- 集群模型（细分市场），主要用于客户细分，并按不同变量标准来确定出目标群体。这些变量有很多，如人口统计信息、平均订单量等。典型的集群模型方法包括：行为聚类、基于产品的聚类和基于品牌的聚类。

- 倾向模型，是指针对客户相关行为进行一些预测，可能涉及预测客户的终身价值或者预测客户的退订、转化或流失的倾向。对此，我们会在本节后面内容中进行详细讨论。

- 协同过滤，主要是根据客户过去购买行为的一些变量，向客户推荐新的东西，比如，客户过去购买过某产品或服务，那么就会把这些行为过滤出来作为推荐的依据。

除购买过程之外的旅程

除了第一次购买行为之外，其实还有很多跟客户旅程不同阶段有关的客户行为。我们也把此称之为微旅程，微旅程包括一系列的客户行为以及完成这些行为或任务而产生的系列步骤和行动。这些行为可能包括：客户第一次是怎么跟品牌产生联系的，客户是怎么部署使用产品或服务的，客户如何搜索其他信息，客户如何解决问题以及如何进行后续购买。

让我们看看购买后都有哪些主要阶段，如图6-1所示。

B2B 数字营销策略

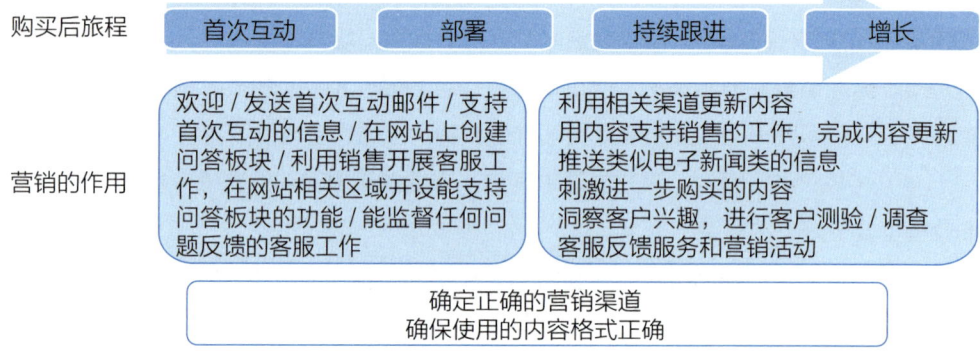

图 6-1　购买后旅程

首次互动

这段旅程是指，客户是如何先与供应商之间产生互动的以及供应商是如何吸引客户的。它可能包括一个欢迎的仪式感，如给客户发一封简单的邮件，欢迎客户与我们建立关系；也可能是举办一个网络研讨会，对客户进行介绍。当然，我们也可以为客户设计一个个性化的首次互动体验，让他们觉得与众不同，那么后续也会连续产生更多有效的互动。

首次互动流程也可能包括客户如何查找和访问跟产品使用相关的信息，所以就要给客户提供这方面的实时信息。

部署

对产品或服务进行部署也是一个微旅程，这个过程通常与首次互动有所重叠。虽然与客户进行首次互动可能涉及许多运营方面的活动，但部署工作则涉及营销、服务和销售互动等。

市场营销的作用是提供与产品使用相关的内容，然后让客户最大限度地使用产品。营销人员还可以通过网络或社交媒体渠道提供信息，让产品或服务工作的部署顺利进行。

持续跟进

即使客户已经购买了产品，但持续跟进客户，跟他们保持联系也是非常重要的一步。客户第一次购买产品后，可能对你的产品或服务进行了初步体验，他们最终"真正的"购买决定是由第一次购买决定的。

增长

除了跟客户保持联系之外，客户还需要更多的信息更新，或需要一些能促进他们业务增长的相关支持。这可能意味着，客户需要更多的产品，如果能给他们提供更多不同的服务或不同类型的产品，就会帮助他们成为更大规模或增长更快的公司。

确定购买后旅程

我们已经确定了除购买之外的一些关键阶段或活动。现在关键是了解不同的接触点都可以使用哪些技术和内容，因此我们让客户有更好和更正确的体验。

图6-2总结了如何来界定购买后接触点，其中包括许多关键的步骤。购买后阶段可利用的接触点可能包括网络研讨会、电子邮件、网站和社交媒体。我们主要需要了解以下方面：

- 不同需求的材料按什么样的顺序使用；
- 这些需求材料该怎么用，它们的作用如何。

在购买后阶段，提供的内容类型会根据不同需要而有所不同。例如，网络研讨会、博客、宣传册或信息下载、反馈、电子邮件实时通信、联系人表格、活动、社交媒体网站、订阅源和幻灯片等，都可以使用不同的内容。

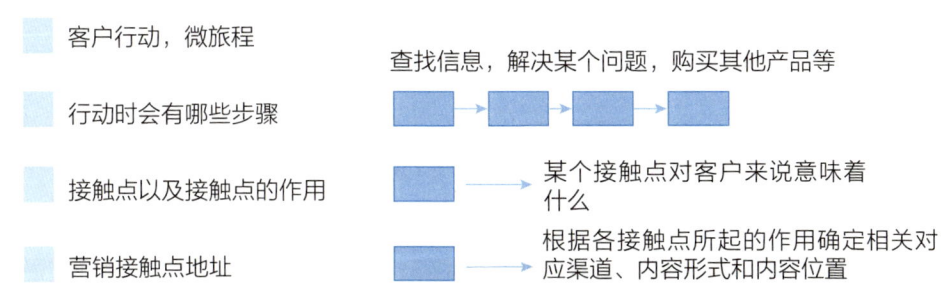

图6-2　确定购买后阶段的接触点

在欢迎和首次互动阶段时，可以通过电子邮件来实现这个目的，如果使用嵌入式视频，可能会让这个过程更具吸引力，有效性更高。此外，在这个阶段，通过浏览器或应用程序推送消息来提醒客户一些事情也是很有用的。

如果客户希望进一步参与其中，那我们可能就得围绕某个活动展开，也可以做得更有趣一点，如提供个性化的电子邮件，或通过社交媒体发布一些内容来增加客户和我们接触交流的机会。

营销在购买后接触点中的作用

我们需要进一步把客户区分出来，比如把基于账户管理的客户和非账户管理的客户区分开，或者把那些由客户经理全权管理的账户跟那些没有被管理的账户区分开。这取决于如何为销售提供媒介和内容，或者如何帮助他们把媒介内容发送出去。在一些时候，市场营销部门同意销售人员在电子邮件中填写销售客户经理的详细信息，并在电子邮件中添加联系人姓名。

不同级别的电子邮件和不同级别的"私人"接触需要持续地使用，这样才能长期帮助销售人员更好地利用内容，建立跟客户间的关系。

最主要的留存营销

最主要的留存营销是营销内容和营销活动，这些是可以解决现有客户基本需求的关键因素。

让我们看看最主要的留存营销方法中有哪些主要元素，其实我们可以把这些元素分为沟通渠道和内容类型。

沟通渠道

提到沟通渠道，你应该先了解客户对他们目前跟销售的沟通方式是否满意。大家都公认的用得较多的就是电子邮件渠道，但有一部分客户不喜欢以这种方式接收信息。

当然了，对于那些比较喜欢接收电子邮件的人，你应该进一步详细了解他们最喜欢的电子邮件类型是什么。比如，他们更喜欢以实时通信的形式接收摘要类电子邮件，还是更喜欢嵌入视频的电子邮件？你还应该了解他们是否使用社交媒体，或者他们是否有访问你网站内容的需要。

以上问题的答案可以根据我们在前文讲过的客户个性和参与度指标来确定。你也可以直接或间接通过客户经理询问客户的上述信息。想要了解信息，有很多其他方法，比如，可以进行民意测验或调查。谷歌分析工具可以通过跟踪Cookie ID或公司的IP地址来搜集和提供信息，从中你可以了解网站运作是否良好，是否可以吸引客户。

最后，电子邮件的参与度指标也可以告诉你电子邮件留存营销策略是否达到了效果，比如，电子邮件打开率、点击率和其他指标都可以使用。

内容形式

客户偏好的内容形式和内容是不同的，而且客户对不同内容及内容形式所做出的响应也是不同的，如内容如何与客户互动，内容是否被客户点击，内容被点击的次数等等。所以，你可能会对"该使用什么样的内容形式组合"感兴趣，从中你可以了解到哪些信息的类型和形式产生的效果最好。有些人可能喜欢互动内容，如视频、幻灯片和网络研讨会，而其他人可能更喜欢博客、文章、思想领袖文章和报告。

此外，还要考虑现有客户喜欢哪种类型的信息。最直接的方式，就是直接询问客户这个问题，也可以通过网站、电子邮件或其他一些能记录客户偏好的方法来了解客户信息。

客户营销开发

客户营销开发是指，向客户进行营销，核心目标就是通过客户发展自身业务，本质上讲就是向他们销售更多的产品。

目前在这个过程中面临的最大挑战之一是，如何使用数字营销和数字技术同时支持你的业务发展和客户的业务发展。

第一步就是要了解客户，了解客户关系管理、数据分析和数字技术之间的差异。

确定下一次销售机会

如图6-3所示，我们可以使用不同的方法和技术来了解客户并确定哪个时间才是发展业务的最佳机会。

用什么方法	行为	技术
网站和谷歌分析	页面浏览，大量的页面浏览行为，内容浏览，跳出率	谷歌分析等网站分析法
购买历史记录	购买历史分析，过去购买行为趋势，购买行为演变图匹配到其他客户	客户关系管理系统
购买潜力差距	购买潜力差距	客户关系管理系统
潜在购买力	对比购买力和当前购买水平	客户关系管理系统，从B2B客户数据提供商那里获取数据

图 6-3　确定下一次销售机会

网站和谷歌分析

利用网站和谷歌分析技术，你可以了解客户查看了哪些页面以及他们下载了哪些内容。你还可以根据客户的内容偏好、感兴趣的东西和经常浏览的页面来给客户发送适当的提醒消息。

购买历史记录

使用客户关系管理系统和数据，你可以了解客户的购买历史记录。通过了解他们的购买行为轨迹，将行为演变的过程匹配到其他客户身上，就能够知道这些客户接下来最可能购买什么，需求是什么。

购买潜力差距

我们可以通过很简单的方式就可以了解到，客户的真实购买情况和潜在购买之间还差多少，也就是他们可以购买但尚未购买的产品。当我们没有先进的分析技术时，这个也可以作为一种判断方式。

潜在购买力

如果从数据公司获得数据的话，你可以了解客户针对你的产品服务还有多大的潜在购买力，并将潜在购买力与他们已经购买的产品进行比较，就可以得出客户份额还有多大。

分析方法类型

据麦肯锡的数据显示，那些在商业决策中大量使用客户数据分析的高管团队所产生的利润，要比那些不使用的公司提高了126%❶。尽管现在人们在使用人工智能和分析技术方面已经有意识了，但据市场分析机构Forrester称，"仅有15%的高管领导在使用客户数据为商业决策提供信息"❷。

在前文中，我已经介绍了许多不同形式的诊断分析和预测分析技术。还有一些其他类型的分析方法，如产品组合分析、渠道分析和文本分析法：

• 产品组合分析，有助于你了解客户在你网站上都浏览了哪些产品。

• 渠道分析，帮助你了解客户通常在网上哪个渠道购买产品，如他们是否从零售商那里购买，如果是的话，那么哪些产品和服务是从这个渠道购买的。

• 文本分析，帮助你理解客户在网络上使用的语言，使用情绪分析方面就可以了解客户的痛点。

交叉销售和追加销售

跟客户发展业务时，通常涉及交叉销售和追加销售。交叉销售是指，向现有客户销售附加产品或服务的一些行为活动。追加销售是一种销售技巧，通过这种销售技巧，商家可以引导客户购买更昂贵的商品、升级服务或其他附加产品，从而获得更多的销售业绩。

图6-4显示了发展客户时可遵循3种不同的路径：

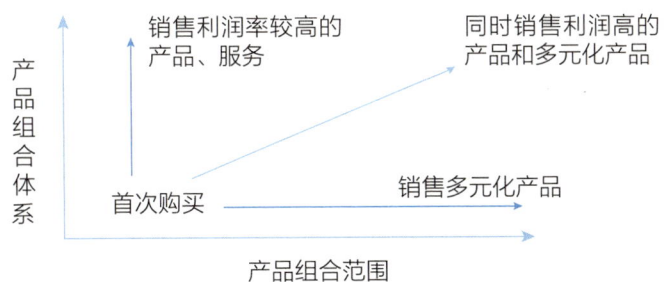

图6-4 交叉销售/追加销售

---

❶ 马达维安等人（2016），《高增长公司的销售秘密》，来自麦肯锡的数据，访问时间2019年8月3日。
❷ 拉莫斯等人（2017），《B2B营销人员优质客户长期维护指南》，来自Forrester网站。

- 销售利润率较高的产品或服务；
- 销售更多元化的产品；
- 前两者混合。

分层 / 聚焦

大多数B2B公司运营的基本都是以客户为基础的业务，所以应该给客户划分优先顺序，或者给客户按不同级别划分。有些公司通常关注的客户很少，所以就不需要对客户分层处理了。但是，大多数公司手里其实是没有能够一次性接触所有客户的资源和能力，所以需要找到一种方法来筛选出能跟他们建立业务关系的客户。

那该如何分层呢？可能就需要参考一些指标了，比如，基于最高购买力来分层、根据最低客户份额指标来分层、根据行业最有利可图的业务规模来分层、根据最有资格的客户来分层、根据在行业中最容易增长的公司来分层、根据其他任何相关因素来分层。还可以从客户经理那里收集更多有关客户内部业务增长潜力的信息，这些也可以成为分层的标准。

预防流失的营销

我们可能听过这样的统计数据：纳入新客户所花费的成本，要比把产品卖给现有客户花费的成本贵得多。然而，客户总是会不断地流失，而且好像没什么理由就流失掉了。如果有可能预测客户流失的话，利用这些预测信息可以做些什么呢？

让我们先来定义一下"流失"的意思：当客户停止跟我们合作的时候，不管什么原因，这都是流失。换句话说，客户跟你在一起合作已经不开心了。这些客户流失还有不同的名字，比如客户变动、客户损耗或客户背信。客户流失会对业务造成很大影响，因为它降低了收入和利润。

为什么客户会流失？

客户流失的原因有很多，其中包括：
- 你未能按照最初的客户需求提供产品；

- 首次互动流程不够理想；
- 产品不合格；
- 客户需求发生变化；
- 客户没有资金继续购买；
- 客户被竞争对手拦截，竞争对手能够提供更好的条件或更好的产品。

了解客户流失的不同原因，可以帮助我们大大提高客户重新参与业务和重新获得客户的机会。

有一种方法可能会降低客户流失的概率以及降低由此带来的影响，这个方法就是先设置一组信号词，这些信号可以体现出客户的参与度降低了，或者能够从中看出客户流失的迹象。

每个行业都会有不同的预防流失的信号，但也有一些常见的信号，比如购买频率不高、电子邮件打开率较低和订单取消等。图6-5展示了一些典型的流失信号。

这些信号其实可以通过客户关系管理软件、网站分析等方法识别出来，甚至也可以通过社交媒体分析发现。通过这样的梳理和对信号的判断评级，就可以呈现出直观的流失图。比如，更高的跳出率、更低的社交媒体参与度、低价值产品购买或购买频率降低，都是客户流失的信号。如果这个流失图变得更大的话，就需要密切关注。

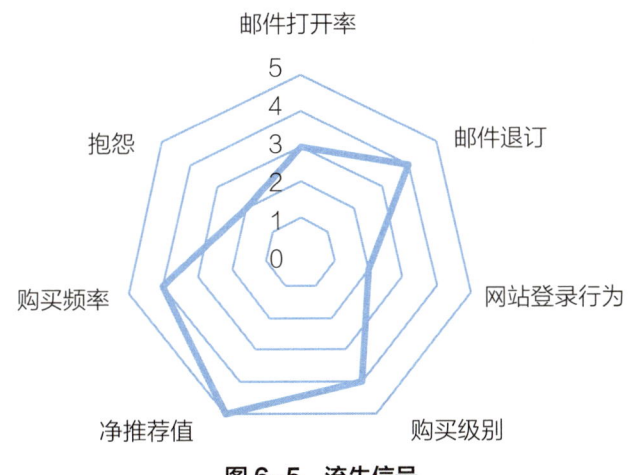

图 6-5　流失信号

计算客户流失

如果要计算客户流失，那么要先确定某个周期开始时的客户数量和结束时的客户数量。用客户数量的差值除以最初的客户数量，这样就可以得到一个数，这个数就是你的客户流失率。

如果这个数值是1，即100%，那么你正在经历客户流失。你也可以使用一些技术来预测客户流失，比如质量标准工具（Qualtrics）或翻腾（Churnly）等技术就可以利用人工智能来识别哪些客户有流失倾向。

减少客户流失的数字营销策略

也可以采用不同的策略来减少客户流失。其中一种方法就是，更好地整合营销和客户服务。这两个板块的工作可以协调起来，一起监控客户出现的不满情绪，或者协商通用的信号来监控流失状态。

另外，还可以采取其他方式来响应客户流失，比如不仅要在社交媒体上用更合适的方式更快速地回应客户，或者针对其他渠道上客户提出的问题及时回应，而且也要思考到底该在哪些必要环节采取相应措施来调整营销方式，或者要思考，有没有须待解决的产品或服务问题。

减少客户流失的策略还包括，将预测性分析和细分市场结合起来使用，在客户流失之前广泛地接触客户。可以根据不满意意见的类型对客户进行细分，这样就可以以更恰当的方式回应客户。例如，如果客户的评论意见是关于产品交付问题的话，那就把这些意见发送给运营部门，客户对咨询问题时销售的回应不满意的话，就可以把不满意的意见发送到客户服务部或销售部。

 案例研究

沃达丰

沃达丰（Vodafone）是一家移动通信网络提供商，但该公司在电话计费方面遇到了一个特殊挑战。他们发现一个问题，那些收到电话账

单的客户的流失量是其他没有收到账单的客户的两倍。造成这个问题的原因，可以归结为几个，比如，账单金额模糊不清，并且客户需要翻阅很多页才能了解不同的账单金额都来自哪里。

那么沃达丰公司是如何解决这个问题的呢？他们首先进行了研究，研究如何消除那些导致客户流失的因素。其中一个导致客户流失的主要因素就是账单金额看起来令人吃惊，因此他们采用了一个方法，可以让客户直接获取到实时的账单信息。他们还给客户提供了一些可选的沟通渠道，客户可以选择一个渠道用于接收信息，比如，客户可通过沃达丰应用程序、网站或短信接收信息。

优化之后，沃达丰的客户流失率减少了12%，比预设目标还要低7%[1]。

联系客户策略

解决了上面的问题，接下来要考虑如何联系客户了。这个问题看起来很奇怪，因为客户本来就是现有客户啊，还需要怎么去联系呢？而且销售和客户经理对这个问题最清楚不过了。然而，在B2B营销领域，利用联系客户策略可以发挥关键性的作用。

联系现有客户也有不同的方式，比如销售通过电话、电子邮件或其他渠道直接联系客户，或通过电子邮件、社交媒体、网络研讨会、面对面活动联系客户，也或者通过向客户提供权威性较高的内容形式（如视频或咨询报告）与客户联系。

---

[1] 弗雷泽（2018），《案例研究：沃达丰如何将昂贵账单带来的负面冲击转化为积极的用户体验？》来自B2B营销网，访问时间2019年8月3日。

客户忠诚度和数字化

我们在上一节和本节中讲到的大部分内容都可以用来提高客户忠诚度。怎么理解客户忠诚度呢？客户忠诚度可以理解为公司对客户的吸引力，或者客户与公司或品牌的关系紧密度。许多因素都可能会影响客户忠诚度，包括销售参与度、销售人员、客户服务、运营、直接营销和间接营销等。

当我们分析客户忠诚度的影响因素时，大多数都会归结为营销，也就是说，B2B营销人员可以很大程度上塑造和提升客户忠诚度。

我们前面提到过，重新纳入新客户或纳入新客户所花费的成本要远远超过针对现有客户进行的营销花费。因此，可以将更多的花费用于现有客户的营销上来。

不过，也有一些例外，有时也需要把重心从那些已不具备盈利价值的客户身上转移出去，因为销售部门需要花费很大的资源和精力去管理这些客户。

客户忠诚度类型

与标准化的留存营销相比，客户忠诚度营销或客户忠诚度活动计划通常需要花更多的工夫。客户忠诚度营销应包括：识别和细分不同类型的忠诚度；确定每个细分市场的忠诚度由哪些因素形成，然后分析哪些因素会抑制忠诚度形成，最后提供解决方法，并及时跟踪和监控。

以下是不同类型的忠诚客户。

（1）松散客户：主要是指忠诚度较低的客户，他只是把你看作供应商公司，一种短期内支持他们业务发展的手段而已。他们可能会再次购买，但不可信赖。

（2）回头客：会再次购买更多商品的客户就是回头客。回头客的忠诚度也仅限于再次订购或再次购买。

（3）客户代言人：如果有其他客户或潜在客户联系客户代言人，客户代言人会对你的企业进行正面评价，他们值得信赖。

（4）拥护者：这些客户非常积极地支持和拥护你的产品，并且对产品的评价很高。如果他们的体验受到影响的话，可能会很快转变为忠诚度较低的客户。

（5）战略拥护者：这些客户展示出强烈的客户忠诚度，他们拥护你的产品，并与你的公司保持紧密联系。这种客户之所以如此忠诚，可能是由于你们之间有合作关系，甚至是协会成员。他们通常不会因为某次负面体验而否定你。

通过数字营销建立客户忠诚度

第1步　首先定义你的客户是谁，他们看重什么

供应商如果想让客户产生忠诚度，第一步应该是先准确了解客户最注重什么，多数情况下要考虑客户的多样化以及购买过程中有很多利益相关者。所以，定义细分市场和利益相关者，就可以判断这些群体最注重哪些方面。

第2步　对忠诚度驱动因素进行排名和优先排序

接下来就是对忠诚度驱动因素进行排名和排序。价格是关键的驱动因素吗？还是及时回应客户是关键因素？还是信息质量？是最新的市场趋势或研究报告吗？

在这方面，供应商需要将核心因素和预期因素拆分开，并将这些因素与驱动忠诚度的因素结合起来。例如，及时的客户反馈可能是预期因素，但是在1小时内还是24小时内反馈？反馈的速度可能就不是预期因素了。

营销人员可以利用这种定性研究的方法来对信息进行排序，排序成忠诚度"核心"驱动因素或忠诚度"延展"驱动因素，其中"核心"驱动因素会反映出哪些驱动因素影响忠诚度最大，"延展"驱动因素是提高客户忠诚度的附加因素。下文中图6-8将会清晰地列举这些因素。

第3步　调整数字营销渠道、内容和策略

忠诚度驱动因素可能会决定你该选择哪种客户留存策略（图6-6）、该使用什么内容和使用哪些渠道。此外，根据忠诚度驱动因素，来确定其他部门是否需要参与其

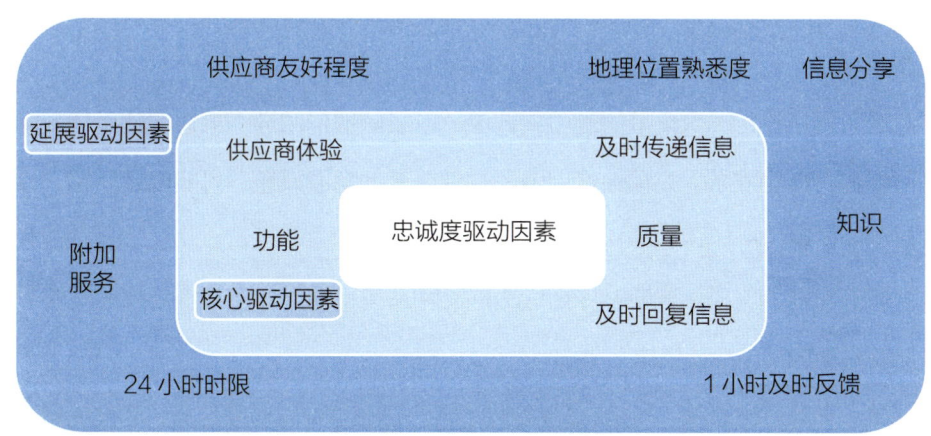

图 6-6　忠诚度驱动因素

中。"及时反馈"这一驱动因素可能会涉及销售、客服和营销的三方合作。

当考虑如何与客户沟通的问题时，B2B营销人员首先应关注客户喜欢看到的主题是什么，他们希望从哪些渠道接收信息。沟通交流频率也可能是影响客户满意度的重要因素。一些客户可能根本不喜欢接收电子邮件，而另一些客户可能喜欢通过在线页面、社交媒体或直接接收邮件最新信息。

所以，就要思考一下，如何给客户提供更多交流沟通的方式。除了使用多样化的渠道之外，供应商还可以建立沟通偏好系统。一旦该系统实施了，客户在媒介上的消费习惯就应通过数字分析方法进行跟踪和梳理。

第4步　跟踪客户参与度和客户情绪

在数字化普及之前，供应商会发现，很难去跟踪客户的感知。以前，公司会通过客户经理或临时跟客户沟通来了解客户的情绪和心情。如今，情绪可以通过更结构化的技术方式来捕捉到，比如，通过数字调查、通过社交媒体监测、跟踪监听关键词。

除了跟踪客户情绪，公司还可以分析一下情绪产生的前后背景，并创建出能化解情绪的回应措施。为客户提供一个表达意见的渠道也是非常重要的，这样的话，客户会感觉自己的情绪有人在倾听。这就像是一个加强版的推特用户定位工具，不仅可以监控客户服务怎么样，还可以进行在线调查或组织在线事件活动。

练　习

1. 要想到客户在购买后阶段对你的产品和服务有哪些潜在需求，确定客户的关键微旅程。

2. 对现有客户进行一次简单的测验或调查，以了解他们对沟通渠道的使用情况以及对内容有哪些需求。如果你使用电子邮件或其他沟通渠道，可能已经获得了许多可用的信息。

3. 从所有可能的路径中判断客户后续的购买和销售机会，你正在使用哪些方法？你能在短期内实施哪些措施？

4. 创建一个简短的清单，列出3~5个能暗示客户正在与你脱节的信号，哪些信号会最终导致客户流失。

17 留存营销数字化渠道

你可以从这一节中了解到什么呢?

阅读本节后,你将了解以下内容:

- 为留存客户设置数字渠道组合。
- 为客户留存设置关键的数字营销渠道。
- 如何在留存营销中使用电子邮件。
- 如何在留存营销中使用网络研讨会。
- 如何在留存营销中使用网站。
- 如何在留存营销中使用社交媒体。

简 介

留存营销的数字渠道组合

在上一节中,我们讨论了留存营销的类型,包括留存营销关键类型、留存营销开发和预防流失的营销。本节我们将重点介绍有哪些数字渠道和渠道组合可以用来留住客户。

为留存客户而进行的数字营销以及为此而使用的数字技术,都可以让你更了解指定客户的具体情况,当然最终目的就是更好地针对他们进行后续营销活动或向他们销售产品。如果留存客户是以账户形式进行管理的话,你还可以使用一些数字技术进行基于账户的销售。

另外,数字技术还可以让你预测客户需求,然后更好地做出反应。留存营销的不同之处在于,你已经和客户建立了某种形式的关系,所以对客户需求已经有一定了解。

渠道组合：留存与纳新

那么，为什么我们要花笔墨去讨论用哪些数字渠道组合留存客户呢？与纳入新客户的营销相比，留存营销有许多不同之处。在纳新营销中，我们使用一系列渠道、内容和数字技术来吸引潜在客户的兴趣并提高品牌的知名度。所以，在纳入新客户的营销中，我们还不了解用户，不知道使用哪些渠道才算100%准确，虽然可以使用客户角色来匹配客户获得一些相对准确的判断，但总有一些偏差。而且我们还需要在纳新营销中包含一些对品牌概括类的介绍，能完全实现个性化营销的渠道能力较低。

如何确定渠道组合

到底该使用哪些渠道组合正确呢？到底使用什么样的内容呢？面对这个问题，一种方法就是使用图6-7所示的方法，根据具体目标制定效率和有效性网格。例如，如果目标是从现有客户中产生新的业务，那么网站、电子邮件和社交媒体在用来实现目标的同时，也具有成本效益。其他渠道和内容的效率和有效性将取决于具体实施的方式。

如果目标是让客户参与更深入的讨论，那你可能需要解决更复杂的问题。在这种情况下，电子邮件和短信渠道可能是无效的，因为这些渠道不太适合冗长的信息说明，也无法实现视觉上的复杂性，如果选择视频、网络研讨会或插图等方式可能更有效。

虽然从技术上讲，你可以利用广告来接触现有客户，但广告需要投资大量资金，才能接触到那些本已经可以接触到的客户。所以，与自己已有的客户沟通广告显然不是一个有效的方式。

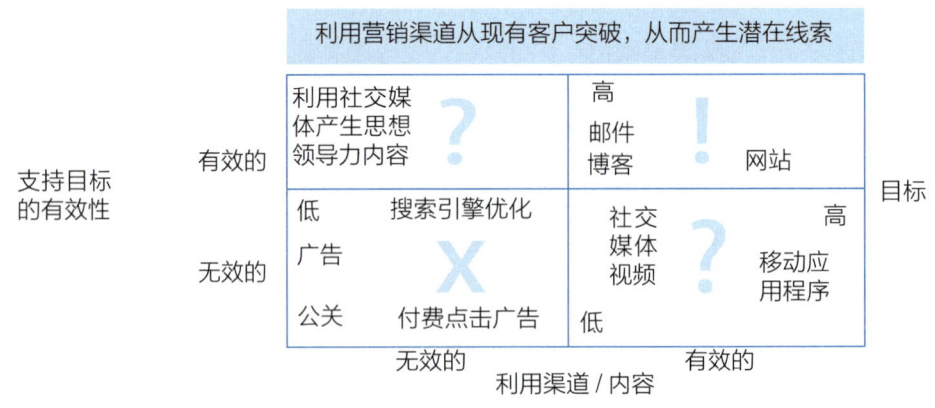

图6-7　确定留存客户的方式组合

电子邮件在留存营销中发挥的作用

前面我们讲过，电子邮件是一个主要的自有渠道，不必付费，所以它是一种低成本的沟通形式，而且对大多数客户都是有效的。

你很可能已经有了客户的电子邮件地址，但需要确保你是在遵守电子隐私法律的前提下使用电子邮件。

留存营销中电子邮件的类型

现有的客户往往会参与很多的活动，那对于不同的活动，就需要考虑发送不同类型的电子邮件给客户。图6-8给出了一些示例，包括首次互动电子邮件、带有邀请或服务内容的电子邮件、提醒类电子邮件、更新信息的电子邮件、提供建议类电子邮件和告知用户欢迎回复的电子邮件。

所以，电子邮件有这么多类型和形式，你需要计划一下何时使用比较合适，什么时候使用个性化一点的，这都要根据客户在购买后旅程中所处的位置来决定。对症下药，就会让电子邮件获得更高的响应率。

功能性邮件	客户周期不同阶段的电子邮件	功能邮件	公众电子邮件
· 活动类邮件 · 客服服务邮件，如保修服务	· 欢迎邮件 · 首次互动邮件 · 部署邮件 · 提醒邮件 · 忠诚度和认知邮件 · 更新信息邮件	· 采购功能、财务、高级套餐 · 专门给客户发的个性化邮件 · 给客户提出相关建议的邮件	· 以公众为功能基础，如采购、金融、管理 · 个性化不同的客户群体 · 推荐产品的邮件要与不同群体的客户相关

图6-8 留存客户的电子邮件类型

电子邮件触发器

在购买后阶段，电子邮件触发器的作用通常比纳新客户阶段更大。你可以根据客户经常在网站上什么区域查看什么内容信息来设置电子邮件触发器。

电子邮件触发器有多种类型，主要用于支持一些活动和客户服务的工作。不过也有一些关键的营销邮件触发器，如产品浏览、新产品、价格变化、偏好变化和马上购买等触发内容。

对电子邮件数据库进行细分

通过对数据库进行细分，按照客户类型把邮件进行分类筛选，或者按照客户希望接收到什么信息等偏好来细分邮件，都可以极大地提高邮件的效率和有效性。而且，把这个营销工作做好还无形中提高了邮件的响应率。

你可以根据客户的邮件行为将电子邮件进行细分，比如，根据邮件的打开率或点击率、根据客户购买行为，例如客户是上个月购买的，还是12个月以前购买的。

发送电子邮件的频率

发多少电子邮件算是太多呢？有些公司认为。每周给客户发送两次电子邮件是可以的，而有些公司则认为最多一个月发一次电子邮件。

那么，给客户发送电子邮件的频率掌握不好分寸的话会带来什么风险呢？发送邮件太少的话，可能对客户的服务不足，因为一些客户可能期望能更频繁的参与营销活动，如果邮件发送量不够的话，客户可能会认为没有受到足够的重视，最后会离开你。另一极端则是，你如果给客户发送太多电子邮件，客户可能会被大量的邮件淹没，甚至会对此感到恼火。他们最终可能会禁止你再使用他们的电子邮件地址，并要求你从系统中删除。

其实，有很多方法可以让我们找到合适的中间状态。

（1）测试和学习：先设定你期望的邮件频率，然后按此频率给客户发送，然后测试一下电子邮件的打开率、参与率。接下来，当你改变邮件发送频率时，打开率和参与率会改变吗？

（2）询问客户：对客户做一次快速调查，以了解他们认为接收邮件的最好时段是什么。

（3）更新客户角色，尤其针对客户对沟通渠道的使用情况和使用频率进行调查。

提高电子邮件参与度

电子邮件参与度的衡量指标要能够反映出邮件接收人跟电子邮件之间的互动情

况，能够达到这个标准的指标都可以作为衡量指标。

我们可以通过改变文本内容、标题和主题来提高B2B电子邮件的参与度。虽然不是所有情况都需要个性化的邮件内容，但为部分客户定制一些主题和内容会起到不错的效果。

另外，在邮件中使用可视化图片也可以提高邮件内容的点击率，因为与纯文本邮件相比，可视化图片可以让电子邮件变得更有趣、更具吸引力。也可以在邮件中使用动态视频，比如可以嵌入一个视频链接，或者直接在邮件中发送嵌入视频，或者嵌入一个可让客户跟着步骤查看的视频图像。

B2B营销人员也一直试图重新定义修改电子邮件业务通信的概念。有些人可能会被邮件中扑面而来的文字所吓退，但如今比较流行的方式就是把信息浓缩成简短的段落、概述或标题，且嵌入图像、视频和一些能导流到长篇内容的链接。

一封B2B电子通信邮件可以包括几个方面：第三方内容、视频、能彰显思想领导力的简短信息、与你关注的业务相关的重要领域、能让客户进一步参与活动的机会入口。

留存营销网络研讨会

如果从技术层面看待网络研讨会，那么它就是一个基于网络的研讨会，但今天网络研讨会的应用范围很广，只要你想提供信息或想进行某种形式的互动，就可以开展网络研讨会。也有一些单向形式的网络研讨会，通常就是一方说话另一方听，就像是网络广播。这种形式的网络研讨会都是预先录制好的视频，然后进行单向播放，所以没有达到网络研讨会的互动水平。

今天的网络研讨会可以实现的功能远远超过了10年前。理想情况下，网络研讨会应该包括能与客户互动的组件或功能。通常情况下，网络研讨会可以利用这些组件或功能听取客户提出的问题或咨询。不过，如今的一些网络研讨会可以实现参会者之间进行三方对话。

基于这些原因，网络研讨会对解决现有客户的各种需求会带来很大帮助。你可以利用网络研讨会这种形式提供产品使用或服务方面的相关建议，开发思想领导力方面的前沿主题，倾听客户的反馈，了解如何应对某些问题，或者聊聊新产品和解决方案。

以下是使用网络研讨会的一些注意事项。

- 客户案例：利用网络研讨会讨论客户案例，将网络研讨参会者纳入未来潜在客户行列。
- 有说服力的演讲者：寻找那些能够分享有价值的观点或提供高质量内容的演讲人。一般来说，使用特邀演讲嘉宾比那些意图推销自己公司的人员更有说服力。
- 给网络研讨会设置不同讨论板块：将研讨会主题分成若干板块进行讨论，这样就可以吸引更多的客户参与。如何邀请和推动客户参与研讨会其实是一个挑战比较大的问题。当然也有办法解决这个问题，比如先瞄准那些与网络研讨会的话题内容最相关的客户，邀请他们参与。

另一种邀请客户参与网络研讨会的方法是，持续地向客户发送邮件通知，这种通知很短，可以通过电子邮件发送，也可以通过短信或其他能够直通网络研讨会的媒介渠道进行发送。比如，可以发送一些倒计时提醒类的消息通知，也可以分享一些权威信息或观点，并提示他们会在网络研讨听到更多详细内容。

网络研讨会架构

不过，关于网络研讨会是否应该作为一种单向或双向沟通的媒体，业界也经常争论。比如，网络研讨会是否应该纯粹地提供信息，或者只是一个提供信息和获取反馈的论坛，还是应该鼓励与会者提出与话题有关的问题。

如果你的目的是想教育用户和提供信息，那么采用单向传播形式的网络研讨会也可以。但有些情况下，就该想想何时以及为何要用双向实时沟通的网络研讨会，而不是网络广播。

你应该针对双向网络研讨会提出一些关键问题。比如，你想用这个网络研讨会做什么？你是想探究什么信息还是想了解某些客户有什么回应？如果是这样的话，那就得认真组织网络研讨会了，在整个网络研讨会期间，就你感兴趣的事情向客户提出问题，以便客户做好准备。

你需要把网络研讨会的时间分配好，看如何分配信息展示、客户提问或互动的时间。比较好的时间分配方法是，把2/3的时间留给供应商或演讲者，剩下的1/3时间留给客户提问。

网站在留存营销中的作用

那么，在进行网站营销时，纳入新客户和留存老客户之间有什么不一样呢？不同之处在于留存客户更了解你，可能也更了解你的网站，他们至少还了解你的一种产品，并且可能多次查看过你的产品或解决方案页面。

因为客户已经了解你、你的网站和内容，所以接下来要考虑是否为他们在网站上开拓一个专门区域或给他们提供一个新网站来满足留存客户的不同需求。

针对留存客户，其实有很多形式的网站设计和架构，导流过来的客户会登录一个主页或一个专用的登录页面。不过，这些努力对现有客户来说，不总是适用的。

对于现有客户，要思考怎么才能让网站对他们有多区分，为他们提供不同的导航路径。为此，重新梳理客户角色和客户微旅程，并了解除首次购买之外，如何满足客户的更多需求。

这样的话，问题就变成了你要了解客户的一些需求：客户需要学习关于产品的许多信息，需要跟某个人讨论一下有关产品的问题，需要有关产品配件和服务的各方面信息，需要听取其他客户的意见和他们的体验，需要与其他现有的客户联系，或想购买其他产品。

如果我们采用向客户直接发送电子邮件或直接联系他们的方式遇到困难，我们可以通过其他渠道与其取得联系，例如，可以为他们提供一个专门的网站页面，并以此互相沟通。

移动技术在留存营销中的作用

想要留住客户，移动营销也是一个好工具。在移动营销中，常常会用到即时通信工具、二维码、手机短信和移动应用程序等。当然还可以通过移动民意调查的方式来吸引客户，比如，在调查中发出调查问题，然后分享民意调查的结果。

移动营销也可以用来进行事件营销等其他的营销活动，并且可以根据客户或潜在客户的位置，向他们发送特定的消息。

移动电子邮件的设计

在设计电子邮件时，要考虑的重要因素是电子邮件的响应能力。这意味着，电子邮件可以动态变化，可以更改大小、布局和格式，这样才能适应用户的移动屏幕，以便他们能顺畅打开电子邮件。

如果用户在移动设备上打开电子邮件，那么有三列宽的电子邮件将被重新转成单列的邮件设计。但如果另一个人是在电脑桌面上打开邮件，那么邮件仍然是三列设计。

移动营销策略

像CA科技公司和云计算公司Okta，都已经找到了与客户和潜在客户进行互动的独特方式，如创建移动社群。有的公司会在脸书聊天工具上创建一个额外的社群通道，有的公司会通过聊天群组工具Slack或其他类似方式开发一个优质客户社区，这些品牌都在利用文本对话方式构建独特的案例研究库。

移动应用程序

移动应用程序可以帮助B2B客户分享跟事件营销或营销活动有关的信息。这些信息就可以被企业用来笼络行业内更多的客户网。移动应用程序还提供了更多可操作空间，例如可以提供与客户信息、库存和物资相关的关键信息更新功能。

据有关数据统计，短信的打开率非常高，高达98%，这说明该渠道是确保客户阅读信息的有效方式[1]。

移动信标与移动推送技术

有了移动信标技术，B2B营销人员就可以使用智能手机设备数据更好地接触和定位目标客户。比如，通过信标，可以吸引信标附近位置的客户到展销会的展位上看一看。

移动推送通知在提高客户满意度方面一直表现不俗，一条推送通知就是应用程序发送给移动设备的一条信息。一旦移动应用程序安装到客户的移动设备上，并且客户选择接收消息，那么应用程序就可以给客户推送通知。移动推送通知有不同的形式，包括提醒、个性化信息、新信息或任何行动召唤。如果想给客户提供相关信息或实时内容，或者提高参与度，那么移动信标和推动技术都可以发挥作用。

---

[1] 埃森德斯（2018），《2018年短信息服务的打开率是多少？》来自埃森德斯网站，访问时间2019年8月3日。

> **实用技巧**
>
> ### 把握好时机
>
> 给客户推送通知怎么才算成功呢？不仅要让客户打开这个通知，而且要受客户欢迎，那么关键因素就是推动时机的把握。了解客户一天中打开信息的最佳时间是什么，了解用什么样的发送频率会更好，这些因素导致客户会打开的概率，这跟电子邮件打开率受其发送时间影响是一样的道理。
>
> 当考虑推送时机如何安排时，要考虑你的客户可能正在使用移动设备或在不同时区。此外，还要注意，在给定时间段内发送的推送通知数量不宜太多，否则可能会导致客户流失。

社交媒体在留存营销中的作用

在留存营销中，社交媒体可以说无处不在，可以用在方方面面。不过，社交媒体的优势在于，它可以支持营销个性化，也比较有趣，比如，可以鼓励客户创建用户生成内容（UGC）进而吸引客户。社交媒体还可以协调客户服务和营销活动。

我们已经在前文中讨论过个性化的问题，所以在下面这一节我将重点讨论UGC模式和客户服务，这些都可以提高现有客户的参与度。

B2B 领域的 UGC 模式

UGC是指客户自己在一个在线平台上创建内容。虽然这种情况在B2C领域已经发生了很长时间，屡见不鲜了，但随着社交媒体的广泛普及和使用，UGC模式也越来越多地进入B2B领域。UGC生成的内容包括：图片、视频、感言、微博、博客等内容。

那么，为什么UGC对B2B营销来说非常有意思呢？UGC模式被业界认为是消费者更加可信和有效的方式。根据研究显示，68%的B2B公司发现，第三方评论网站是产生潜在客户的有效途径❶。

 案例研究

Intuit 公司

Intuit公司是一家会计软件提供商，它在利用UGC模式方面有一定的经验，而且利用这种方式将业务部门与专家建议联系起来了。

该公司运营了一个名为快书项目顾问（Quick Books Pro-Advisors）的项目，项目参与者就是已通过多门考试的会计师，这些考试通常是由Intuit公司管理。

在这个项目里，有一部分工作就是，Intuit公司鼓励快书项目顾问在博客、社交媒体网络等渠道上面发表自己的意见。当然，这些参与者也通过这种方式提高了自己的话语权和在客户心中的地位和声誉。

这项计划最终可以让两方获益，首先有利于参与者获得新的资源和对外连接，而不仅仅是提供一些专家建议类的内容。其次，更有利于Intuit公司可以在行业中进一步树立自己的品牌。

Intuit公司还主办了一个实时社区论坛——特波税务软件直播（TurboTax Live）社区，该社区可以让参与者发布一些税务建议方面的内容，或税务问题内容，或提供该领域相关新政内容，或者其他形式的客户关心的内容，这些都是UGC的模式。

---

❶ 伍德伯里（2018），《让B2B客户利用UGC模式生产内容的5种简单方法》，来自精准营销网，访问时间2019年12月19日。

想要在B2B领域开展UGC模式，一个典型的方法是，邀请客户参与某种形式的营销活动，然后要求他们分享或上传内容。

社交媒体 UGC 策略

我们可以先来明确一下，在社交媒体开展B2B领域的UGC模式，都有哪几种重点策略（图6-9）：

图 6-9　社交媒体 UGC 策略

（1）创建一个可以让你的客户参与进来的平台。形式方面可以是一个游戏化的活动，主要目的是鼓励客户参与进来。

（2）通过社交媒体展开客户调查。调查结果和产生的数据等内容可最终作为UGC内容的来源。

（3）为行业专家建立平台，鼓励他们在上面分享观点或自己的经验。

（4）创建一个由用户生成的问答专区，邀请客户在其中自由回答问题。

（5）利用好客户推荐的视频，让客户有机会展示他们的品牌和你的品牌。

社会化客户服务

社交媒体还在客户服务方面应用甚广。如今，推特已成为各大公司展开客户服务的竞技场。使用社交媒体进行客户服务方面的活动当然有很多的好处。一方面，企业可以通过社交媒体对监测到的信息做出快速反应，还可以轻松地跟踪客户情绪。另一

实用技巧

利用社交媒体进行客户服务

重点是要确保你的客户知道你的社交媒体账号是什么，在哪个位置，尽快让客户知道他们可以在哪里找到你，建议他们关注你并成为你的粉丝，给他们演示一下在哪个板块可以提出问题或发起话题讨论。这种积极的态度和方法会给客户提供更好的服务，并且还能提高客户留存率。

 案例研究

卡特彼勒公司

卡特彼勒（Caterpillar）是一家有着90余年悠久历史的公司，主要生产重型建筑器材和采矿设备。多年来，卡特彼勒一直针对购买他们设备或器材的用户做市场营销活动。此外，该公司还做了很多其他营销努力，如创建社区、通过社区内容去接触B2B和B2C的客户。

卡特彼勒公司曾在YouTube上发布了一系列视频内容，其中有一个视频非常受欢迎，广为传播，视频中他们用自己的建筑设备建造了一座积木式的高塔。这种方式非常引人入胜，不仅展示了他们的设备信息，还聚拢了一波对他们品牌好奇和感兴趣的粉丝。除了生产营销视频，他们还利用社交媒体创建了社区，内容主要围绕B2B业务。

方面，社交媒体是完全透明的，当然这是社交媒体的一个优点，也是一个缺点，这取决于公司如何使用它，如何利用它处理潜在的危机情况。

客户留存营销策略

其实在前面的章节，包括整本书的内容中，我们讨论了许多可用于客户留存的策略和方法。以下是我总结的留存营销的主要策略（图6-10）。

• 个性化：利用渠道、内容和消息的个性化与客户建立牢固的关系。

• UGC：支持或促进客户共享内容和信息，进而影响其他客户。

• 推荐计划：设立措施，特别鼓励或奖励那些向别人推荐了你公司的客户，奖励那些向你积极反馈的客户，奖励那些推荐新客户的老客户。

• 教育客户：通过思想领导力和其他形式的内容，教育与公司专业领域相关的客户。

• 游戏化：使用游戏化营销计划，鼓励客户参与和互动，同时使用积分或赢奖励等游戏化的方法提高客户忠诚度。

• 客户服务和市场营销相结合：两者结合的策略侧重于改善客户服务对客户咨询的响应，或提供让客户方便获取信息的通道。这可以通过提供信息、更新内容和聊天技术来实现。

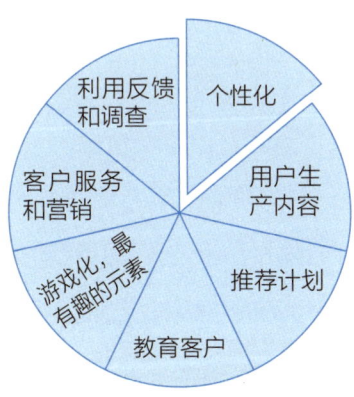

图 6-10　留存营销策略

• 客户反馈和调查：利用客户反馈改善客户体验，并与其他客户分享这个结果。可以针对特定的客户体验问题进行反馈，也可以针对其他客户感兴趣的相关话题进行反馈。

• 管理沟通：该战略侧重于围绕如何管理与客户沟通方面的事宜，以确保跟客户之间的沟通有效、相关、及时和一致，并定期展开。

练 习

1. 创建一个回顾表，显示客户在不同渠道的参与度情况。确定哪些指标体现了客户忠诚度或客户参与度，哪些指标可以体现出客户参与度和忠诚度较低。
2. 回顾都使用过哪些营销渠道进行过留存营销，用了什么方法。你目前正在用哪些方法，哪些活动比较适合开展或尝试使用？

第 7 章
B2B 社交媒体和数字营销平台

在本书的最后一章,我们探讨一下社交媒体营销的一些关键环节,如社交媒体宣传计划、社交媒体如何应用于潜在客户开发和潜在客户培育、影响力营销和社交媒体的作用以及如何通过衡量框架和标准来衡量社交媒体。

在最后一章中,我们将考察B2B营销技术的不同方面、新兴的B2B营销技术以及如何评估营销技术的需求问题。

18　B2B社交媒体营销策略

你可以从这一节中了解到什么呢？

阅读本节后，你将了解以下内容：

· 主要的B2B社交媒体渠道。

· 如何利用社交媒体实现不同的B2B目标。

· 社交媒体宣传。

· 在客户旅程中使用的关键指标。

简　介

B2B 中的社交媒体营销发生了何种变化

过去10年，社交媒体在B2B领域以不同的方式持续发展，社交媒体的客户数量持续增长，并且客户也将社交媒体用在了不同业务的开拓上。

使用B2B社交媒体的客户数量也已经发生了变化，到今天为止，B2B社交媒体客户数量不断攀升。领英从一个拥有1700万用户的平台逐步发展，用户量不断上升。2008年达到6.1亿用户，2019年达到6.1亿客户。推特2019年全球每月活跃用户量大约3.26亿人❶。因此，推特在营销、销售和其他方面的应用已经发生了重大变化。

客户如何使用 B2B 社交媒体进行营销

如今，客户几乎在自己业务的方方面面都使用B2B社交媒体，例如，社交媒体可

---

❶ 全核心（2019），《来自推特的数字：数据、人口统计和有趣事实》，来自全核心网站，访问时间2019年8月3日。

以用来采购产品、研究市场等。而企业也正在使用社交媒体进行营销和销售，并与客户保持沟通。

B2B领域使用的社交媒体渠道范围也在不断扩展和变化。例如，我们看到越来越多的人使用照片墙作为B2B营销计划的一部分。

社交媒体平台的功能也在不断发展和完善，不断地满足企业全方位的任务需求。领英将此称为"全漏斗"，意思是它涵盖了营销漏斗的所有方面。推特和照片墙已经开始提供更多样化的广告投放功能，这些都是B2B营销人员可能会用到的，而脸书已经推出了线索广告（Lead Ads）功能，该功能可以帮助企业将广告转化为潜在客户。

千禧一代对B2B社交媒体的影响

我们在第一章中就曾提到，千禧一代正在长大并成为重要的社会劳动力。随着千禧一代数量的增加，这带来的影响不仅是他们对数字渠道的选择和使用方面，而且在社交媒体渠道的使用方面也产生了很大影响。

千禧一代还对工作环境产生直接或间接的影响：他们在劳动力中占的比例越来越大，他们使用社交媒体的选择和方式也间接地影响了他们的父母和亲戚朋友同事，这些周边的人使用社交媒体平台的方式也会发生改变。

根据《哈佛商业评论》的一项研究显示，在20~35岁的人群中，大约73%的人参与了所在公司的产品（服务）的购买决策。有1/3的表示，他们是所在部门的唯一决策者[1]。华通明略公司（Millward Brown）对客户进行的数字调查还有一个有趣发现，大约有50%的B2B产品研究者都是伴随网络长大的一代[2]。

这些统计数据表明，在B2B营销中绝不能再忽略千禧一代了。他们现在是大多数行业的目标客户。如果你还没有将他们纳入目标客户行列，那么你需要考虑调整社交媒体活动，使之适合千禧一代。

---

[1] 阿尔姆奎斯特（2018），《数字原住民如何改变B2B采购》，来自哈佛商业评论，访问时间2019年8月3日。

[2] 普罗达诺夫（2019），《千禧一代：全球B2B新买家对你的商业意味着什么？》来自uppB2B网站，访问时间2019年8月3日。

B2B 社交媒体渠道和目标

首先，确定目标是很重要的，只有目标确定了，你才能知道自己该怎么用社交媒体渠道和平台实施营销策略。图7-1提供了一份社交媒体导航，显示了B2B社交媒体的范围。

如何增加触达率

社交媒体平台不同，最大化触达率的方法也不相同。你可以跟目标客户持续分享话题讨论，以此扩大触达范围。推特可以说是目前比较符合此目标的平台了。你也可以使用Reddit来接触B2B客户或者吸引特定的客户。

在谈到触达客户这个概念时，其实只是单向的确保我们的信息触达到目标受众，还没有涉及这些人是否会给出回应，或者是否会参与到我们的内容中来。

推特平台有一个称为"推特触达"（Twitter reach）的功能指标，这个指标可以表示受众规模和印象占总浏览量的比例大小。该指标可以分析那些分享过内容的人，然后进一步将你的推文进行推广，以此找到更多的受众。

图 7-1　B2B 社交媒体导航

通过广告提高认知度

通常来讲，能够提高认知度的营销活动主要是广告。B2B营销人员其实有许多社交媒体广告可供选择，几乎可以在所有主要的社交媒体上做广告，比如脸书、领英、推特和照片墙。到底该怎么使用社交媒体渠道做广告，主要还是取决于你的目标受众是谁。

当我们再进一步去看具体的广告功能时，如广告目标定位功能，推特、脸书和领英等许多社交媒体都可以提供这项服务了。同时，这些社交媒体还可以提供不同形式的广告目标，比如，可以按照地域或人口统计特征来定位目标受众。

重定目标

重新定位目标可以帮助你将社交媒体游离用户转化为参与度更高的潜在客户。我们在本书前面章节已讨论过重定目标的2个主要类型：基于像素的重定位和基于列表的重定位。

大多数的社交媒体平台可提供一种或多种形式的重定目标方法。例如，脸书、推特和领英可以根据网站访问和客户表单列表进行重定位目标。

接触和参与社交商务社区

社交社区有很多不同的形式。社交商务社区可能是由社交媒体网络平台本身提供

 案例研究

CIO 水冷器社区

在社交商务社区方面，一个比较典型且有趣的案例便是CIO水冷器社区。这是一个主要为首席信息官和领先技术专家提供的社区平台，他们可以在该平台上进行互动、建立国际网络、分享观点和讨论行业挑战。

CIO水冷器社区在线上提供文章、博客、想法、见解和网络研讨会，同时也给成员提供线下聚会的机会。

的，例如领英和推特上就有多个商务论坛和群组。但也有一些独立的社交媒体社区，如Spiceworks就是一个十分专业的信息技术社区，专为信息技术决策者设置。还有面向采购经理的Procurious社交网站。

我们也可以通过观察商业领域或垂直领域的情况，来找到这样的社区，这些社区有很多都已经有十几年的发展史了，也成立了自己的在线会员社区。

共享视频或视频内容

如果分享视频在你的营销策略中占有重要地位，那么你就要了解到底哪个平台是最适合分享视频的，哪些平台鼓励分享和评论视频？YouTube、Vimeo和照片墙通常是大家的首选，不过后来领英也加入该行列，改进了自己的功能，也能让用户在其中分享更多视频和观看视频。

另外，还有一些比较有趣的其他视觉内容平台，如幻灯片分享网SlideShare，可以让用户在幻灯片上显示宣传内容。

提供客户服务

而有一些社交平台更着重于提供客户服务功能，以支持企业客户服务部门的工作。不过，这些服务往往是收费的，但可以提供一个彼此连接且跨媒介的渠道网，这样就可以清楚呈现客户服务的开展情况。

 案例研究

Reddit（红迪网）

如今，营销人员越来越多的在使用媒体Reddit开展工作。Reddit是一个美国社会新闻聚合、网络内容评级和新闻讨论的网站，它也有许多子网站，从中可以找到大多数B2B专业领域的子网站。

Reddit的有趣之处在于，人们是基于兴趣连接在一起并成为某个团体成员，成员在其中可以了解最新的趋势。对于潜在客户来说，这是一种掌握信息、提问题和了解特定领域的方法，而供应商则可以根据不同的主题创作不同的广告和信息内容。

Reddit甚至还可以为非常专业的B2B领域提供不同类型的子网站。比如，如果你在制药行业，Reddit上面有专门制药行业的子网站，里面有不同的分组和社区。

通过社交媒体发送信息和短信

如今，许多社交平台还能让用户发送电子邮件。比如，领英可以提供InMail服务，而推特的短格式推文就是一种不错的能替代电子邮件沟通的文本方式。除此之外，WhatsApp和其他即时通信应用程序都可以用来发送电子邮件。

跟踪商业新闻

领英上有很多商业新闻，除此之外，像Digg、StumbleUpon、Reddit和Pinterest等这些平台都是新闻类信息分享平台。可以经常查看这些平台上的信息，跟踪商业话题和商业相关新闻，也可以评论，还可以在其中与新闻主题相关的其他人互动。

博客

社交商务博客通常是比较专业的信息或在线文章，其中大部分是免费媒体。在大多数行业中，都有一些可信度较高的博客可以订阅，这样就可以让你持续接触最新信息。

当然，B2B公司也可以创建和使用自己的博客来分发和分享自己的内容。

B2B 社交媒体和提高认知

以下是可以帮助企业提高客户认知的几种主要的社交媒体渠道。

推特

当我们想进行提高客户认知相关活动时，推特就可以帮我们实现，因为它目前已经涵盖了许多可以帮助提高认知的关键目标。如今，许多企业及其员工都在积极地使用推特，将推特作为主要的商业拓展和宣传平台。据统计，75%的企业现在都在推特上进行营销。我们先来定义几种不同的认知目标：

（1）支持市场营销活动。

（2）扩大内容影响力。

（3）针对特定的潜在客户。

（4）在一个特定的地区，尽可能多地接触到客户。

推特在其广告功能区提供了一系列的推广或广告选择，有简单的推广目标，也有比较完整的推特广告活动，这些都可以选。到底选择哪个取决于你的目标是什么。不管你的目标是什么，推特针对每个目标都提供了一套非常容易理解的操作步骤。不过，在推特的广告活动中，他们会根据你设定的受众和增加多少粉丝来划分目标的级别。

尽管这项服务被称为推特广告，但其中有些营销活动和营销目标可能更适合早期购买阶段，有些目标适合中期购买阶段。

> **实用技巧**
>
> #### 转发相同的内容
>
> 营销人员通常只注重生产新鲜的、优质的内容，而不是重复使用相同的内容，但是对于推特这个平台性质来说，可能考虑的角度就要变一变了。有时候，我们可能需要多次重复转发一个帖子，才能达到效果。
>
> 首先，推特要把你发的帖子和推文推送到接收人的推特信息流中，但很可能你的帖子在一开始并不会引起目标受众的注意。另一个需要记

---

❶ 库珀（2019年），《75%的企业目前在推特上做营销》，来自Hootsuite网站，访问时间2019年8月1日。

> 住的关键点是，你的信息一定要接触到目标受众。如果有人浏览过一次你的微博，它可能不会带来进一步的注册信息或者被受众记住。如果他们看到过几次你的推文信息，他们做出回应的概率就会大很多。

领英

在领英上，有以下几种方法可以提高品牌认知度：

- 增加接触范围。
- 增加粉丝数量。
- 提高用户参与度。

领英提供多种广告功能和广告形式，领英还支持广告定位，主要有两种形式：精确定位和针对匹配受众的定制化定位。

如果使用精准定位，领英就会提供可以缩小受众范围的标准指标，包括人口统计、公司类型和规模以及用户兴趣。如果使用定制化定位，有三个标准可供选择：网站、联系人和账户定位。

图片分享应用照片墙

照片墙一直应用于消费者领域，直到后来才被B2B公司采用，到目前美国约70%的B2B公司使用照片墙开展业务[1]。

照片墙平台主要侧重于视觉化的功能和短视频平台，可以说是一个可以讲述品牌故事的理想平台，对企业来说是一个非常宝贵的工具。所以，你可以将该平台放到营销工具包中，可以用来提高品牌认知度。英特尔（Intel）、摩根士丹利（Morgan Stanley）和通用电气（General Electric）等公司都已经在使用照片墙，如今许多大型B2B公司也开始使用该平台了。

---

[1] 克拉克（2019），《营销人员今年不可忽视的22+Instagram统计数据》，来自Hootsuite网站，访问时间2019年8月1日。

如果要用该平台进行营销，那么你应该从哪里开始呢？照片墙可以用来分享捕捉到的客户故事，也可以分享与客户之间某种关系的企业故事，还可以分享视觉化信息。

照片墙故事这个功能对于创建可视化仪表板特别有用，该功能可以帮助你创作出故事梗概。例如，如果你帮助客户解决了什么难题或克服了什么障碍，你都可以通过该平台把这些故事讲述和呈现出来。

脸书和 B2B 广告

脸书这个平台确实可以为一些B2B企业所用，发挥营销作用。本书前面提到过，怎么使用脸书，取决于行业类型、能力以及客户在购买过程中可以对其产生什么影响力。另外，也可以总体上考虑脸书到底该怎么用，不需要局限在行业。

简言之，如果你是一家提供生活方式服务方面的公司，或者处在消费者普遍关注的行业，那么就可以利用脸书努力推广你的公司。它可以成为一个理想的平台，讲述吸引人的消费者和受众故事。像卡特彼勒和马士基这样的公司，基本上都是处在B2B领域，他们不会使用脸书来谈论技术操作或产品服务方面的事情，但他们利用脸书来连接客户，通过关键话题、游戏、有趣视频和故事吸引客户。

脸书的广告运作方式比较像谷歌广告词：你的广告只会出现在那些服务特定标准和条件的用户面前，你可以把定制好的目标受众上传到电子邮件列表，然后向其中的潜在客户定向投放目标广告。这个过程可以配合使用一些指标来完成：应用程序安装情况、品牌认知、转化、参与、潜在客户开发或接触。

你的目标不同，选择的广告方式也可以不同。比如，包括潜在客户开发、视频广告、轮播广告等。脸书广告通常非常便宜，并且具有很好的传播范围，如果你以正确的方式使用脸书，并且你的客户也恰好将脸书用于商业目的，那么脸书就是最佳选择了。

潜在客户开发和社交媒体

社交媒体同样可以帮助企业完成潜在客户开发这一目标，方法多种多样。有许多社交媒体渠道都声称自己可以支持企业的潜在客户开发，但对于B2B领域来说，不是所有的社交媒体都有效，只有部分对B2B更有效。比如脸书本身提供的"线索广告"功能不仅仅有广告功能，而更多具有捕捉信息的功能。领英也提供了很多不同的方法，帮助企业产生潜在客户。

社交媒体潜在客户开发策略

一般的社交媒体都可以提供一些专门服务，比如，各种服务功能、计算器或免费报告。这些都是刺激用户参与进来的很好方式，而且经常以"吸引人的标题"内容来吸引客户参与。

简短的小调查也是客户开发的一种策略，因为它不仅可以让受众参与某个话题，而且还促使客户自己去生产和分享有价值的内容。通过发布调查或民意测验的调查结果，你可以吸引并获得粉丝和潜在线索。

潜在客户捕捉机制

社交媒体上的内容可以进行把关设置，一种方法是可以通过某些博客平台插件WordPress进行扩散传播，比如谷歌+1、推特解锁功能、内容解锁（Content locker）和WordPress的分享解锁功能等。

另一种方法是在社交平台上使用链接，用链接将受众导流到公司自有的媒介平台上，在自己平台上再提供把关内容，进一步捕捉客户信息。这样的话，你就不需要在社交媒体上提供过滤筛选客户的把关内容了，而是把特别感兴趣或参与度很高的客户分流出来。往往这些客户多数会对你的产品或服务比较上心，会查看更多你的相关信息，可能也会分享产品或服务的细节。

定位

可以使用一些目标定位的筛选指标，比如，根据推特上的访问群体来进行目标定位。在领英上，你可以通过"职位"这个选项来定位，而无须支付服务费。也可以根据目标人群的地理位置、工作或所在行业等这些指标来定位，根据不同条件的人群而发送不同的信息。

如果你正在定位目标，那么要考虑如何定制帖子内容，甚至设计个性化的帖子内容，让它们最大限度地让用户参与进来。将社交媒体标签整合到照片墙的帖子中，可以帮助你进一步推动潜在客户迈入下一阶段。你也可以在推特文本中加入领英的链接等。

当然，你需要了解社交媒体平台之间的使用顺序。从这一点来讲，你需要对目标客户群体的客户旅程步骤和接触点有详细地了解才行。

通过社交媒体平台开发潜在客户

推特有不同的功能可以支持潜在客户开发：

• 创建潜在客户列表：在推特中，你可以创建用户的个人信息列表，然后用于B2B营销和潜在客户开发。这种将细分好的潜在客户放置到用户列表中的方法，可以让销售效果更加有效。

• 跟踪潜在客户：跟踪潜在客户意味着，潜在客户已经对你的公司有一定了解了，并且他们可能会直接与你沟通。

• 纳入潜在客户：把潜在客户纳入到目标群中，给他们发送关键信息和吸引人的内容链接。通过这种方式，潜在客户就有更多机会看到你在做什么。

• 跟踪竞争对手的客户：识别出哪些客户是存在于竞争对手的分销列表中，从中你就可以识别出有哪些潜在客户是符合你要求的。

• 通过推特搜索功能跟踪行业趋势：使用推特搜索详细地分析客户沟通记录，并找到你所在行业的专家都在谈论什么内容，你的竞争对手在这些谈论话题中是如何被提及的。通过此分析，你就可以改进自己的推特内容，也可以改进潜在客户开发活动。

• 创建活动：推特的推文还是非常有效的，可以利用推文让你的竞争活动变得更有效果。从大量的推文帖子就可以看出，到底可以引起哪些人的共鸣和兴趣。反过来，这些推文也可以加强你和潜在客户之间的联系。

照片墙

在B2B领域使用照片墙平台进行潜在客户开发相对来说形式比较新，有些公司也刚开始着手使用该平台。可以利用一些方法，开发潜在客户：

• 监督并掌握客户在其中发表的意见。

- 使用视频：视频在该平台上是最吸引人的视觉内容形式。
- 创建独特的标签。

在社交媒体上培育潜在客户线索

我们在"潜在客户培育"中详细讲过，培育是指，通过向潜在客户提供相关的、及时的信息，帮助客户顺利地进行客户旅程的不同阶段。所以，培育这个过程包括购买前和购买后的许多阶段。

我们还可以使用一些有趣的方法来帮助客户在客户旅程中不断地进入下一阶段，比如，可以给他们提供一些建议和提示信息，以便客户能够及时找到相关信息。可以通过社交媒体发帖的方式或发短信的方式给客户提供建议，而提示性信息则可以通过社交媒体上的行动号召方式进行，向同类受众推送新鲜内容或向他们推送嵌入了链接的社交帖子。

在跟客户交流时，你可以使用一些社交小工具。在电子邮件中，这些工具可以帮助你建立一个简单的内容链接，从而让客户跟你能够在社交平台上建立连接。

社交媒体宣传

社会媒体员工宣传活动是指，一个企业的员工使用官方社交媒体渠道来交流，或在其中分享公司的内容。在B2B营销中，社交媒体宣传计划非常重要，因为如今客户越来越多地使用社交媒体来与企业接触或互动。社交媒体可以更好地建立客户关系和改善客户体验，所以企业不同部门的员工都需要了解如何最好地利用社交媒体。

一份好的社会媒体宣传计划也可以指导员工该如何使用社交媒体进行商业活动。对于许多企业来说，如果员工提到自己所在的公司，那么他们就代表了公司，所以需要按照公司的准则行事。

社交媒体员工宣传的优势在于它是基于网络效应而进行的活动，通过这种交叉网络，可以最大化地扩展用户的接触范围，提高企业的影响力范围。有的时候，一些员工的粉丝可能比公司还要多，员工的联系人可能更多，通过他们分享内容可能比公司自己分享更能提高品牌知名度。

员工宣传计划还有另一个好处，那就是可以提高内容的参与度，有时候员工分享的内容可以产生更高的点击率[1]。

谁应该成为宣传者

一些公司鼓励所有员工在社交媒体上活跃起来，但这种方法有利有弊。主要的优势在于，社交媒体上的员工数量庞大，可能宣传效果好；但潜在的缺点也很明显，那就是员工发布的帖子内容和活动如何监督，如何保证真实性。

不管企业要进行什么样的宣传计划，都应该好好想想社交媒体的核心目的，以及公司希望通过社交媒体实现什么样的目标。有些公司通过社交网站只发布公司内部的新闻。而有些公司则认为，并不是所有的部门或员工都适合将社交媒体用于营销或商业目的。很显然，社交媒体在营销、销售和潜在购买方面都发挥了真正的商业价值，将社交媒体用于商业目的无可厚非。然而，像法律或金融等领域，可能并不适合利用社交媒体营销。

如何构建社会媒体宣传计划

图7-2显示了社会媒体宣传方案的主要阶段。

首先，确保员工在使用社会化媒体。对于如何使用社交媒体，是不需要大量培训的，但应该培训一些基础内容，比如，使用特定平台的一些基本知识以及使用社交媒体的一般注意事项。

其次，建立共享机制，也就是说，企业如何把可以发布的最新信息共享到社交媒体平台上去。

图7-2　社交媒体宣传计划流程和步骤

---

[1] 莱萨尔（2018），《通过员工进行宣传的网络效应如何扩大你的品牌影响力？》来自领英，访问时间2019年8月1日。

> **实用技巧**
>
> ### 使内容更易于共享
>
> 如果想促进社交媒体宣传的效果，还有一些方法可用，比如，做一些小事情来提高信息的共享性。你可以在发送的信息中提供链接，发送电子邮件时添加社交小部件链接，或在内容中添加社交小部件链接。
>
> 另外，应该让电子邮件更加结构化，通过主题将邮件沟通内容结构化处理，这些都可以提高信息的可分享性，因为这样的话，员工才能更容易地找到自己要用什么内容。

一旦培训到位，下一步就是确保提供充足的内容和信息，并支持某些员工可按照公司指导方针在社交媒体平台上创作自己的内容。

最后，可以通过营销自动化技术Oktopost、员工宣传平台GaggleAMP、社交媒体管理平台Hootsuite或Amplify等技术来监测社交媒体的宣传活动。这些技术可以对宣传活动进行评分，通过评分来帮助员工更好地用游戏化、有趣的方式使用社交媒体进行宣传活动。

B2B 社交媒体营销策略

B2B 社交媒体策略

在整本书中，我们涉及了社交媒体很多方面，包括社交媒体营销和社交媒体应用。我们可以将不同的社交媒体活动概括几个关键策略（见表7-1）。

表 7-1　社交媒体营销策略

策略类型	对应的活动	策略聚焦点
购买前阶段	利用社交媒体定位/触达用户 利用社交媒体培育潜在客户	支持客户旅程
购买后阶段	建立社区 参与度定期更新	提高留存率
社交媒体用户生产内容	通过不同手段激发客户/合作伙伴生产内容	内容生产，客户参与度
社交媒体影响力营销	建立思想领导力，提高触达率	提高触达率，提高相关性，提高转化率，产生认知
社交媒体宣传	社交销售	提高触达率，用销售策略支持销售人员工作

 案例研究

丹佛斯集团

丹佛斯集团（Danfoss Group）生产的产品和提供的服务主要用于冷却食品、空调、建筑供暖、控制电机、气体压缩机、变频驱动和移动机械等方面。丹佛斯的供热部门一直在运行一个名为卡普俱乐部（Capclub）的项目，近期凭借这个项目居然还成为销售工具，帮助该公司赢取了一份重磅合作。

卡普俱乐部主要的业务就是，为暖气安装公司提供服务，可以让他们在散热器盖上贴上安装公司的徽标和联系方式，或者在盖子上呈现与安装公司自有品牌有关的信息。

第 7 章
B2B 社交媒体和数字营销平台

2018年初,该公司决定将卡普俱乐部计划转移到社交媒体上,并将该计划全面数字化。这一举措的目的主要基于几方面考虑:一方面是为了提高人们对丹佛斯集团及其在行业领域的认知度。另一方面是该俱乐部还希望建立更多的供暖工程师社区,这反过来又会提高留存率。自2018年初转向社交媒体以来,丹佛斯已将其业务从推特拓展至脸书和照片墙上。

在短短一年多的时间里,卡普俱乐部已经汇集了200个会员,他们都是要求定制散热器盖子的公司。该公司目前在推特上面进行了推特用户定位,客户直接在上面就可以找到卡普俱乐部。为了支持卡普俱乐部的业务,丹佛斯还联合马球衫、棒球帽等其他商家来推广该项目。

卡普俱乐部还可以让客户在供暖工程师社区中创作内容,为此提供了很多便利,客户在社区中发布散热器、盖子等相关图片,而这些内容又会在奖励供暖安装公司的活动中占据重要地位,因此是一箭双雕的事情。

丹佛斯与公关公司、贸易杂志以及供暖安装年度商展的经纪公司合作,进一步推动了自己的营销策略并且也极大提高了自身影响力。

丹佛斯卡普俱乐部也融入到某些活动抽奖中,比如"猜猜罐子中瓶盖的数量"。可以说,丹佛斯公司利用社交媒体进行营销是一个非常成功的案例,该案例说明,对于某些操作空间较大的产品或服务,企业可以利用社交媒体建立社区,让客户体验游戏化,使品牌更加人性化。

---练 习---

1. 使用B2B社交媒体导航器，对照一下，你针对不同的数字营销目标正使用哪些社交媒体渠道？你有没有发现一些领域可以更好地利用社交媒体？
2. 为你的公司创建一个社交媒体宣传计划和流程。如果你已经有了一个合适的计划，那就想想是否有可优化的空间。
3. 为你的营销部门创建一个社交媒体框架，可以参照本书中的框架进行修改。
4. 创建一个计划，可以让你在社交网站上捕捉用户以及可以使用用户生成内容策略，并将这个计划与即将进行的营销活动协调起来。

19 B2B数字营销技术与平台

你可以从这一节中了解到什么呢？

阅读本节后，你将了解以下内容：

- 如何确定关键的营销技术。
- 如何评估营销技术需求。
- 如何选择营销技术。
- 人工智能在B2B数字营销中的作用。

简 介

什么是营销技术

技术与营销的融合已经有很长一段时间了，营销技术的数量和类型也在近年来显著加快。今天，几乎所有的B2B营销人员都在应用某种市场营销技术和使用多种营销技术组合。营销技术，有时也被称为MarTech，是指利用技术实现营销目标的所有活动和计划。

营销技术的演变

其实现在有很多种类型的营销技术，即便都可以支持更大型企业的营销活动，但它们都是从营销技术这个大分支下发展和分化的。

营销技术全景图（marketing technology landscape）中营销技术都涵盖在斯科特·布林克（Scott Brinker）绘制的营销技术图文件中。斯科特也是营销技术（MarTech）概念的提出者。根据斯科特的研究显示，营销技术供应商的数量从2011年约150家增长到2017年约5000家[1]。

营销技术的重要性

营销技术可以为B2B营销人员提供很多支持和帮助，也发挥着很多的角色作用，如下所示。

• 使小企业能够参与竞争：客户关系管理技术和基于客户的营销技术可以让很多小公司做到他们之前做不到的事情，比如15~20年前，很多营销活动只有大公司才能做。从本质上讲，数字技术有助于企业之间的公平竞争，使较小规模的公司能够与较大企业竞争。

• 提高效率：营销技术可以加快企业获取信息、分析和实施计划的速度，以提高各方面工作的响应能力，同时需要执行任务的人更少。

• 任务自动化：营销技术可以帮助企业自动发送信息以及查看和管理营销渠道。

• 数据同化和分析：营销技术支持数据同化、数据处理和数据分析。而这些工作在以往都是由人工分析师或数据专家完成的。

• 整合：营销技术可以促进营销渠道或内容的整合。例如，将二维码和营销渠道进行整合，或使用NFC技术在活动中捕获数据并将数据加载到数据库。

营销技术使用权

到底谁才能使用营销技术呢？营销技术有没有门槛呢？对于大多数公司来说，营销技术是留给市场营销部门来管理、学习理解和延展使用的。不过好消息是，许多营销技术不再需要专门的技术人员或IT人员去整合或解读了，比较傻瓜化，非常直观，拿来就可以用，所以使用门槛大大降低了。话又说回来，这确实也意味着，B2B营销人员可能需要走出他们的舒适区来好好理解如何使用营销技术了。

营销技术需求

到底该选择哪种或哪几种营销技术来用呢？怎么选择，如何选择，也是一个重要

---

[1] 布林克尔（2017），《2017年营销技术一览图：营销技术5000》，来自chiefmartec网站，访问时间2019年8月3日。

第 7 章
B2B 社交媒体和数字营销平台

任务。为了帮助你开始着手，看看以下数字营销的核心领域（图7-3），根据紧迫性和重要性评估你对营销技术有哪些需求。

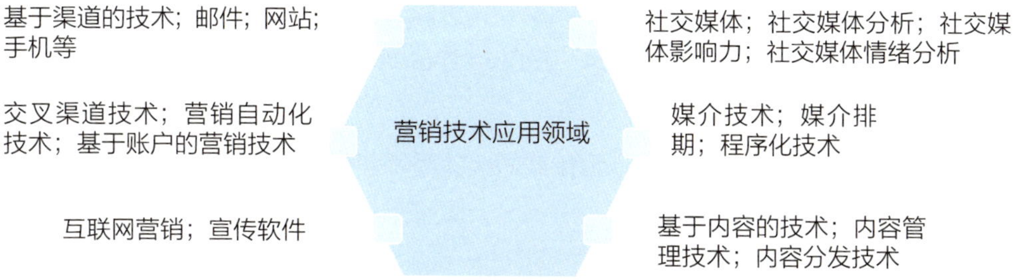

基于渠道的技术；邮件；网站；手机等

交叉渠道技术；营销自动化技术；基于账户的营销技术

互联网营销；宣传软件

营销技术应用领域

社交媒体；社交媒体分析；社交媒体影响力；社交媒体情绪分析

媒介技术；媒介排期；程序化技术

基于内容的技术；内容管理技术；内容分发技术

图 7-3　营销技术应用领域

- 基于营销渠道来评估：只要是营销渠道特定技术都可以，无论是手机、电子邮件、社交媒体、印刷品、网络研讨会还是广告，都可以成为你的营销技术。
- 基于跨渠道营销来评估：能够管理跨多个渠道进行营销的技术。
- 基于内容管理和测试来评估：能够创建、管理和安排内容的技术。
- 基于内部营销、社交宣传和分享来评估：能够将社交媒体推广到企业更多部门去使用的技术。
- 媒介排期技术：能支持媒介购买和媒体排期的技术，通常这些技术都属于某种"编程技术"。
- 基于社交媒体营销来评估：这些技术包括社交媒体分析、社交媒体宣传和社交媒体影响力软件。

根据不同的需求使用不同的营销技术。除了上面的方法可以评估我们到底该使用什么营销技术外，还有一些方法可以进行技术需求评估，比如，到底是内部引入技术还是该外包给第三方。比如，在某些专业性较强的技术领域，公司内部也通常不会购买营销技术，就算是大型企业也会外包给第三方技术公司。图7-4概述了评估营销技术的关键步骤。

第 1 步　营销技术审核——确定你现在有什么技术

第一步是进行技术审核。这里主要是指，很多公司手里可能持有各种可用的营销

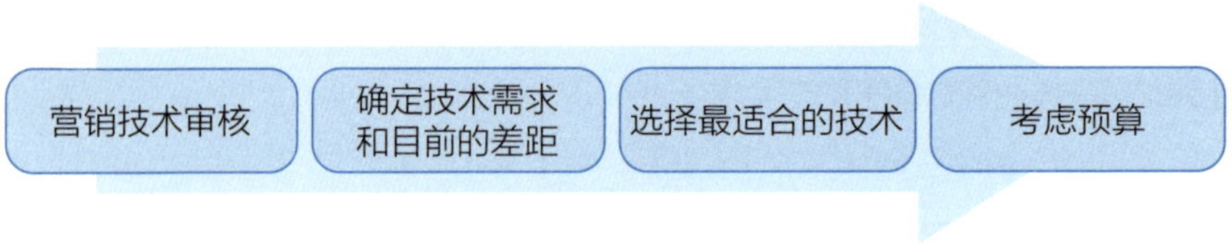

营销技术审核 → 确定技术需求和目前的差距 → 选择最适合的技术 → 考虑预算

图 7-4　营销技术评估步骤

技术，那么首先就是要看，你可以直接或间接使用哪些权限，并且哪些权限是你仍然可以使用，目前还在有效期的。

第 2 步　确定技术需求和目前的差距

完成第1步后，下一步就是了解你的需求。现在市面上有很多营销技术，但不是所有的技术你都需要。而且现在有很多技术都集成了多种功能，每个功能可以说都能独当一面，发挥营销作用。例如，跨渠道社交媒体分析平台可以对多个社交媒体平台进行分析。

怎么才能确定你需要哪些技术呢？主要是先考虑你在营销中，哪些地方是需要进行流程改进的。另一种方法是，在客户旅程中按阶段来考虑技术需求，如按照广告、内容、潜在客户或特定营销渠道等方式来确定使用什么技术。重要的是，要了解拥有哪些技术是好的，哪些对业务更重要。

在考虑到底需要什么技术资源时，先考虑下如果使用这些资源还需要额外学习哪些技能或技术。根据答案，你再考虑是内部购买技术还是外包给第三方。

第 3 步　选择最适合的技术

一旦你选定了到底要在哪个领域或业务上投资营销技术，现在就要选择正确的技术解决方案了，例如，客户关系管理、营销自动化、广告或社交监听等领域不同，技术选择也是不同的。针对不同领域都可能会有多种营销技术供选择。

但是，你怎么知道哪些技术是好的，哪些技术可以更好地为你所用？有些方法可以帮助你进行选择，比如，经常去浏览一下口碑不错的技术公司网站上的评论，这些公司往往都会给自己的技术进行详细描述而且会进行评估。你也可以到专门的营销技术网站看一看，比如Capterra和G2crowd都是不错的营销技术网站。

第4步 考虑预算

营销预算往往是有限的，今天你可能很快就会在购买技术上把钱花完。根据Gartner公司 2018年针对CMO的调查显示，营销技术所花费的钱约占营销预算的三分之一[1]。以下是分配预算给营销技术时需考虑的一些因素：

- 这些技术是否支持关键的营销目标？
- 你是否可以使用免费版本或替代方案？
- 假设你确实需要花钱来买营销技术，那么这个技术是如何具体地实现目标呢？一些营销技术公司会提很多技术套件，功能范围很广，但你可能并不需要全部功能。
- 你们中有多少人需要开放权限？可以一个人使用权限，然后把研究结果分享给整个团队吗？

人工智能与数字营销

人工智能，有时被称为机器智能或机器学习，是通过机器展示的智能，而不是人类。人工智能的发展速度超过我们的想象，就在几年前，人工智能技术还处于初级阶段，只有很少量的B2B公司在使用。

在B2B数字营销领域，人工智能已经成为一种十分有趣的技术，因为它不仅支持人的工作，还能提高生产力。比如，聊天机器人和电子邮件管理技术，可以自动跟客户发生联系，所以这些智能技术可能会取代营销人员的位置。

除了人工智能可以支持和增强的作用之外，它还会在很长一段时间内帮助B2B营销人员降低成本，特别是在重复性任务可能会占用人工时间的情况下，人员成本会大大降低。

人工智能在 B2B 数字营销中哪些关键领域发挥作用

我们可以确定人工智能在B2B数字营销的4个主要领域提供支持：数据分析、潜在

---

[1] 科奈恩（2019），《调查显示，营销技术的支出占据了首席营销官2018年29%的预算》，来自营销技术今日在线网，访问时间2019年8月3日。

客户开发、广告和客户体验。

人工智能应用于营销分析

人工智能在市场分析领域的主要应用包括以下几方面。

• 数据过滤和分析：如今，营销领域越来越依赖数据，成为数据驱动型领域。但数据驱动的关键是，要有效地使用数据，通过目标定位更好地定制营销活动并分析数据来确定营销模式，从而改善客户体验。从这个需求上来讲，数据分析会消耗大量的时间，而这正是人工智能可以提供帮助的地方。ABM可以处理许多数据管理工作和数据过滤任务，从市场营销到组织。

• 社交监听和情绪分析：在社交监听任务中，人工智能主要用来进行情绪分析。这样可以更快地发现潜在的负面问题，使企业能够更快地做出反应。

人工智能用于客户体验

除了提供客户洞察分析之外，人工智能还可以帮助营销人员改善和优化客户体验。

• 聊天机器人和对话型人工智能：以前也有自动响应技术，但现在的人工智能与此相比有很大不同，基于人工智能的聊天机器人可以学习如何解决问题和回答问题，并能够跟客户产生真正的对话。

• 语音识别：语音识别技术以及自然语言处理等方面技术有了长足发展和进步，这也让语音激活设备不断改进，语音识别能力也不断提高。2017年的时候，谷歌的语音识别水平准确率就达到了95%的精度，实在让人惊讶[1]。

人工智能用于潜在客户捕捉和开发

人工智能还可以用在以下方面。

• 潜在客户管理：人工智能技术会寻找潜在客户、联系客户以及培育客户。人工智能技术常常会长期管理潜在客户开发和潜在客户培育的过程。例如，像Conversica这样人工智能应用程序可以用真实的方式进行跟踪。

---

[1] 森泰斯（2018），《语音搜索的未来：2020年及以后》，来自eConsultancy网站，访问时间2019年8月3日。

第 7 章
B2B 社交媒体和数字营销平台

- 电子邮件：企业可以利用人工智能产品创建主题线和行动号召命令，以此改进营销邮件，从而获得最多的客户点击量或高响应率。这种内容形式还不完全成熟，多数是消息形式。人工智能可以分析潜在客户的个人信息，从而创造出最佳的语气和沟通方式，产生更高的响应率。

人工智能用于广告

人工智能还可以通过以下方式支持广告营销。

- 受众定位和细分：动态化细分也是人工智能的一个应用层面，这种细分方式主要考虑到客户行为很少是固定不变的，人们在不同的时间因各种原因扮演着不同的角色。

- 程序化的广告定位：在程序化广告和广告定位中，人工智能已经应用了相当长一段时间，这让投标和目标定位变得更加有效和精准。人工智能可以确定一天中什么时间投放广告是最佳时机，或者精准定位哪些客户最有可能参与到广告中来。人工智能还可以根据客户终身价值（CLV）来调整投标策略，并对潜在的高价值客户进行更多投资。

ServiceMax 公司

ServiceMax是一家行业服务技术供应商，几年前被通用电气收购，它希望通过通用电气的名气和品牌来扩大客户群。该公司与营销平台DemandBase一起合作，进行了一次ABM（基于客户营销）解决方案。他们面临的问题是，如何让网站访问者在指引下有一场不错的客户旅程体验。

服务最大化公司运用了DemandBase的"站点优化"功能，该功能使用人工智能来捕获和聚合与访问者相关的所有信息，例如历史数据

303

> 和意图数据，以此预测客户到底会访问什么页面。
>
> 通过使用该解决方案，服务最大化公司的网站跳出率降低了70%，同时用户在网站上的逗留时间增加了100%，每个会话页面数量增加了100%。

B2B 数字营销未来发展

就行业发展趋势和技术发展来说，这本书已经讲了许多相关方面的内容，这些内容将影响B2B数字化营销的发展，也会在数字化营销方面发挥作用。

本书前面介绍的这些趋势和技术包括：个性化、播客、用户生成内容、广告定位技术、支持销售的应用程序、融入社交媒体的新功能、预测分析、营销自动化技术等等。不过，下面还有一些技术和发展趋势值得一提。

长格式内容

近期，行业内有一种观点冒出，认为数字化内容应该让用户容易消化，像零碎小吃，并且形式上应该是简短的。但在搜索引擎优化方面，生产内容的企业和机构如今却看到了另一种趋势，那就是在某些情况下长格式内容居然可以激发用户的高度参与。

所以，我们该好好地研究和思考，为什么长格式内容会产生这样的效果。究其原因可能是很多长格式内容在形式上被认为是价值高的，因此人们接收到它就会花费更多的时间去阅读完。

视频营销

B2B领域的视频营销可能受到社交媒体视频营销的很大影响，这些社交媒体营销视频多以YouTube和Vimeo的形式存在。约80%的用户将直播视频排在了博客前面[1]。此

---

[1] 斯库斯（2018），《现场视频让我感到害怕，但这项Instagram小型民意调查可以告诉我们如何重拾信心》，来自Inc.com网站，访问时间2019年11月11日。

外，移动视频也开始应用广泛起来，通过B2B社交网络领英不断流行起来，移动视频为广告商开发了新的视频解决方案，打开了一扇新大门。

视频被业界认为可以很好地驱动潜在客户，B2B营销人员表示，他们现在生产的视频内容比任何其他类型的内容都要多❶。

增强现实与虚拟现实

增强现实（AR）技术将图像、声音、触觉反馈和气味添加到真实世界中。增强现实技术在B2C领域已经应用了一段时间，例如游戏精灵宝可梦Go（Pokémon Go）就用了增强现实技术。

开发AR是十分复杂的，因为精确的计算机视觉对AR来说是至关重要的，尤其当AR应用在市场营销领域时，对视觉化要求就更高了。目前，家得宝（Home Depot）、劳氏（Lowe's）和宜家等家装和家具公司已经在营销环境中部署了AR应用，效果显著。不过，在B2B领域，AR也有一些有趣的应用案例，比如，劳埃德船级社（Lloyd's Register）。劳埃德船级社是一家国际化的以工程和技术为中心的专业服务提供商，它创建了一个虚拟现实安全模拟场景，可让工程师在这个虚拟环境中进行测试，这样更安全。后来他们将该技术用于培训服务。

在B2B营销领域，AR可应用的范围很广，很多领域都可以应用。通过AR，客户在购买前就可以预览产品，客户能够看到他们即将购买的产品细节。另外，还有一些客户无法亲身参与的B2B活动，都可以利用AR提供虚拟环境来解决。AR更可以还原真实的业务场景。

B2B企业销售各种产品、解决方案和服务，但随着时间的推移这些业务也在不断改变和发展。技术发展改变了每一个行业，B2B企业与客户接触的方式也发生了变化，所以为企业提供接触受众、展示产品、解决方案和服务的多种技术方案是十分有必要的。

B2B 语音营销

基于语音的B2B营销也是一种新兴趋势，目前一个主要的应用领域是基于语音的

---

❶ 马歇尔（2014），《76%的B2B营销人员使用视频内容营销》，来自Tubular洞察网，访问时间2019年12月11日。

搜索。根据2018年的统计数据，到2020年，50%的搜索查询将成为语音查询[1]。

B2B领域中，语音营销不断增长，比如，语音搜索业务的增加意味着在进行语音营销时应该优先考虑在移动设备上进行，因为客户使用移动设备进行采购的比例持续在增长。42%的B2B客户在购买过程中使用移动设备[2]。

直播视频

直播视频深受大型企业的喜爱和欢迎，通过直播视频，大型企业可以用来演示产品和解决方案，并且重点展示产品的制作过程。利用直播视频，企业通过智能手机和应用程序就可以直接跟客户零距离接触，实时联系。直播视频虽然并没有经过后期编辑和润色，但与先前编辑过的视频相比，直播更真实、更吸引人。

直播视频可以实时捕捉事件、会议、采访、企业幕后等现场情况。目前，大多数主要的社交媒体平台都支持直播视频，因此可以通过脸书、照片墙和推特这些平台来进行直播，推广企业。领英也推出了领英直播，允许个人和企业实时播放视频。

即时通信应用程序

即时通信应用程序包括WhatsApp、微信、脸书短信和Viber。近年来，这些即时通信技术的使用量急剧增加。截至2019年7月，全球有16亿人在使用WhatsApp[3]。

即时通信应用程序在B2B营销方面其实也提供了很多好机会。据尼尔森公司称，目前在商务沟通方面大约有9种可用的通信方式，其中即时通信就排在第二位，53%的B2B客户更愿意从那些他们可以直接发送信息的企业购买商品[4]。

此外，2016年网络营销软件开发商HubSpot的调查显示，29%的受访者首选WhatsApp或微信等即时通信应用程序作为商业沟通渠道[5]。通过即时通信应用程序，我们可以根据不同的目标群体将内容传播变得个性化起来。

---

[1] 科奈恩（2019），《调查显示，营销技术的支出占据了首席营销官2018年29%的预算》，来自营销技术今日在线网，访问时间2019年8月3日。

[2] 斯奈德，希拉尔（2015），《B2B营销的另一面》，来自用谷歌思考网站，访问时间2019年8月3日。

[3] 克莱美特（2019），《截至2019年7月最受欢迎的全球移动通信软件，基于每月活跃用户数计算（以百万为单位）》，来自Statista网站，访问时间2019年10月20日。

[4] 利夫林（2016），《脸书研究：53%消费者更倾向于通过他们发信息的软件进行购物》，来自活动现场网站，访问时间2019年10月20日。

[5] 奥布莱恩（2017），《B2B品牌如何使用社交网络进行营销和销售》，来自数字营销研究所，访问时间2019年10月20日。

 案例研究

WhatsApp

即时通信应用程序WhatsApp于2018年推出了WhatsApp 商业服务版，在商业版里有吸引和留存客户的广告服务。其实，WhatsApp对于B2B企业来说，是分发内容的一个很好的工具。客户购买了你的产品后，他们会返回你的网站去查阅相关内容。通过WhatsApp，企业可以分享博客文章和行业新闻，向客户及时发送即将举办的活动，如网络研讨会或其他营销活动，或向客户介绍相关产品或服务。

练 习

1. 根据图7-3，创建你自己对当前营销技术的需求和看法，并分析目前在技术使用方面存在的差距。然后分析，这些差距是否是重要领域中缺乏营销技术？或者哪些方面缺少关键性的技术需求？

2. 如果是，请认真学习如何访问某些营销技术以及如何利用该技术，例如，购买低价版本还是购买有部分权限的技术。如果不存在预算问题，那么再使用在线评估网站选择出最适合你的营销技术。

3. 人工智能在市场营销的4个应用领域中，哪些领域对你的企业来说最有趣，你最想测试和尝试使用？